本书为国家自然科学基金青年项目《新员工资质过剩动态演化与作用机制研究：组织社会化视角》（71702115）的相关研究成果

高质量充分就业背景下工作场所资质过剩的理论与实证研究

GAOZHILIANG CHONGFEN JIUYE BEIJINGXIA
GONGZUO CHANGSUO ZIZHI GUOSHENG DE LILUN
YU SHIZHENG YANJIU

褚福磊　著

中国财经出版传媒集团
经济科学出版社
Economic Science Press

图书在版编目（CIP）数据

高质量充分就业背景下工作场所资质过剩的理论与实证研究/褚福磊著 . -- 北京：经济科学出版社，2023.6

ISBN 978 - 7 - 5218 - 4879 - 3

Ⅰ.①高… Ⅱ.①褚… Ⅲ.①劳动就业 - 研究 Ⅳ.①C913.2

中国国家版本馆 CIP 数据核字（2023）第 113873 号

责任编辑：刘 莎
责任校对：靳玉环
责任印制：邱 天

高质量充分就业背景下工作场所
资质过剩的理论与实证研究

褚福磊 著

经济科学出版社出版、发行 新华书店经销
社址：北京市海淀区阜成路甲 28 号 邮编：100142
总编部电话：010 - 88191217 发行部电话：010 - 88191522
网址：www. esp. com. cn
电子邮箱：esp@ esp. com. cn
天猫网店：经济科学出版社旗舰店
网址：http://jjkxcbs. tmall. com
北京时捷印刷有限公司印装
710×1000 16 开 19 印张 300000 字
2023 年 6 月第 1 版 2023 年 6 月第 1 次印刷
ISBN 978 - 7 - 5218 - 4879 - 3 定价：89.00 元
（图书出现印装问题，本社负责调换。电话：010 - 88191545）
（版权所有 侵权必究 打击盗版 举报热线：010 - 88191661
QQ：2242791300 营销中心电话：010 - 88191537
电子邮箱：dbts@ esp. com. cn）

前言

习近平总书记在党的二十大报告中指出："健全就业促进机制，促进高质量充分就业。"实现更加充分更高质量就业，是推动高质量发展、全面建设社会主义现代化国家的内在要求。然而，当前经济下行压力较大，可能导致工作减少、工作中断等问题，不充分就业问题突出，降低劳动力不充分就业既重要又迫切。组织行为学领域学者以不充分就业为切入点，对不充分就业的"教育过剩"层面与"技能或者经验超出工作要求"层面进行了整合，提出了资质过剩的概念，即个体感知到的自己所拥有的教育程度、技能水平、经验和工作能力等超过其现有岗位的正常工作所需。据 Globe Press 调查显示，全球大约有 47% 的员工表示在工作岗位上无法充分发挥自己的能力，尤其在中国，大约有 84% 的员工曾产生"大材小用"的心理感受。近 30 年，资质过剩已成为组织行为领域的研究热点，也为研究高质量充分就业提供了微观基础。

资质过剩对组织和员工具有重要的研究意义。在以往的研究中，学者们主要关注资质过剩对个体和组织的消极影响，从组织中的现象来看，员工认为自己"怀才不遇"、是"小池塘里的大鱼"，抱怨"大材"被"小用"的情况较为普遍，并由此给员工的态度、行为、工作绩效和身心健康等带来了诸多影响。从总体效果来看，资质过剩会显著降低工作满意度、组织承诺和幸福感，加剧离职倾向和反生产行为，因此组织聘用高资质员工存在很高风险。然而，如果资质过剩总是引发个体的消极反应，那么相关研究获得的管理启示，也将仅仅停留在"不要雇佣资质过剩员工"这一层面，这样不仅忽视了资质较高者所客观拥有的人力资本，忽视了个体通过主动行为改善工作处境的能动性，也忽视了管理措施对员工的引导作用，显然不足以帮助我们理解资质过剩的潜在价值。从实际工作场所中，我们也发现，在组织中也不乏资质过剩的员工获得丰厚报酬、快速升迁并实现职业成功的事例，即"大材活用"。可喜的是，近年来学者们对资质过剩的积极影响效应进行了探索与研究，如从自我调节理论、自我验证理论的角度探讨资质过剩的积极效应，资质过剩较高的员工通常具有更高水平的积极自我认知，如自尊和自我效能感，促使个体表现出更高水平的工作动机、更多的积极工作行为，如创新行为、组织公民行为，以及更高水平的任务绩效，但相关研究尚不够系统。因此，有必要更全面地探讨资质过剩产生影响的机制和条件，从而为组织管理高资质员工提供参考。

本书在充分梳理国内外文献的基础上，系统阐述了高质量充分就业、不充分就业以及资质过剩的相关概念，并对资质过剩的研究视角进行了分析。基于这些研究视角，一方面，比较了资质过剩对消极情绪、消极认知和消极行为等重要的个体心理与行为变量的影响效果，即"大材小用"的发生机制和影响效果；另一方面，重点考察了资质过剩的积极效果，强调个体在资质较高情况下能够发挥主观能动性，利用自身才干为组织作出贡献。不过，研究表明，积极自我认知资源的调动往往有赖于一定的边界条件。例如，高绩效目标取向会影响资质过剩者角色宽度自我效能的产生，进而产生亲组织和亲他人的主动行为。当员工遇到授权型领导，且具有较强的角色清晰度感知时，资质过剩能够激发工作投入，进而增进员工的任务绩效和主动行为。可见，组织有必要重视资质过剩所带来的负面效应，努力营造一个能够调动员工潜能和积极性的系统，方能知人善用并做到"大材活用"。

　　本书包括四篇十章内容，四篇为概述篇、大材小用篇、大材活用篇和实践管理篇。概述篇包含了三章内容，第一章为高质量充分就业与员工资质过剩，第二章为资质过剩研究理论视角，第三章为资质过剩研究知识图谱分析。概述篇主要阐述资质过剩与高质量充分就业的关系，高质量充分就业背景下研究资质过剩的价值与意义，并在此基础上阐释资质过剩的概念、研究视角和知识图谱分析，采用计量方法为读者展示当前资质过剩研究的全貌。大材小用篇包含了四章内容，分别是第四章资质过剩与员工消极体验，第五章资质过剩与员工工作态度，第六章资质过剩与员工工作行为，第七章资质过剩与辱虐管理感知。大材小用篇重点探讨了资质过剩的消极影响效应。帮助读者理解资质过剩与员工的消极体验之间的关系，以及资质过剩如何影响员工在工作场所的态度和行为，并试图为管理者提供削弱资质过剩负面影响的措施，为组织管理资质过剩员工提供一定的指导和参考。大材活用篇也包含三章内容，分别是第八章资质过剩的积极影响效应、第九章资质过剩与员工人际关系、第十章团队资质过剩及其影响效应。大材活用篇重点阐述资质过剩的积极影响效应，通过认知机制和边界条件，探索资质过剩的积极影响效应发生机制，如何做到"大材活用"。实践管理篇包含一章内容，即第十一章高质量充分就业背景下员工资质过剩管理。实践管理篇在前文的基础上，通过合理有效地管理资质过剩员工，不仅能够使资质过剩员工感受到自我的价值，而且也能提高组织的绩效，实现员工与组织的双赢。同时，合理有效地管理资质过剩员工也会在一定程度上优化就业市场，提高就业质量。

　　自古以来，"尽揽天下英才"成为很多领导者的梦想。从刘邦的"安得猛士兮守四方"到曹操的"周公吐哺，天下归心"，都表现出对人才的渴望。然而，"最好的人才"对组织来说是一把双刃剑，管理者对资质过剩员工"既爱又恨"。一方面，资质过剩员工具有给组织带来巨大价值的潜力并能够增加组织的人力资本深度；另一方面，资质过剩现象又可能带来许多负面态度及行为。传统的观点认为资质过剩现象会产生更高的离职率、更低的组织承诺和工作满意度等。本书的相关研究证实了具有资质过剩的员工可以促进员工的主动行为和创新绩效。如何让"最好的人才"发挥作用，即"大材活用"，本书在这方面给予了一定的回答。

感谢贺瑶、寻迅、刘慧娜、刘昱昕、卢彦君、金祺为本书所作出的贡献。其中贺瑶撰写了本书第四、五章；刘慧娜、刘昱昕、卢彦君参与了第一、二、三、六、十章的撰写；寻迅、金祺参与了第七、八、九、十一章的撰写。

目录

概　述　篇

大材小用篇

大材活用篇

实践管理篇

概　述　篇

习近平总书记在党的二十大报告中指出："健全就业促进机制，促进高质量充分就业。"实现更加充分更高质量就业，是推动高质量发展、全面建设社会主义现代化国家的内在要求。当前经济下行压力较大，可能导致工作减少、工作中断等问题，不充分就业问题突出，降低劳动力不充分就业既重要又迫切。资质过剩作为一种从不充分就业的"教育过剩"维度和"技能或者经验超出工作要求"维度衍生而来的概念，引起了组织行为学领域的学者们的特别注意。近30年，资质过剩已成为组织行为领域的研究热点，也为研究高质量充分就业提供了微观基础。那么究竟什么是资质过剩？资质过剩会带来哪些影响？本篇主要对员工资质过剩进行一个简单的概述，让读者对资质过剩有一个初步的认识。本篇包括三章内容，第一章阐述了高质量充分就业背景下资质过剩的内涵及其影响；第二章阐述资质过剩研究的理论视角；第三章基于文献计量分析方法对资质过剩的国内外研究进行了知识图谱分析，以期让读者对资质过剩的研究有一个较为系统的认知。

第一章

高质量充分就业与员工资质过剩

导入

《庄子·列御寇》有这样一段话，"巧者劳而智者忧"。"巧者"便是我们现在所说的"能者"，即资质过剩者。这句话想表达的是，才华出众的人就会被才华所累，总是会比别人付出更多辛劳。有智慧的人总会思虑过多，容易陷入忧愁。可以看出，原句中的"巧者"和"智者"其实是庄子所不提倡的。然而，对于组织来说，如果可以适当把握资质过剩的边界点，反而可以使资质过剩者发挥长处，为组织带来更多效益。由此看来，资质过剩是一把"双刃剑"，关键在于组织如何正确利用。

就业是最大的民生，新时代以来，我国不断完善、发展、实施积极的就业政策，进一步强化就业优先导向，实现了比较充分的就业。本章作为本书的开篇，主要讲述了高质量充分就业背景下的员工资质过剩问题。本章首先介绍了高质量充分就业的内涵和界定。其次介绍了资质过剩的来源、概念、成因和测量。最后介绍了员工资质过剩的"双刃剑"效应：积极效应和消极效应。

第一节 高质量充分就业内涵与界定

一、高质量充分就业的研究背景

就业在人们的生活中扮演了非常重要的角色，它为人们提供了谋生的手段和提高生活水平、社会地位的保障，可以给人自信和自尊。党的十八大以来，党和国家高度重视就业问题。党的十八大报告中指出："要贯彻劳动者自主就业、市场调节就业、政府促进就业和鼓励创业的方针，实施就业优先战略和更加积极的就业政策。"[①] 党的十九大报告再次强调要坚持就业优先战略，指出："要坚持就业优先战略和积极就业政策，实现更高质量和更充分就业。大规模开展职业技能培训，注重解决结构性就业矛盾，鼓励创业带动就业。"[②] 党的二十大报告中，习近平总书记指出："实施就业优先战略。就业是最基本的民生。强化就业优先政策，健全就业促进机制，促进高质量充分就业。"[③] 那么，什么是高质量充分就业？我们该如何看待高质量充分就业？

二、高质量充分就业的内涵

目前对于高质量充分就业还没有一个统一的定义，有部分学者认为高质量充分就业是充分就业、人力资源的充分流动以及劳动者技能水平的显著提高；还有一些学者认为更高质量的就业重点在于就业机会多、就业环境公平、就业能力良好、就业结构合理以及劳动关系的和谐等。本书结合学者们的研究，认

[①] 中国共产党第十八次全国人民代表大会报告《坚定不移沿着中国特色社会主义道路前进 为全面建成小康社会而奋斗》。

[②] 中国共产党第十九次全国人民代表大会报告《决胜全面建成小康社会 夺取新时代中国特色社会主义伟大胜利》。

[③] 中国共产党第二十次全国人民代表大会报告《高举中国特色社会主义伟大旗帜 为全面建设社会主义现代化国家而团结奋斗》。

为高质量充分就业包含三层内涵：充分就业，人—职匹配以及和谐的劳动关系。接下来，本书将从这三个方面来具体阐述高质量充分就业的内涵。

第一，要实现高质量充分就业，首先要先保障充分就业。充分就业是实现高质量充分就业的基础和根本。充分就业最早是一个经济术语，英国经济学家凯恩斯在《就业、利息和货币通论》一书中详细阐述了它的定义。简单来说，充分就业就是指在某一特定薪资水平下，所有愿意工作的人都找到了工作。我们还可以把充分就业看成是每个人都找到了合适的工作，除了特殊情况的暂时不就业，比如，生病、换工作等特殊情况。在这种充分就业状态下，每个劳动者都找到了自己喜欢的工作，劳动者在自己热爱的工作岗位上发光发热，努力工作，充分发挥了自身的特长，自身的工作能力在工作中得到了体现和证明，满足了其内在的需求偏好。其次，在充分就业的条件下，劳动者可以获得稳定的工作、稳定的收入来源以及实现家庭成员收入的最大化，使得家庭成员在各个方面都可以生活得更好，有利于个人和家庭向更好的方向发展。而一旦劳动者由于没有就业机会而处于失业状态，那么个人和家庭也将丧失经济来源，无法改善生活甚至无法生活下去。最后，在充分的就业条件下，劳动者既能获得工作，又能获得社会的归属感，他们不再是被社会遗弃和边缘化的人，他们的心理也不再被失业所扭曲，同时对未来不再迷茫和徘徊。就业岗位不仅满足了劳动者的物质需求，同样，就业者有了自己期望的社会定位，证明了自己的社会价值，其精神需求也会得到满足。

第二，高质量充分就业的一个具体表现是人—职匹配。人—职匹配理论主要看重的是员工个人的知识、能力、技能等各方面与工作岗位所需知识、能力、技能等匹配的程度，它是属于人—环境匹配中的一个维度（吴冰、廖慧咏，2014）。具体可以分为两种类型：一是员工的个人能力和工作需要的匹配，即个人所具备的知识、技能和能力等能够胜任现有的工作；二是员工的个人需求与工作特征的匹配，也就是说组织或者工作环境可以满足员工的目标、价值或者抱负等的需求（Guan et al.，2010）。员工的能力过低或过高都不利于组织的发展，员工的能力不足会导致员工无法高水平地完成特定的工作任务；同时，如果员工能力过高会出现资质过剩现象，往往会引起较低的工作满意度、离职倾向，也会对员工的心理健康产生影响（杨倩等，2015；Erdogan & Bauer，2009）。资质过剩也是本书重点研究的问题，我们会在接下来的章节作进一步的探讨和分析。

第三，高质量充分就业的另一个具体体现是和谐的劳动关系。狭义上的和谐劳动关系，是指劳动者与用人单位双方，在平等的基础上，通过直接协商、谈判、缔结契约等方式，互惠互利，共同努力，共同解决各种问题。和谐的劳动关系是一种以劳动法律制度为基础的社会经济关系，它反映了公平正义，也就是用人单位和劳动者在公平、公正的基础上，通过平等协商，以达成自身的利益需要，使各方的利益关系得以合理的协调。它的一个很重要的特点是互利共赢，即劳动者和用人单位之间所建立的劳动关系，既能够有效地保护劳动者的合法权利，并能推动公司的整体发展，从而形成一种良性的、互动的劳动关系。在推进高质量充分就业的发展过程中，充分保障人民权益，建立和谐的劳动关系是必不可少的。健全劳动保障制度，建立和谐劳动关系，是促进就业质量提高，保障劳动关系健康发展的重要基础（张茜，2022）。

实现更加充分更高质量的就业，是推动高质量发展、全面建设社会主义现代化国家的内在要求。然而，当前经济下行压力较大，有可能会导致工作减少、工作中断等问题，不充分就业问题突出，减少劳动力不充分就业显得尤为重要和紧迫。

第二节　我国高质量充分就业现状

党的十八大以来，党和国家高度重视就业问题，近年来，更是将就业摆在"六保""六稳"之首，强化就业优先策略，我国的就业工作取得了阶段性的成果。从我国劳动力市场运行总体情况来看，就业形势总体稳定，就业结构不断优化，就业质量不断提升，职业教育体系不断完善，工资收入、社会保障、劳动者权益等方面也表现出良好的发展态势，为实现高质量充分就业奠定了良好基础。

一、就业形势总体稳定，就业结构不断优化

党的十八大以来，我国实施积极的就业政策，实行就业优先发展战略，采取各种措施积极促进就业发展，确保就业形势总体稳定。2012～2022年，全国城镇就业人数稳步上升，2022年城镇就业人员超4.7亿人，较2012年上升28.67%，城镇新增就业人数年均为972万人，如图1-1所示。

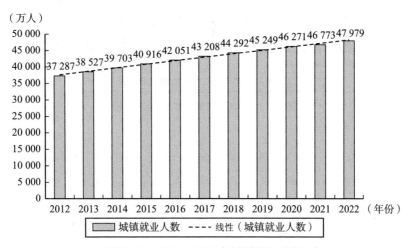

图 1-1　2012～2022年城镇就业人数

资料来源：国家统计局。

党和国家高度重视重点群体的就业问题，积极保障重点群体就业。首先，2012年以来，城镇失业人员实现再就业均在500万人以上，就业困难人员就业人数年均超170万，失业人员、困难人员就业平稳。[1] 其次，高校毕业生逐年增多，但就业形势总体稳定。最后，农民工规模逐渐扩大，本地农民工增速高于外出农民工；2022年全国农民工总量超2.9亿人，较2013年增长9.92%；其中，外出农民工17 190万人，较2013年增长3.49%；本地农民工12 372万人，较2013年增长20.3%，

---

[1]　中华人民共和国人力资源和社会保障部2012～2022年人力资源社会保障主要统计数据。

农民工就业趋势稳定，见图1-2。

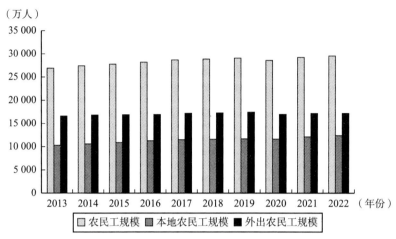

图1-2 2013~2022年农民工规模

资料来源：国家统计局。

我国一直以来重视对失业的调控力度，2012~2021年，我国城镇居民失业率一直保持在较低水平。2015~2019年，我国的城镇失业率显著下降，2015~2019年，我国城镇失业率分别为4.1%、4%、3.9%、3.8%、3.6%，2019年的城镇失业率创10年来历史新低。2020年之后，受新冠疫情影响，我国失业率有所上升，但仍低于调控目标，如图1-3所示。

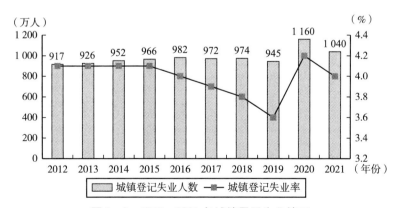

图1-3 2012~2021年城镇居民失业情况

资料来源：国家统计局。

随着工业化、城镇化水平的提高以及产业结构的不断优化，我国就业结构逐步优化。从产业就业人数分布来看，第三产业就业人数比重显著增加，由2012年的36%增长到2021年的48%，吸纳了将近一半的就业人数，如图1-4所示；第一产业就业人数不断下降，数量从2012年的25 535万人下降到2021年的17 072万人，占全国就业人数的比重从2012年的33.5下降到2021年的22.9%。从城乡结构来看，2012~2021年城镇就业人数持续增长，2021年城镇就业人数为46 773万人，较2012年上升13.75%，如图1-5所示。

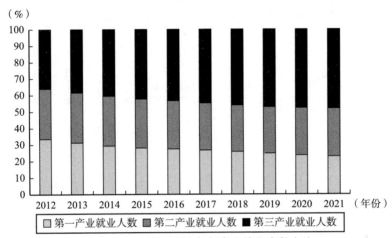

图1-4 2012~2021年各产业就业人数占比

资料来源：国家统计局。

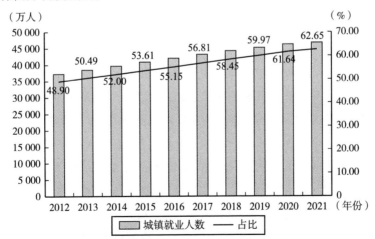

图1-5 2012~2021年城镇居民就业人数占总就业人数比重

资料来源：国家统计局。

二、劳动收入稳步增长，社会保障水平不断提高

党的十八大以来，我国的工资正常增长机制不断健全，劳动者收入水平不断提高。2012～2021 年，城镇单位从业人员平均工资稳步增长，从 2012 年的 46 769 元提高到 2021 年的 106 837 元，年均增长 9.6%，如图 1-6 所示。

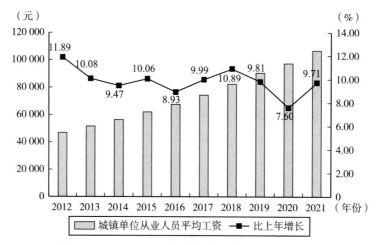

图 1-6　2012～2021 年城镇单位从业人员平均工资

资料来源：国家统计局。

党的十八大以来，党和国家高度重视就业工作，不断加强我国的社会保障建设，积极颁布实施各项社会保障制度，社会保障体系不断完善。2012～2021 年，我国社会保险的参保人数显著增加，覆盖人数不断增加。2021 年，全国基本养老保险、基本医疗保险、失业保险、工伤保险、生育保险的参保人数分别达到 10.29 亿人、13.63 亿人、2.30 亿人、2.83 亿人、2.38 亿人，与 2012 年相比，分别增长了 30.55%、154.09%、50.79%、48.8% 和 53.94%，如图 1-7 所示。

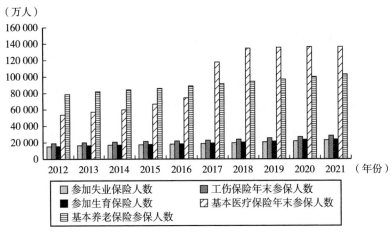

图 1 - 7　2012 ~ 2021 年社会保险各险种参保人数

资料来源：国家统计局。

三、职业教育体系日益完善，劳动者技能水平不断提升

　　我国不断重视职业教育的发展，加大在职业教育方面的投入，办学水平日益提高，职业教育体系逐渐完善。2021 年，全国共有本科层次职业院校 32 所，高等职业学校 1 486 所、中等职业学校 7 294 所、技工院校 2 492 所，职业教育在校生达到 3 000 万人，如表 1 - 1 所示。职业教育的蓬勃发展为国家培养了大批的技能人才，促进了劳动者技能水平的提高，满足了当前经济发展对技能人才的需要，有利于社会经济的发展。

表 1 - 1　　　　　　　　　2021 年职业院校现状

学校类型	学校数量（所）	在校生人数（万人）
本科层次职业院校	32	13
高职（专科院校）	1 486	1 590
中等职业学校	7 294	1 312
技工学校	2 492	426.7

资料来源：中华人民共和国教育部 2021 年教育统计数据。

四、劳动法律法规逐渐健全

党的十八大以来，我国劳动法律法规的逐步健全，为劳动者保护其合法权益提供了强有力的制度保证。2022 年，全年全国各级劳动人事争议仲裁机构立案受理案件总数 147.3 万件，当期审结案件数 146.7 万件，仲裁结案率高达 99.0%。全国各级劳动保障监察机构共查处各类劳动保障违法案件 11.5 万件，督促用人单位为 37.2 万名劳动者补签劳动合同，追发工资待遇金额达 95.6 亿元，如表 1-2 所示。

表 1-2　　　　　　　　　　2022 年劳动者权益保护情况

劳动人事争议仲裁	立案受理案件总数（万件）	147.3
	立案受理案件涉及劳动者人数（人）	163.6
	当期审结案件数（万件）	146.7
劳动保障监察	劳动保障监察案件结案数（万件）	11.5
	督促补签劳动合同（万人）	37.2
	追发工资等待遇金额（亿元）	95.6

资料来源：中华人民共和国人力资源和社会保障部 2022 年人力资源社会保障主要统计数据。

我国在就业方面取得了很多成果，但是我们仍然存在一些不足。2020 年，新冠疫情肆虐，给我国的就业市场带来了很多挑战，对我国的高质量充分就业体系造成了很大的负面影响。首先，疫情常态化管控对就业形成了持续化的巨大压力，是影响经济高质量发展、就业高质量增长的重要因素。其次，虽然我国的职业教育取得了一定的成果，但是我国仍面临高级技能人才短缺的现状，我国技能劳动者占就业人口总量的比重仅为 26%，与发达国家仍存在很大差异，无法满足各行各业对技能人才的需求。[①] 最后，青年失业率过高，2020 年疫情以来，青年失业率

---

① 中华人民共和国人力资源和社会保障局：《完善劳动力市场 促进高质量就业》。

迅速增加，由 2020 年 6 月的 15.4% 增长到 2022 年 6 月的 19.3%，一方面是由于我国毕业生数量过多，2022 年，我国的高校毕业生超过 1 000 万人，常态化的经济增长已经无法满足巨大的市场就业需求[①]；另一方面在于我国的就业结构升级缓慢，高端就业供给与需求之间存在矛盾，在这种情况下，很多高校毕业生为了满足生计，选择了向下就业，在向下就业的过程中很可能会出现资质过剩问题，这也是本书要探讨的主题。

第三节 资质过剩来源于不充分就业

一、不充分就业的概念

个体在某种经济活动中受雇一个小时以上就可以被视作处于就业状态，而与之相反的失业则是完全没有工作的情况，但是较为复杂的是处于就业和失业之间的未充分就业。1948 年，国际劳动统计会议（International Conference of Labor Statistics，ICLS）在描述与工作时间有关的就业不足的问题时，首次提出了"未充分就业"这一概念，这代表了一种隐性失业，是一种虽然就业，但是就业并不理想的状态，也代表着劳动者在岗位上没能充分地发挥人力资本价值。国际劳工局将这种未充分就业的情况分为了有形的和无形的两种类型。顾名思义，有形的未充分就业是可以被观察和衡量的，比如就业的时间；而无形的未充分就业自然很难被衡量，比如收入、技能等方面，集中在劳动力资源的分配上（宋亚辉，2021）。以往有很多研究者和组织都对未充分就业作出了定义，因此形成了一个多维度的概念体系，但是各个维度之间有自己的侧重，也有一定的重合。

而后，国际劳动统计会议在 1988 年提出了对未充分就业的具体衡量

①　国家统计局城镇调查失业率。

内容：一是指劳动者的工作时间不足；二是指劳动者想要从事更多的工作；三是指劳动者所具备的能力可以让他从事更多的工作（Guerrero & Rothstein，2012）。而丹尼尔·费尔德曼对未充分就业的定义运用得较为广泛，囊括的内容也比较全面，他认为未充分就业是与某些标准相比质量更低的工作，这些标准主要有五个方面：一是劳动者现在的岗位薪酬比原来所从事的岗位或者同龄人的薪酬要低；二是劳动者是非自愿地从事一些兼职的、临时的或者不稳定的工作；三是劳动者自身的受教育程度是高于岗位的要求的；四是劳动者被迫从事自己所接受的教育、培训或专业领域以外的工作；五是劳动者所拥有的技能是高于岗位的需求的（Feldman，1996）。在这个定义的基础上，詹森和斯拉克（Jensen & Slack，2003）将未充分就业归为三种类型，分别是时间性的未充分就业、收入性的未充分就业以及岗位不匹配性的未充分就业。还有学者从薪酬或层级、工作的时间、职位匹配、教育过度、工作的专业领域、技能未充分利用、资质过剩感和相对剥夺感等方面对未充分就业进行了解读和定义（McKee，2011）。综合以上观点，未充分就业的维度主要包括了以下五个方面。

一是与工作时间相关的未充分就业。一般是指员工的工作时间少于预定的一个阈值，并且希望加班的情况，主要包括了基于周工作时间和基于年工作时间的两类情形。从基于周工作时间的未充分就业来看，一种是指劳动者的工作时间少于 35 小时/周，但是劳动者希望能够工作更长的时间；另一种是劳动者的实际工作时间和理想的工作时间存在差距。从基于年工作时间的未充分就业来看，可以分为三种不同程度的情况，分别是年工作时间在 1 600 小时至 2 000 小时的低度未充分就业，年工作时间在 1 000 小时至 1 600 小时的中度未充分就业，年工作时间小于 1 000 小时的重度未充分就业（何景熙、罗蓉，1999）。这些阈值因不同国家而异，可以根据工作时间的平均值、中位数或众数来定，也可以根据国家有关立法或者惯例来定。

二是与收入相关的未充分就业。一般是指当前岗位的薪酬低于一定的标准，比如劳动者的薪酬低于最低工资的 125%；或者低于比较对象，比如比原岗位的薪酬至少低 20%，也可能是比同类岗位的其他同事的薪酬至少低20%（Feldman，1996）。

三是与层级或者地位相关的未充分就业。一般是指当前的地位比之前岗位的地位或社会地位要低。可以通过让劳动者将当前和以前的工作进行比较来衡量，也可以通过劳动者的受教育程度带来的实际的社会经济地位和他们自己所预期的社会经济地位之间的偏差来衡量（Feldman et al.，2011）。

四是与不稳定的工作或者临时工作相关的未充分就业。一般代表劳动者非自愿兼职一些有时间限制的工作，这些有时限的工作意味着这是一个临时的、偶然的、不稳定或者间歇性的工作。一般的研究都是通过询问劳动者是否在一个临时的工作岗位上或者是否参与了临时性的工作来判断（Feldman & Turnley，1995）。

五是与能力相关的未充分就业，也可以称为资质过剩。一般是指员工的能力在实际工作中没有得到有效发挥，即当员工的受教育水平，所拥有的技术、能力和以往的经验水平高于当前的岗位需求（吴冰、廖慧咏，2014；Glyde，1975）。这可以是客观事实，也有可能是员工主观感知的结果（McKee，2011）。但一般情况下，由于客观测量的难度较大，因此往往选择直接向该劳动者求证，询问他所拥有的技术、能力在工作中的实际运用情况，以及他个人是否感觉到自己的能力是过剩的。

二、资质过剩相关概述

从上文中我们可以看到，关于资质过剩的研究最早可以从未充分就业的相关描述中看出端倪，资质过剩作为未充分就业的一种，代表了员工个体所拥有的资质比如学历、技能、经验等方面超过了工作需求，在组织中缺少成长的机会。

（一）资质过剩的概念

如上文所述，资质过剩研究可追溯到对不充分就业问题的讨论。弗里德曼（Feldman）于1996年提出不充分就业存在着五个层面：第一，个人具有超出工作所需教育水平即教育过剩；第二，个人非自愿地就业于自己专业领域之外；第三，个人工作技能与经验超出了工作所需；第四，非自愿兼职，暂时或间歇就业的状态；第五，工资水平。随后，受教育过剩的启发，资质过剩逐渐进入学者们的视野。根据文献回顾，学者们主要从以下三个方面阐释这一概念的内涵。

第一，视资质过剩是不充分就业的一种形式，例如学者科恩和莫罗（Khan & Morrow，1991）将资质过剩和不充分就业结合起来考察，得出资质过剩是指个人的学历、技能（经验）等资格超过工作需要。这一角度关于资质过剩问题的讨论，并没有涉及个人缺乏发展或者缺乏学习机会的问题。

第二，认为资质过剩是指具有比工作要求更高教育水平，更多经验，更多知识，更多技能的个人，这与个人特征及职业特征紧密相关。例如，维哈伊斯特和奥米（Verhaest & Omey，2012）提出可以把资质过剩看作符合"个体—环境匹配模型"，也可以看作符合"工作需要—控制模型"，表现特征为专业不匹配，教育过度，技能利用不充分以及缺乏发展机会等个体特质。

第三，依据资质过剩操作性定义的呈现方式，把资质过剩划分为主观与客观两类。主观资质过剩是指因工作需要而对企业内部员工进行评价，其结果会导致员工对自身的感知高于企业实际状况；客观资质过剩则是指员工在工作岗位上表现出的技能水平低于预期值。主观资质过剩表现为个体认为自身的能力超出了工作要求，反映了员工自身的主观感受，而客观资质过剩则是指工作需求和个人能力不匹配，或者是超越了工作本身的需要。客观资质过剩或许能够更好地反映出一个人的资质过剩问题，但这并不意味着同样学历、类似岗位的个人对资质过剩的认知程度可能存在差异。研究表明，主观资质过剩个体对于工作环境与资质之间的不匹配会更为敏感（Luksyte et al.，2011），所以，通常情况下，资质过剩研究更倾向于主观资质过剩视角（我们常说的资质过剩感）。本书所研究的资质过剩主要集中在主观资质过剩即资质过剩感方面。

（二）资质过剩的测量

回顾文献可知，资质过剩的维度划分主要存在三种代表性的观点：

单维度、二维度和多维度，由此产生了不同的测量方法。

单维度说。有学者提出资质过剩的主要特征是个人主观上觉得自己的资质和专业要求的资质不符，是单一维度的构念。比如梅纳德和哈克尔（Maynard & Hakel）在1999年进行了质化研究，他们认为对招聘经理，求职者以及员工而言，资质过剩更多地表现为过剩的学历与经历，或者过剩的技术与才能，并没有包括其他方面。该研究还发现，资质过剩并非仅体现在单个维度上，而是多个维度共同作用的结果。因此，资质过剩也可以从不同角度进行分析，包括多维视角，即由多重因素构成。梅纳德、约瑟和梅纳德等（Maynard, Joseph & Maynard et al.，2006）从资质过剩单维度内涵出发，编制了含9项内容，含教育层面过剩、含经验层面过剩、含技能、含能力层面过剩的资质过剩问卷，该问卷从整体维度进行衡量。

二维度说。有研究者将资质过剩视为一个二维构念，其中包括了知觉上的失配与知觉上的没前途两方面（Khan & Morrow，1991；Johnson & Johnson，1996）。感知不匹配表现为员工资质与当前工作要求不同，感知没前途表现为员工觉得缺乏职业发展的机会。首先从上述两个方面入手编制资质过剩量表者为可汗和莫罗（Khan & Morrow，1991），他们分别以四个条目对上述两方面进行了测量。有鉴于此，约翰逊和约翰逊（Johnson & Johnson）等于1996年在原量表基础上增加两个条目，从而构成一个含有10个条目的量表。他们在调查期间不断修订量表，被广泛应用于实证研究。

多维度说。有学者根据以上研究增加了一些内容。这些新发现对于解释资质过剩有一定意义。如费恩和尼沃（Fine & Nevo）等在2008年增加认知维度后认为资质过剩第一要素为认知能力过剩，而知识与技能为第二要素，且他们使用自陈式问卷测量方法编制九项认知能力过剩认知问卷。2006年，梅纳德等提出资质过剩可在教育程度、经验（经历）、技能三个特定方面同工作需要进行对比，这一观点已被部分学者所接受。

此外，有一些学者也指出了主观测量的不足之处，比如，人们往往会在自我评价中过度地估计自己，或者说，被试当前的心理状况以及情绪状况会影响到他们的自我评价。因此，如何提高测量结果的可靠性和准确性是研究者一直努力探索的目标。但是，目前研究中还没有一个统一有效的方法来衡量被试者个体之间的个体差异对量表信度和效度的影响程度。为了解决此类问题，有学者要求采用主观和客观测量方法相结合（Allan et al.，2017）。

（三）资质过剩的成因

在资质过剩的影响因素研究中，学者们基于不同学科背景与视角对其进行了较为系统的探讨。本书按照社会、组织、团队及个体四个方面对文献中资质过剩的影响因素进行了总结和归纳，如表1-3所示。

表1-3　　　　　　　　　资质过剩的影响因素梳理

类别	文献	影响因素	主要观点
社会	弗里德曼（Feldman，1996）	经济政策	经济政策强制规定的工资、福利和其他工人保护政策影响着资质过剩
	瓦西（Vaisey，2006）	教育扩张程度、就业市场	如果不能扩大就业市场对高等教育人才的需求，那么资质过剩现象将持续存在
	汤普森和谢伊（Thompson & Shea，2013）	经济周期	当经济变得疲软时，经济萧条会通过调节劳动力市场的供需平衡来影响资质过剩
	马丁内斯（Martinez，2014）	失业率	一个国家或地区的失业率也是导致资质过剩感产生的重要因素
组织	罗贝内（Lobene，2010）	工作环境和规章制度	固定不变的工作环境、太过严苛的规章制度以及统一的制服要求等都会影响到资质过剩
	马莱里奇（Maltarich，2011）	考核方式和反馈程度	组织对员工的考核方式以及对于员工意见的反馈程度都会对员工的资质过剩感产生重要影响
	刘和王（Liu & Wang，2012）	晋升机会	当组织中的晋升机会较低时，员工积累的工作经验会使其产生资质过剩感

续表

类别	文献	影响因素	主要观点
组织	刘和王（Liu & Wang，2012）	组织的绩效评价方式及反馈	组织对员工的绩效评价及其他类型绩效反馈对员工的资质过剩产生影响
	刘和王（Liu & Wang，2012）	组织政治	在政治水平较高的组织中，员工的工作相关技能和能力很可能没有得到充分利用，因而产生较高的资质过剩感
	刘等（Liu et al.，2015）	工作内容	长期做重复的工作内容会使员工产生更高的资质过剩感
	卢克斯特和斯皮特兹穆勒（Luksyte & Spitzmueller，2016）；张等（Zhang et al.，2016）；刘金菊等，2014	组织支持	组织通过工作再设计、提供员工培训的机会以及个性化契约等方式可以促进资质过剩员工的潜力开发
	阿尔费斯（Alfes，2016）	领导—成员交换	高质量的领导—成员交换关系可以使员工能够更加真诚和坦率地与领导者沟通，从而降低员工的资质过剩感
	邓（Deng，2018）	组织的整体氛围	组织氛围的融洽与否会通过对员工个人产生影响进而影响其资质过剩感的高低
团队	库利克和安布罗斯（Kulik & Ambrose，1992）	团队成员的互相信任感	当团队成员互相信任，他们身处和谐的氛围，资质过剩感会受这种环境的影响而相应减弱
	谢文心等，2015	同事的资质过剩	当同事也具有较高的资质过剩感时，员工在同事的参照标准下，即使工作内容较为简单，也不会有强烈的感知
	胡等（Hu et al.，2015）	团队成员的黏性	团队成员之间的黏性较强，彼此之间合作和互帮互助的关系较好也能够降低资质过剩感
	邓等（Deng et al.，2016）	团队成员的主动性	团队成员的主动性能够影响员工的资质过剩，使其产生积极的工作态度
	阿尔费斯，尚茨和巴伦（Alfes，Shantz & Baalen，2016）	团队凝聚力	员工在团队凝聚力较高的团队中其资质过剩感知水平会下降

续表

类别	文献	影响因素	主要观点
	梅纳德等（Maynard et al.，2006）；杨纯、周帆，2013	年龄	年轻的员工更可能经历资质过剩
	费尔德曼（Feldman，1996）；卢克斯特、斯皮特兹穆勒和梅纳德（Luksyte, Spitzmueller & Maynard，2011）；梅纳德等（Maynard et al.，2006）	性别	结果不一致，存在三种结论：不相关，女性高于男性和男性高于女性
	弗尔德曼（Feldman，1996）	职业经历	职业经历增加个体经历资质过剩的风险
	费恩（Fine，2007）	经验的开放性	经验开放、具有厌倦倾向性人格特征的个体在一个缺乏挑战性的工作环境中会更容易产生资质过剩感
	罗贝内和米德（Lobene & Meade，2010）	自恋	自恋的人往往更容易产生资质过剩
个体	瓦特等（Watt et al.，2010）	厌倦性倾向	具有厌倦性倾向的员工更容易产生资质过剩感
	瓦特和哈吉斯（Watt & Hargis，2010）	工作无聊感	工作无聊感与资质过剩呈正相关
	罗贝内（Lobene，2010）	高技能、高能力、高需要	高需要、高技能、高能力与资质过剩存在显著的正相关，而一般智力能力对资质过剩的影响不明显
	格雷罗等（Guerrero et al.，2012）	职业规划、求职行为	如果员工在入职之前有清晰明确的职业规划和多次求职行为，那么员工在入职后将会产生较低的资质过剩感
	杨等（Yang et al.，2015）	职业适应力	职业适应力与资质过剩负相关
	哈拉里（Harari，2017）	神经质	对于神经质的个体而言，他们的情绪不稳定，同时他们的内心又是敏感和脆弱的，对压力应激反应也更为强烈以及自我控制能力较弱，因而资质过剩感更强

可以看到，社会层次因素包括经济政策、经济周期、失业率、教育扩张程度和就业市场等；组织层次因素包括工作环境和规章制度、考核

方式和反馈程度、晋升机会、组织的绩效评价方式及反馈、提供的组织支持、组织政治、工作内容、领导—成员交换和组织的整体氛围等，团队层次因素包括团队成员的互相信任感、团队成员的主动性、同事资质过剩、团队成员的黏性和团队凝聚力等，个体层次因素包括个体的年龄、性别、职业经历、经验的开放性、厌倦性倾向、工作无聊感、职业适应力、个体性格特征、专业知识水平等。

通过系统地从社会、组织、团队和个体四个方面对资质过剩的影响因素进行回顾，发现资质过剩受多种因素的影响已得到学者们的共识，特别在个体层面，研究成果较多。

第四节 高质量充分就业背景下资质过剩"双刃剑"效应

以往研究发现，资质过剩会对员工行为、员工态度、员工绩效等产生一系列的影响，包括积极影响和消极影响。在本节中，我们主要概述员工资质过剩的"双刃剑"效应，以及高质量充分就业背景下如何引导和有效管理资质过剩员工，发挥其积极作用，降低消极作用。

一、资质过剩的消极影响效应

首先，资质过剩会使员工产生一系列的消极工作态度。研究表明，资质过剩与工作满意度呈负相关，甚至会对薪酬、领导以及职业发展不满。资质过剩还会带来较低的组织承诺和更高的离职倾向，通过影响员工的公平感知，使员工产生较强的相对剥夺感，从而导致较低的组织支持感（Khan & Morrow，1991；Johnson & Johnson，2000；Lee，2005；Watt & Hargis，2010；Ye et al.，2017；郭腾飞等，2015）。在促进高质量充分就业的过程中，营造一种公平的就业环境是非常重要的。公平的就业环境会提高资质过剩员工的公平感知，让资质过剩员工感受到组织中的晋升公平、绩效考核公平和薪酬公平，提高员工的工作满意度和组织支持感，从而降低资质过剩的消极作用。

其次，资质过剩还对员工的身心健康产生消极影响，研究表明，资质过剩与员工压力和抑郁状态呈正相关（Johnson，1997），与员工的情绪耗竭以及压力感也可能存在正相关（Navarro et al.，2010）。员工的消极情绪也可能蔓延到家庭生活中，导致工作家庭冲突（Liu & Wang，2012）。高质量充分就业要求组织和员工之间建立一种良好的关系。组织应在生活和工作上对资质过剩员工给予足够的关心，通过定期与资质过剩员工沟通及时发现员工的不良情绪。同时，组织可以定期给员工预约心理辅导，积极疏导员工，以免由于资质过剩而对员工的身心健康造成影响。

最后，资质过剩还会使员工产生消极的工作行为。资质过剩感还会使员工在组织中作出反生产行为、退缩行为等消极行为，也会带来更高的离职倾向（Liu et al.，2015；Maynard et al.，2006；Triana et al.，2017）。高质量充分就业背景下，人—岗匹配是非常必要的。人岗匹配能够充分调动员工的工作自主性，激发员工的工作热情，发挥员工的主观能动性，从而减少员工的反生产行为、退缩行为，降低员工离职率。

以上关于资质过剩感的消极作用研究中，也有学者得出不同结论，认为资质过剩感并不一定导致以上这些消极结果，可能存在其他的影响或调节因素。上述观点可以用来解释为什么有些组织拒绝招聘资质过剩的新员工。然而在知识经济时代，一些组织希望能够招聘到资质过剩的新员工，并认为这些资质过剩员工有较大的潜力，从而能够给组织带来创新、高绩效等利益，并且能够帮助组织适应不断变化的市场。部分学者对资质过剩所带来的积极影响进行了理论和实证方面的探讨，以希望实现员工和组织的双赢，满足我国对高质量充分就业的需求。

二、资质过剩的积极影响效应

除了上述消极影响，最近的一些理论研究表明，资质过剩可能因组织情境的不同而导致不同的影响效应，有时会对工作结果产生积极的影响。根据目前的学者研究，资质过剩的积极影响效应主要包括给员工的创新行为、员工的创新绩效、员工的创造力、员工的角色内绩效、工作重塑行为及员工的主动行为等带来一定的影响。

从创新行为来看，资质过剩的员工拥有更好的工作技术和能力，更能贡献自己的发散式思维和分析推理能力，同时他们相对于其他员工可以更快地完成本职工作，使他们更有时间进行创新；此外，他们对当前工作不满意的状态也可能会激发他们通过创新来改变现状。学者卢克斯特和斯皮特兹穆勒（Luksyte & Spitzmueller，2016）基于人—岗匹配理论，研究了资质过剩与员工创新行为的关系，结果表明，当组织为员工提供指导他人的机会、个性化契约或提高员工的组织支持感时，资质过剩与主管评价的创新绩效呈正相关。

资质过剩也可以正向影响员工的创造力，员工资质过剩不仅可以直接影响创造力，还可以通过工作投入的中介作用间接对创造力产生作用（赵卫红，2016）。员工的资质过剩也会正向影响角色内绩效，较高资质水平的员工有着更加丰富的技能、知识和经验，能够高质量地完成工作，从而有更高的角色内绩效（Erdogan & Baue，2009；Fine & Nevo，2008；Zheng & Wang，2017）。

此外，资质过剩的员工因为其高学历、技能和经验，对自己会有较积极的自我评价，会更愿意表现出能够维持自己积极印象的行为，比如工作重塑行为（Lin et al.，2017）。同时，资质过剩感较高的员工能够更加高效地完成工作任务，并认为自己有更多的资源，会产生较高的角色宽度效能感，从而提高主动行为（Zhang et al.，2016）。

可以看出，资质过剩是一把"双刃剑"，一方面资质过剩员工有利于组织的发展，另一方面资质过剩会对员工和组织带来不利的影响，本书后面将对这两种影响效应进行详细阐述。同时，如何发挥资质过剩的积极作用和降低资质过剩的消极作用十分重要，在高质量充分就业背景下，我们可以通过营造公平的工作环境、和谐的劳动关系以及人岗匹配来提高员工的工作满意度、员工的工作积极性、员工的公平感知和组织支持感，激发员工的创造力和创新行为以及降低员工的反生产行为、退缩行为和离职率，从而引导资质过剩的积极效应，降低资质过剩的消极效应，实现员工与组织的双赢，促进高质量充分就业。

▌第二章▐
资质过剩研究理论视角

经过多年的发展和积淀，学者们对资质过剩理论视角的研究已十分丰富，并形成了较为系统的理论研究视角。本章重点介绍了在资质过剩领域主要被用来解释资质过剩作用机制的六个理论，即人—职匹配理论、相对剥夺理论、公平理论、人力资本理论、资源保存理论以及社会认知理论。通过对这些理论的了解和学习，不但可以掌握其理论内涵和具体内容，还能够在理解其可被应用的实践环境的基础上，立足于既有实证研究，进一步拓展资质过剩研究的理论边界。例如，未来可以更多地将研究视角聚焦于资质过剩潜在的积极层面，进一步发掘资质过剩给个人和组织带来的积极作用。

第一节　人—职匹配理论视角

一、人—职匹配理论概述

身为组织内部的成员，每个员工与企业都是利益共同体，企业不仅为员工搭建和提供事业发展的平台，还需尽可能为企业内的每一个岗位都选择合适的人才。如此，员工得以在合适的位置上发光发热，为组织作出自己的贡献，组织亦能从中获益，从而实现企业和个人双赢的局面。个体的能力和性格是存在差异的，而正是这种差异的存在，使得个体适配的岗位有所不同。个体适合做什么事情，企业就要将其安排在适合他的位置，将其天赋和才能发挥得淋漓尽致。而每个岗位又有不同的工作要求和特点。因此，企业要根据岗位特性科学地配置人员，唯有如此，才能使员工在属于自己的舞台上尽心演出。这种个体与职位的匹配就是人—职匹配理论研究的重点。

人—职匹配包括工作供给—个体需求匹配与工作需求—个体能力匹配两类。先说需求—供应匹配，在这里我们首先要明确什么是"需求"，然后再分析如何进行匹配。需求—供给匹配多是从个体角度进行研究，只要职位能够很好地满足个体需求、预期和喜好，那么员工和工作两者的匹配便会应运而生，即在职位符合个体需求，意志或喜好的情况下，个体和职位达到匹配。关于需求—能力匹配，需求—能力匹配更多是从职业发展的视角来分析的，认为只有具备良好职业素质才能成为一名合格的人才。换言之，只有具有优秀职业素质的人员才有可能被录用到工作岗位上。需求—能力匹配多从职位角度考虑，当个体具备职位所需的能力后，即产生匹配。也就是说，当一个人的才能能够很好地适应职位的要求时，他就会和职位达到相匹配。这一搭配含有"恰好"之意，核心要素在于：最优秀的未必就是最佳搭配，最佳搭配就是最佳选择，也就是职得其位、才职相兼、结果最佳。

人—职匹配理论认为，人员与所在工作岗位之间的匹配度对工作状态与工作绩效有显著影响，优质人—职匹配可以让员工"人尽其才"，提高工作绩效（陈颖媛等，2017）；相反，劣质人—职匹配会造成"大材小用"或者"才不配位"的尴尬局面，进而对工作状态造成负面影响，导致工作绩效不佳和工作压力过大（Wald，2005）。资质过剩感表现为员工能力和工作需要不相称的一种典型情况，也就是员工资质超出了工作要求。

二、资质过剩是一种人—职不匹配

人—职匹配理论可以用来分析员工的资质过剩对个体层面的重要结果变量的影响。根据该理论，资质过剩代表着员工与环境不匹配的状态，并且主要表现在教育水平、知识、经验、技能和能力的不匹配，而人—

职匹配指员工的知识、技术、能力和工作需求之间的匹配。员工与工作之间相互匹配能够带来积极的工作结果；相反，个人的能力（或需求）与工作的需求（或满足需求）不匹配，可能导致消极的工作结果（如员工的离职、工作再寻找行为等）（Edwards，1991；McKee - Ryan & Harvey，2011）。资质过剩者受教育程度更高，其具备的知识和能力也更为复杂，当资质过剩员工将其自我资质与工作特征进行比较时，更容易认为任务不具有挑战性，产生自身能力未能被充分发挥的认知，因而倾向于在工作中产生厌倦感和无聊情绪，难以在工作中获得愉悦感。现有研究还显示，人—职匹配倾向于让员工获得较高工作满意度，从而让员工更加密切地与组织联系在一起，员工展现出较强的组织承诺并有意愿在组织内停留，而人职不匹配则倾向于带来工作满意度降低、组织绩效降低等消极后果。

资质过剩体现为一种人—职不匹配现象，资质过剩越强的员工就会觉得组织对自己不够重视，导致其愤怒情绪就会越大，这就会使其工作满意度与组织承诺下降，并带来负面行为上升与积极行为下降的现象，如工作再搜寻行为与反生产行为上升、组织公民行为下降等。具体而言，在员工态度方面，当员工的资质超过工作所需，即出现人—职不匹配的情况时，员工会认为他们的工作没有挑战性，没有意义，很难产生工作上的成就感和愉悦感，进而产生较低的职业满意度（程豹等，2019）；同时，员工会对自己的价值质疑，其组织自尊被降低，进而消极影响员工的敬业度。在对员工行为的影响上，一方面，资质过剩使个体感受到他们的能力等与岗位的要求不匹配，他们的技能和能力要远远超过岗位所必需的水平。因此，激发员工的愤怒，降低其组织自尊，员工认为自己在组织中不再重要，也没有价值，进而导致员工反生产行为、离职倾向以及工作再寻找行为的增加（Liu et al.，2015；Maynard & Parfyonova，2013）。另一方面，已有部分研究成果指出了人—职匹配与组织公民行为之间的相互影响机制。在人—职匹配条件下，员工具有高度的组织认同度，并会自觉展现出某些积极的行为，协助行为和组织公民行为。当人与工作相匹配时，员工会表现出较强的主动性和积极性，并通过提高自己的知识水平来提升自身能力以达到更好的结果；反之则可能降低其努力程度而出现消极的态度。当人与工作不相称时，雇员易产生厌倦工作任务的情绪，并因内在动机不足而更易引发组织公民行为下降。简言之，人—职匹配度不高会给员工带来挫败感并进而弱化他们的积极行为。

三、如何提高资质过剩者的人—职匹配度

对于如何提高资质过剩者的人—职匹配度的问题，综合已有研究，我们一般认为应该从以下方面入手。

首先，在招聘环节，组织在挑选人才时，应秉持人岗匹配的原则，不要过分追求资质过高的员工，应对空缺岗位的任职资格和员工的能力作全面、客观、合理的评估，为空缺岗位找寻最合适的人才，最大化实现人职匹配。

其次，组织可以通过提高工作自主性、增加工作的挑战性、鼓励员工进行工作重塑等措施来改善人职不匹配的程度。例如，当员工入职时，组织可通过向其提供一系列富有挑战性的任务来创造良好的氛围，让他们能够充分地发挥其价值并增加其资格和工作内容匹配度。工作重塑也是一种提升人岗匹配的方法，通过鼓励员工进行工作重塑，组织能够激励和诱导员工积极地改进工作，适应组织变革的需要，增强员工的创造力与适应力，进而提高其工作绩效乃至组织的整体绩效。

最后，组织也可通过给予资质过剩员工某些权利。授权作为一种重要的管理方法，有助于缓解资质过剩引起的消极情绪，缓解资质过剩对员工工作态度和流失率所带来的不利影响（Erdogan & Bauer，2009）。

第二节　社会比较理论视角

一、资质过剩与相对剥夺理论

（一）相对剥夺理论概述

我们用三个步骤来定义相对剥夺。第一，必须由个体进行比较。如

果没有比较，就不可能有相对剥夺。第二，一定要有认知评估，让个体认识到其自身或者其所处团体的不利地位。第三，一定要把这一知觉上的不利看成是不公。当感知者觉得他们自己或者他们所处团体理应获得更多东西时，就会引起愤怒和怨恨。这种不公平的感知是相对剥夺中不可缺少的部分，这种对不公正的认知，正是相对剥夺不可或缺的一部分。与此相应，相对剥夺感也可被界定为一个人或一群人对于自己与参照对象相比，处于相对劣势的一种主观认知及其所导致的生气和不满意等消极情绪体验。

就影响相对剥夺感的因素而言，除了人口统计学变量外，个体特征变量和社会环境变量的作用也引起了人们的普遍关注。在个体特征变量上，学者考察人格特质，归因方式，歧视体验，知觉控制感和不平等感对相对剥夺感产生的影响。比如，研究发现，人格特质中内控型人格对相对剥夺感有负向影响，而外控型人格对相对剥夺感有正向影响；与倾向于内部归因相比，外部归因对相对剥夺感有正向影响（Smith et al., 2012）。社会环境变量方面，学者讨论的要素有社会经济地位，社会公正性和参照群体特征。其中，社会公正性是影响个人相对剥夺感最重要的环境因素之一，它不仅能直接影响个人的相对剥夺感，还能通过间接影响个人相对剥夺感来调节其与群体间的差距。社会地位低，政治影响力弱的人群能感知更强的个体相对剥夺感与团体相对剥夺感（Pettigrew et al., 2008）；已有研究对程序公平与相对剥夺的关系进行检验，结果显示：在程序改变缺乏合理性或理由不足（程序公正不足）的情况下，个体所感知的相对剥夺感水平更高（如愤怒、不满、心烦、气愤）；参照团体优势地位越高，其感知相对剥夺感水平越高。

前面已经提过，从产生的层次上来说，相对剥夺感可以分为个人相对剥夺感和群体相对剥夺感，由于产生层次的不同，这两种剥夺感也会带来不同的影响。个人相对剥夺感的影响结果主要集中在心理健康（内在的）和个体行为（外显的）上。有研究表明，个人相对剥夺感与心理健康障碍呈显著正相关（Buunk & Janssen, 1992），具有个人相对剥夺感的个体有更大的概率出现心理健康障碍。除了心理健康，研究还发现，相对剥夺感对心脏病、进食障碍、高血压、酗酒行为、自杀以及死亡率等体现身体健康的指标也有一定的预测作用（Salti，2010）。在个体行为方面，现有大量研究揭示了个人相对剥夺感对越轨（偏差）行为（如攻击性行为、暴力行为、偷窃行为、反工作生产行为等）和退缩行为（如吸烟、酗酒、药物使用、赌博、社会隔离等）的影响。群体相对剥夺感的影响结果既包括个体层面的主观幸福感、心理健康及自尊，又包括群体层面的内在群际态度和外在集群行为。研究表明，群体相对剥夺水平越高，弱势群体对内群体的态度就越积极，而对外群体的态度就越消极，感受到的群际不公平感也就越强烈（Appelgryn & Nieuwoudt，1988）。

相对剥夺理论适用范围很广，社会学家墨顿针对相对剥夺感的阐释提出"参照群体"的概念。他认为每个人都有属于自己的参照群体，也就是个体把哪个团体当作参照物是很关键的，而参照团体的选择又直接关系到个体对被剥夺的知觉程度。经济学领域对参照群体的解释也是异曲同工，经济学家杜生贝认为，人的消费水平不只会被自身收入所左右，还会为身边人消费习惯所左右，其程度还依赖于所选参照群中的分类。

（二）资质过剩是一种相对剥夺

相对剥夺理论被广泛运用于解释资质过剩影响效应的相关研究中，根据这一观点，资质过剩会使人产生一种被剥夺了应有工作的感觉，因此会给个人和组织带来一系列负面结果。个体知觉的相对剥夺依赖于预期得到的效果和实际得到的效果间的距离，距离越大，剥夺感就越大，预期剥夺会导致对工作产生不满意。因此，个体需要通过一定的策略来克服这种相对剥夺感，以达到自身发展的目标。社会比较过程构成了相对剥夺理论的核心内容，社会比较过程涉及对自身与参照对象之间某些维度的对比，员工若得不到与其资格匹配的权力就会感到失望。值得注意的是，人们在进行对比时所选择的参照对象并不是固定不变的，因此，这种剥夺感是相对的，而不是绝对的。具体来说，在对比的过程中，如果自身处境得到了改善，但是改善程度相对参照物的改善程度较低，依旧可能导致相对剥夺感的产生。另外，资质过剩个体受教育水平越高、技术越熟练，其对工作类型、工作自主权的预期越大，若这种预期没有达到就会产生更高的剥夺感。

相对剥夺理论认为，当资质过剩员工通过与其他人比较，认为自己处于不利地位时会形成消极情绪和态度，进而影响到工作场所中的行为。现有相关研究表明相对剥夺感会对员工的情绪体验、态度产生一定的影响，降低资质过剩员工的职业满意度和主观幸福感，降低员工的主动行为等（Erdogan et al.，2018）。如有学者以新生代员工为研究对象，发现较高的资质过剩一方面意味着本应获得的符合自己预期和相关资质工作机会的丧失，这种丧失潜存的则是理想工作和与之相匹配的社会地位被剥夺的一种认知与判断。另一方面，在资质过剩所导致的不满感受中，既包括对现有工作的成就感、成长机会等内在价值缺失的反应，也包括对所获得报酬及奖励等外在价值不足的反应（李广平、陈雨昂，2022）。

由此，在工作不能满足员工的预期时，员工会产生相对剥夺感，相对剥夺感的产生进一步使员工产生抱怨、愤懑等负面情绪，导致工作满意度的下降，进而影响员工的心理健康，最后使得员工产生更强的离职意愿及其他不利于工作的消极行为。因此，相对剥夺理论可以用来解释资质过剩对工作满意度，离职以及个人幸福感、心理健康的影响作用。

（三） 如何降低资质过剩者的相对剥夺感

当员工与其他人进行比较且认为自己处于不利地位时，会形成消极的情绪和态度，进而影响到行为，比如增加员工的反生产行为等，给组织带来消极的后果。这就提示管理者需要更加注重员工的情绪状态，通过构建优秀的企业文化，帮助员工维持积极向上的情绪状态。这是因为，资质过剩员工并不是孤立的，而是处在一定的社会环境中，资质过剩员工需要与一定的参照对象进行对比，工作场所中的其他个体往往成为其参照对象（Deng et al.，2018）。当员工进入组织发现与领导或同事的资质过剩水平比较一致时，员工会认为资质过剩可能是组织的一种隐形"规范"，因此可能会合理化其资质过剩（Hu et al.，2015）。相反，如果员工进入组织发现领导和同事的资质水平与岗位相比都较低，则会给新员工带来一种"鹤立鸡群"的感觉，此时资质过剩员工可能会漠视组织中的工作，疏离领导和同事。结合社会比较过程这一相对剥夺理论的核心，我们建议，在企业内已存在资质过剩员工的情况下，管理者可以通过将这些员工放在同一个团队里面，以降低他们的资质过剩感。此外，企业也可以在资质过剩的员工入职时，告知其是企业特意招聘的优秀人才，表现出企业对于他们的尊重并强调他们将会在一个高资质的团队中工作。

二、资质过剩与公平理论

（一）公平理论概述

公平理论是美国心理学家约翰·斯塔西·亚当斯（John Stacey Adams）于1965年提出的。该理论指出，一个人对公平的知觉并不只决定于他获得的绝对值，而是在很大程度上依赖于社会比较——与参照对象相比较后获得的相对值。员工将其所得薪酬（包括金钱、福利、受重视程度、表彰奖励）与其工作投入（包括受教育水平、工作经验，在工作上花费的时间、精力和其他耗费）之比，同其他人薪酬及投入之比，加以对比。若两者大体相等就会觉得公平，若觉得不相等就会觉得不公平，并可能采取一定的措施以减轻或者消除不公平感，当然采取的行动多种多样。

（二）资质过剩是一种不公平

在该视角下，资质过剩是员工对公平的一种判断，即对其投入产出比的一种感知，并且资质过剩员工感知到何种不公平取决于他们参考的对象？如与资质恰当的员工相比，其投入（知识、能力等）多而回报相当，于是资质过剩员工认为损失了其受教育或培训等的实际成本，进而产生不公平感知；与资质较高或与自己经验水平、技能水平和教育水平相当的个体相比，资质过剩员工感知到损失的是更好的岗位或表现机会，损失的是一种机会成本（Liu & Wang，2012）。

基于该理论，资质过剩会让员工产生被组织和雇主不公正对待的感觉。面对这种不公平的情况，员工可能会经历更多的挫折，从而降低他们和谐的工作热情。工作热情的下降难免使得职业怠倦上升，在没有足够的工作热情的前提下，他们更有可能从事与工作无关的活动，如网络闲逛（Dalal，2005；Ambrose et al.，2007）。尤其是对于高学历、高成就需求的员工来说，由于他们目前的工作要求与他们的资历不相适应，缺乏挑战性，往往会导致他们的不公平感加剧，工作满意度和组织承诺也会有一定程度的下降。因此，当未能实现自己的成就时，他们往往更沮丧，更有可能在工作中体验到低和谐的激情。

除了工作热情、工作满意度以及组织承诺的下降，不公平感还与工作绩效联系紧密。这是因为，部分员工在面对这种不公平时可能会选择"坐以待毙"，但是还有一些员工企图采取一些方式去改变现状以降低这种不公平感。一些资质过剩感很强的员工可能通过缩短工作时间，降低努力程度或没有完全发挥其潜能等方式来降低工作绩效以获取公平感（刘金菊等，2014）。这种方式无疑会给企业带来一定的负面影响。

（三）如何降低资质过剩者的不公平感

胡斯曼等在1988年明确提出公平敏感性的概念，即不同的个体对同一事件的公平与否具有不同的偏好，这一偏好是稳定的，因人而异的，对不同的事件亦呈现稳定而类似的反应。胡斯曼按照个体的反应，将公平敏感性分为大公无私、公平交易与自私自利三种类型。大公无私者往往在工作任务上投入过高，对于收益不及投入的容忍度较高；公平交易者更喜收益与投入相当，希望自己的投入/收益 = 参照对象的投入/收益；自私自利者则喜好高收益，希望自己的收益高于投入，同时喜好自己的投入/收益 > 参照对象的投入/收益。由此可以推断，公平敏感性，即人们对不公正反应的强烈程度的个体差异，可能决定员工是否对资质过剩的情况做出强烈反应（Erdogan et al.，2011）。

对公平高度敏感的个人非常关心公平，他们更有可能从公平的角度来解释社会/组织状况，回忆不公平的事件，面对不公平变得更加愤怒，并对所谓的不公平进行更长时间的思考（Schmitt et al.，1995）。相反，公平敏感性较低的个体对不公平相对不敏感。例如，施密特和多弗尔（Schmitt & Dorfel，1999）发现，公平敏感性调节了程序不公正与工作病假之间的关系，对于公平敏感性水平较高的个人来说，这种关系更强。

因此，我们期望公平敏感性能够调节资质过剩感知与员工反应之间的关系强度。例如，具有较高公平敏感性的资质过剩员工可能会感到更愤怒，更有可能对组织作出反生产行为等不利行为。国内亦有学者研究对此进行验证，当员工感到资质过剩时，受到公平敏感性不同偏好类型的影响，个体可能会作出不同的行为来消弭资质过剩所导致的差异认知，即公平敏感性在这一过程中产生调节效应（赵恒春、彭青，2020）。结果表明：资质过剩会明显降低员工的工作投入，随着公平敏感性的提高，资质过剩感对工作投入的消极影响会被强化。

所以，企业管理者应根据不同类型的员工制定出相应的策略。如对于偏好高收益的员工，管理者应关注他们是否存在资质过剩感，若已存在，则应采取及时有效的干预措施（例如调整工作岗位、提供更具挑战性的工作），以尽量减少资质过剩认知与较高公平敏感性造成的双重负面影响。另外，企业管理者通过开设培训课程，设置相应的课程内容，引导员工产生正确的公平敏感倾向。一方面，能够降低员工的资质过剩对工作投入所产生的消极影响；另一方面，还能够有效降低员工在工作中遭遇其他挫折时所产生的消极情绪与消极感知，继而减少其负面行为。除对员工的公平偏好进行正确引导外，管理者还可通过以下措施减少资质过剩员工的不公平感。

一是运用多种方式，创造公平、公正、合理的气氛。公平感是一种主观感受，它与客观现实之间可能存在着一定程度的差异。企业可以通过多种措施的实施为员工营造公平、公正的氛围，以尽可能规避员工在主观上的不公平感。例如，有一些公司使用保密工资，避免员工之间因相互攀比而产生不公平感。

二是建立一种能使雇员觉得公平，愿意参与其中并加以维护的分配制度。不同个体有不同的公平标准，而个体所持的公平标准在很大程度上能够决定个体所感知的公平感，所以管理者首先应尽量理解组织内员工所持的公平标准以确定分配制度，是以平均原则为依据，贡献多少为标准，或者把承担社会责任的多寡作为分配的准则最能使员工获得公平感。根据客观调查选择能最大限度地使职工有公平感受的分配原则。通过对员工的访谈分析以及问卷调查等方式来获得员工对于薪酬制度的主观感受，并以此为依据，设计出一套符合企业实际情况的薪酬体系。最后，根据这些结果来调整薪酬结构，从而使员工得到激励并产生好的工作绩效。

第三节　人力资本理论视角

一、人力资本理论概述

舒尔茨从探寻经济增长与社会丰裕之间的奥秘开始，逐渐走上了人力资本探索之路。在舒尔茨看来，自然资源，物质资本和原始劳动对于发展更高程度的经济总是远远不够的。舒尔茨认为："人力在社会进步中起决定作用，但获得人力并非没有成本，人力的获得要耗费稀缺性资源，也就是说要耗费资本投资，人力资本就是这样一个稀缺的要素。在现代市场经济条件下，人力资本已经成为企业竞争优势的源泉。"人力资本与资本具有相同的含义：都是由人类创造出来的。人力（包括人的知识、人的技能等）的养成，都是投入的成果，只有以某种方式投入具备知识与技能的人力资源，才能成为所有生产资源的主体，如果不通过教育培训，就不能获得所需的这种能力。这就是人力资源开发与管理中最重要也是最困难的问题。而要解决这一难题，就要依靠人力资本投资，所以，人力、人类的知识与技能，都属于资本的形式，我们将其称为人力资本。

人力资本理论的主要内容有：（1）劳动力是资本性的，在劳动力上进行投资而形成资本，这就是人力资本。（2）伴随着经济发展，科技进步和信息时代来临，人力资本比物质资本更能促进价值创造。（3）教育是形成人力资本的主要途径。教育的支出不应被视为消费，而应被认为是一种投资。人力资本的投资收益率远大于物质资本的投资收益率。（4）教育投资在人力资本投资中占有相当大的比重，教育投资应建立在市场供求关系的基础上，并将人力价格的浮动作为衡量标准。

人力资本概念被引入经济学，使得资本理论出现了新的面目。人力资本理论产生后，许多经济学家都把注意力转向人力资本的积累。在这之前，人们一般认为投资于土地等有形资产所获得的收入要大于投入在人力资源上的成本；人力资本的价值取决于劳动力数量。在这之前，一般人都相信投入物力资源的回报是最大的。但是经过这之后，大家都开始改变了观念，觉得投资于人类的回报才是最丰厚的。这一理念，改变着世界各国的投资观。

加里·贝克尔在现代经济学领域被誉为最具创见的学者。舒尔茨曾说："贝克尔的人力资本理论具有里程碑意义。"他对经济增长与就业之间关系进行分析时指出："贝克尔的这一观点为我们提供了一种新的思路来解释经济发展中出现的问题，并使我们能够更有效地利用这些资源。"贝克尔对人力资本的形成，对教育、培训等人力资本投资的过程研究，均作出了巨大贡献。贝克尔（Becker，1964）的人力资本理论认为，个人积累人力资本（教育、经验、任期）是为了获得更高的生产率和更高的工资。为了获得经济回报，个人会作出投资其通过教育和培训获得的人力资本的决策。员工的反应是他们的人力资本和工作需求相比较的结果。如果他们认为自己没有充分就业，就会产生负面的态度和行为。

二、资质过剩是一种人力资本的浪费

根据人力资本理论，个体为了取得相应的经济报酬，会以接受教育或培训，累积工作经验等方式来对自身的人力资本进行投资（McKee - Ryan & Harvey，2011）。与此同时，个体会把自己在从事工作过程中所获得的收益与人力资本投资相比较，当发现收益比投资还要低时，会出现消极的情绪、态度与行为（Lin et al.，2017）。资质过剩代表着员工在现有工作中所获得的收益，如工资报酬、奖金奖励等，比他们在教育、技能、经验和工作能力等方面的人力资本投入更低。从某种程度上讲，它代表着员工本身人力资本贬值，而贬值源于其资质并没有得到与其匹配的薪酬，同时员工也会觉得组织背信弃义，违反心理契约，从而引发员工生气、失望、抑郁等消极情绪、态度及行为。进一步，资质过剩的员工会表现出对组织的不信任，对组织产生一定的消极影响。

但如果过剩的人力资本被适当地管理与使用，资质过剩同样会给员工与组织带来好处。有研究考察了资质过剩对工作绩效各维度之间的影响，结果发现在适当使用过剩人力资本时绩效也将随之增加。组织通过增加工作复杂性，能够给资质过剩员工带来使用人力资本的机会。卢克斯特等（Luksyte et al.，2011）认为，在组织向员工提供富有挑战性、能够激发其内在动机的任务时，员工将拥有更多的动力来超越、促进组织福祉，协助同事，减少反生产行为。根据人力资本理论，组织的生产力取决于组织中员工的知识和能力，而员工作为一种人力资本，是一种潜在的资源，可以在组织中获得长期的竞争优势。资质过剩的员工掌握了更多智力、经验及其他资源，这有利于推动组织内知识整合、增加组织资源可得性和智力资本，进而给组织带来较高绩效。

三、 如何使资质过剩者的人力资本得到有效利用

人力资本理论认为，个人在人力资本方面通过教育或培训等进行投资，以获得经济回报。员工的反应是他们的人力资本和他们的工作之间相比较的结果，若他们感到资质过剩或就业不足，负面行为就会随之而来。该理论建立在假设工作是固定的基础之上，员工的结果是由工作设计决定的（Oldham & Hackman，2010）。负面结果是员工对于固定的工作要求和个人能力之间的差异的反应（McKee - Ryan & Harvey，2011）。该理论忽视了员工可以成为修订工作任务的积极参与者的可能性。实际上，管理者可以通过鼓励资质过剩员工改变心态，从被动避免资质过剩到鼓励资质过剩者参与工作重塑，以达到充分展示他们的才能的目的，使其人力资本得到充分利用。

工作重塑是指从下往上进行工作设计，是员工在工作内容，工作模式以及关系边界变化过程中所采取的系列主动行为，是个体基于自身能力和需要，为达到工作要求和工作资源平衡所做出的主动行为（Tims & Bakker，2010；Wrzesniewski & Dutton，2001）。员工不只是被动地接受他们的工作，而是可以积极主动努力在工作场所坚持自己的立场，如果员工的资质没有得到充分利用，就会促使他们维持积极的自我形象，并

启动相应的策略，重新设计他们的工作，使之与他们的知识、技术和能力相适配（Wrzesniewski & Dutton，2001），以达到充分利用自身资质的目的。此外，有研究表示，具有低或者中等程度的就业不足者可以利用其过剩的能力去从事创造工作，并且有可能采取针对组织的公民行为。

第四节　资源保存理论视角

一、资源保存理论概述

资源保存理论是基于这样一个基本假设：人们始终都会主动地获取、维护、培养并保护自己所珍视的资源，而对资源的破坏与资源的缺失都会对其造成威胁（Hobfoll，2001）。在贺福（Hobfoll）看来，这类资源就是对于个人来说具有价值的东西和能够帮助他们获取具有价值东西的方法路径，这类资源大体可划分为四大类：物资性资源、条件性资源、个人特质资源和能源性资源。物质性资源直接关系到社会经济地位和抗压能力，如汽车和住房等。条件性资源是个体获取关键性资源的重要保障条件，并决定个人或团体的抗压潜能（如朋友、婚姻和权力）。个人特质资源中，尤以正面人格特质最具决定性，如自我效能与自尊等个人内在抗压能力。能源性资源是帮助个体获得其他三种资源的资源，如时间、金钱与知识。

资源保存理论核心思想是：人们将竭尽全力保护现有资源不受损失与侵犯，尽可能地获得资源，尤其是在个体知觉到对保留资源的威胁时。资源保存理论在资源的保存和获得方面提出了两个核心原则：第一，资源丧失比等价的资源获得的影响更显著，且防止资源丧失比获得资源更难；第二，为了获得资源或防止资源丧失，必须不断投入其他资源。当资源面临损失或者存在潜在流失风险时，个体就会感觉受到威胁。损失螺旋和增值螺旋是资源损失和资源获取的两个特点，即当个人资源有限的时候，为了保存现有资源反而会消耗更多的资源，从而进一步出现损失螺旋；而当自身拥有充足的资源时，则会得到更多资源，从而实现增值螺旋（Hobfoll，2001）。

二、资质过剩是一种资源损耗

根据资源保存理论，资质过剩的员工在感知自己所具有的资质超过岗位要求时，其技能、经验、知识没有被充分地利用，就会被视为自己的资源被浪费了。当员工在面临其自身原有资源消耗又得不到及时补充时，为了防止资源进一步损失，员工会采取一系列非合规行为。也就是说，在面临资源损失时，个人就会行动起来以缓解不必要的紧张状态，或者是保护自己的资源免受损失，或者是通过其他方式提高自己的资源。这一理论很好地解释了资质过剩员工为何会出现负面工作行为。比如，为了尽可能降低自己的资源损耗，资质过剩的员工往往会减少对工作的投入，不会带着积极而充实的心情去工作，也不会愿意把有价值的资源（如时间和精力）用在工作上。

此外，员工产生资质过剩感意味着员工当前所从事的工作缺乏一定的挑战性，且高资质的员工能够在短时间内快速完成工作任务。因此，这一现象一方面意味着员工在知识，技能和经验方面的极大浪费，另一方面又会妨碍他们在技能拓展和其他新资源方面的累积，从而导致他们出现规范外的行为（如装病休假）。因此，根据资源保存理论，员工拥有的可用于工作中的时间、精力等资源是有限的，若员工把过多的这些宝贵资源消耗在非岗位任务相关的活动上，那么其将没有足够的资源用于工作中。

三、如何提高资质过剩者的资源利用

研究表明，心理授权可以有效地抑制资质过剩感对员工工作退缩行为产生的积极影响（刘金菊、席燕平，2016）。心理授权由工作意义与工作自主性两个维度构成，当个体感知到工作重要，越易获得工作认同感与工作成就感，越会投入精力提高工作质量。因此，一方面，组织可以通过心理授权提供给员工有意义的工作和提高员工的工作自主性，使得员工能够充分利用自身的时间、精力以及其他资源完成工作，提高资质过剩者的资源利用率，进而有效降低员工的资质过剩感。另一方面，给员工确定具有挑战性的目标与任务。目标激励作为一种行之有效的内在激励手段，可以使个人在达到目标时产生成就感，对其学习和成长都有好处。通过确定富有挑战性的任务和目标，辅之以完成任务奖励制度，从而调动员工的工作积极性，也使其工作内容更加充实，资质过剩感也会随之减弱。

第五节　社会认知理论视角

一、社会认知理论概述

社会认知理论是社会心理学领域的重要理论之一，随着该理论的发展与成熟，已被广泛应用于管理学、教育学等多个学科领域。长久以来，个人决定论和环境决定论在关于"行为是由什么决定的"这个问题上一直存在分歧。个人决定论关注的是个体内部心理因素对行为产生的控制和支配，环境决定论则聚焦于外部环境是如何影响个体行为的。直到20世纪80年代，社会认知理论被美国心理学家班杜拉（Bandura）正式提出，班杜拉认为上述观点尚不全面，他进一步强调了人的认知对于行动的重要性，并将其融入传统的行为主义心理学中，弥补了以往研究的不足。

社会认知理论认为个体，环境与行为三者会构成一个复杂的动态系统，且三者相互作用、相互影响，并最终影响人类活动。也就是说，人的行为是否会发生变化会受到个体和个体所处环境的综合影响，而不仅是由其中某一种因素独立决定，且个体、环境与行为三者之间的互动是伴随着动态变化的。这就是社会认知理论的"三元交互论"。

具体来说，个体层面的认知特征主要囊括了效能预期、结果预期和个体的目标，个体所能达成的绩效是由与以上三者相关的社会认知机制所控制。三元交互论的核心就在于认为个体、环境和行为是彼此影响、彼此作用的。个体的认知会影响行为的产生、改变以及消失，同样地，在行为层面所产生的具体结果亦会反过来影响个体的认知；人的行为由外界刺激和个体认知共同主导；个体对于自身能力和行为结果的认知会促使他们对自身所处的环境进行控制。

基于对"三元交互决定论"的进一步探索和研究，班杜拉提出了"自我效能"的概念和社会认知理论的自我调节机制，"三元交互决定论""自我效能"以及自我调节视角亦成为社会认知理论的研究重点。自我效能指的是个体对于自身特定能力的感知程度和自信程度，强调的并不是个体的客观能力，而是个体主观上对于自己能够完成任务的自信程度。自我效能能够有效地将个体行为和外部环境结合起来，具体来说，人们只有在相信自己有能力完成个人目标时，才会采取一定的行为。社会认知理论还着重强调了自我调节对于个体成长和发展的重要意义。在外界环境剧烈变化时，自我调节机制能够促使个体去控制自身的思想、认知、情绪以及行为去适应环境。同时，人们倾向于调节自己的行为以达到预期的效果。

二、社会认知视角的资质过剩研究

社会认知视角下的资质过剩研究多是与"角色宽度自我效能感"和"自我调节机制"相联系的，接下来我们简单地对相关研究进行总结和归纳。

根据社会认知理论的自我调节视角，在员工感到自身资质过剩的条件下，自我调节机制更容易被激活，且自我效能感在此调节机制中发挥着重要的作用。目前，学术界普遍认为，自我效能感的形成会受到以下三种个体评估的影响：（1）对任务需求的评估，例如任务执行的难易程度、任务复杂度等，这是个体对任务本身所作出的评估；（2）对资源可用性和限制性的评估，即分析自身是否有足够的资源去执行任务，是否存在有碍任务完成的限制；（3）个体对获得某一绩效成就的归因，也就是说个体更倾向于外部归因还是内部归因（Gist & Mitchell，1992）。

由于角色宽度自我效能感具有自我效能感的一般属性，因此，角色宽度自我效能感的形成亦会受到以上三种评估的影响。在进行第一种评估时，资质过剩员工认为自身的能力远超过任务所需要的能力，倾向于感知到任务的简单性，自己能够毫不费力地完成目标任务。而在自我实现需求的驱使下，为了更好地实现自我价值，员工会更进一步在工作中挖掘自己的潜能，有意愿寻求在规定任务工作之外的任务，进而激发出较高的角色宽度自我效能感。在进行第二种评估时，资质过剩员工倾向于认为自身的资源（较高的受教育程度、高水平的工作技能等）超过了工作要求所需的资源，员工自身所具备的资源相对工作所要求的是绰绰有余的，员工不会因为资源不足而被工作所限制，因此产生较高的角色宽度自我效能感（王朝晖，2018）。在进行第三种评估时，资质过剩的员工拥有更强的工作能力，相较于身边的同事，能够更精准更有效率地完成工作任务，其工作结果更使人信服，因此获得上级和同事的赞美和鼓励（Deng et al.，2016），他们倾向于将这些高水平的绩效和认可归因于自身出色的工作能力，从而有益于角色宽度自我效能感的提高。角色宽度自我效能感的提高会进一步带来许多对组织和个人皆有益的行为结果，例如增加员工的创新行为（王朝晖，2019），促使员工积极参与创造活动。

除了上述所提及的有利方面，亦有弊端。自我调节的社会认知理论被用来理解个人标准是如何从众多的社会影响中形成的，以及个人如何调节自己的行为以达到预期的结果（Bandura & Cervone，1983；Bandura & Jourden，1991）。根据这一理论，个人通过建立和努力实现比他们以前实现的目标更有挑战性的目标来调节自己（Bandura & Locke，2003）。那些有能力完成任务的人更有可能参与这样的自我调节过程，因为他们的能力使他们能够进行主动的控制，而不是简单地对他们的努力的效果做出反应（Bandura，1991）。与这一观点一致的是，那些认为自己资质过剩的员工往往倾向于创造出比工作要求所规定的更高的目标，并有动力为这些目标而努力奋斗。尽管如此，这种目标争取的过程并不是无止境的，因为目标的效价会发生变化，个人可能会发现"持续的目标增加效价很低，也就是说，更多并不意味着更好"（Phillips et al.，1996）。当自我调节带来消极的自我评价时，自我调节就会产生功能失调的后果（Bandura，1991；Kanfer & Hagerman，1981）。正如菲利普等（Phillips et al.，1996）所指出的，设定和争取超过过去水平的目标，"最终会停在个人觉得更多并不是更好或足够的地方……过去表现好的人比过去表现差的人更有可能达到更多并不是更好的水平"。当员工察觉到资质过剩时，他们可能会觉得目标的挑战性大大降低。因此，当员工感知到的资质过剩过高时，他们可能会失去动力，进而减少对组织有利的行为（例如，谏言），甚至表现出有损于组织的行为（如消极怠工、工作投入减少）。

三、如何提升资质过剩者的正确认知

资质过剩者如何能够正确认知实际状态（资质未被充分发挥）和理想状态（资质被充分发挥）是组织中的管理者值得关心的问题。正如上文所述，员工的自我调节过程在一定程度上恰恰能够有效发挥资质过剩员工的优势。

社会认知理论中的自我调节视角是指人通过自觉的自我调节过程对自己现在的认识、情感、行为等进行调节，力图将这些调节统一到自己的目标中去，以加快目标的达成速度。已有研究发现资质过剩者可能会对自身过剩的资质持积极态度，认为他们能完成本职工作之外更为宽泛的工作，或期望采取主动行动以保持正面的自我形象，并最终让他们采取更为有利的组织行为，如前摄性行为、工作重塑等。

自我调节作为人的主要能力特征之一，它使人设定目标，通过对人的心理过程及行为表现进行认知、动机、情感和行为成分的指导而达到目标，自我调节旨在缩减现实状态与期望状态的鸿沟。自我调节的过程始于个体所设定的目标，该目标就是个体对于自身所期望的状态的具象化表现，个体根据现实与理想状态的差距对自己的行为进行相应的调节，付出相应的努力，以使落差减小。另外，自我调节也取决于个体信念及情感反应等因素，而与其有关的自我过程（例如自我效能等）特别适合用来说明自我调节时动机的改变。个体知觉到的落差越大,启动的行为越明显,但是个体对于自己经过努力是否能改变这种状况的判断同样左右着自己启动行为。广义上讲,个体在知觉现实状态与期望状态间的差距时会不断调整自己的资源(认知、情绪与行为),以减少或者消除这种差距。自我调节理论认为资质过剩启动了资质过剩者想改变自身现状的自我调节过程,并让他们想办法制定出一系列目标行为以消除或者减少资质过剩感。

在近来的研究中,还有其他的新兴理论可以解释资质过剩的一系列影响,如情感事件理论、自我验证理论等,但是尚未形成系统研究,故在此不再赘述。

▎第三章▎

资质过剩研究知识图谱分析

文献计量分析方法是指基于一定的原则选取文献，对其进行描述性统计和共现分析（co-occurrence analysis），在对某一领域开展深入研究之前，系统、全面地把握某一领域的发展现状、趋势和研究空白，为后续更加深入的研究提供方向、奠定基础。因此，本章采用文献计量分析法对国内外 30 年来以资质过剩为主题的期刊论文进行统计分析，对文献研究的基本情况（包括年代分布、地区分布、核心作者、研究机构等）、目前的研究热点、未来的发展趋势三个方面进行分析，以期为后续研究提供借鉴。

第一节　知识图谱分析和数据来源

一、研究方法

本书选用 CiteSpace 作为对文献进行可视化分析的工具。CiteSpace 可以实现对被研究领域的文献的计量分析，亦能够识别并显示科学发展的新趋势和新动态。目前，CiteSpace 作为文献计量分析工具已受到了各领域研究者的推崇，且被广泛应用于各学科领域的定量分析。因此，借助 CiteSpace 软件对资质过剩领域的核心期刊、核心机构以及核心地域等进行多维度的分析，以期展现资质过剩领域的基本研究现状，利用关键词共现分析等功能反映资质过剩研究领域的热点和演进脉络。

关于 CiteSpace 具体设置如下：使用 CiteSpace 6.1.R3，将 Web of Science 文献数据直接导入软件进行处理，中国知网文献数据首先以 Refworks 格式导出，再使用软件的数据转换功能，得到可处理数据。然后，对 CiteSpace 软件相关参数设置如下：设置时间跨度，国外为"1991 ~ 2022"，国内为"2012 ~ 2022"；选择时间切片为 1 年；根据本研究所需要分析的内容，勾选相应的国家、机构、作者、关键词、共被引期刊、共被引文献等；其余参数设置以默认设置为准。

二、数据来源

数据来源分为国外和国内两部分，为了确保数据的权威性和全面性，也为了更好地把握目前的研究状况和未来的研究热点，国外数据选自 Web of Science（WOS）数据库，在检索时将关键词的表达式确定为 "perceived overqualification（资质过剩感）"或"overqualification（资质过剩）"或"overqualified（资质过剩的）"，筛选来自 WOS 核心合集数据库的数据，引文索引选择"SSCI"，文献类别选择"论文"和"在线发表"，将发表的时间范围限定为 1991 年 1 月 1 日至 2022 年 9 月 8 日（检索时间为 2022 年 9 月 8 日）。经过初步检索，得到 314 篇文献，其中包含了大量无关文献。因此，通过阅读文献的标题和摘要，对初步检索所得的文献进一步筛选，排除与资质过剩领域无关的文献，经过 CiteSpace 的去重处理，最终得到 136 篇文献进行可视化分析。国内数据选取自 "中国知网"（CNKI）数据库，利用 CNKI 的高级检索功能，将主题选定为"资质过剩"或"资质过高"，选择"期刊"类别，期刊来源选定为 CSSCI 期刊。由于以资质过剩为主题的研究在国内的兴起时间较晚，发展历程相对较短，为了更广泛地覆盖我国学者在这一领域的研究成果，本书在发表时间的划定上尽可能覆盖国内所有的资质过剩的研究，时间跨度定为从数据库所收录的最早文献的年份即 2012 年至 2022 年 9 月 8 日（检索时间为 2022 年 9 月 8 日），共得到 56 篇有效文献可供分析。

第二节 资质过剩研究现状和研究热点

一、研究现状

(一)发表文献的地区分布

通过对资质过剩研究成果地区分布的分析,本研究发现,目前对资质过剩领域展开研究的国家/地区不到30个,在全球的覆盖范围并不算十分广泛,主要分布在欧洲和亚洲地区,北美洲和南美洲的部分国家对该领域的研究也作出了一定的贡献。

依据表3-1,首先,各国/各地区在资质过剩研究领域的发文数量分布不均衡,美国的发文数量最多,为60篇,其次是中国,自2012年至今,短短十年的时间,发文量已达58篇,紧随其后的是澳大利亚和英国,发文量均在10篇及以上,以上4个国家是资质过剩领域研究的"主力军"。其次,在网络中心性上,美国为1.10,在所有国家/地区中,其中心性最高,说明美国对于资质过剩领域研究的贡献较大。值得我们注意的是,在表3-1中列出的14个国家/地区当中,有6个国家/地区都是来自亚洲,5个国家/地区来自欧洲,表明亚洲国家/地区和欧洲国家/地区的研究成果较为丰富;加拿大和西班牙等国家也逐渐注意到资质过剩研究的重要性。综上,国际上对于资质过剩研究的发展呈现阶梯状,即以美国和中国为首,澳大利亚和英国紧跟其步伐,加拿大和西班牙开始崭露头角。

表3-1 资质过剩研究的主要地区分布(发文量大于或等于3篇)

序号	发文量(篇)	国家/地区	所属地区	中心性
1	60	美国	北美洲	1.10
2	58	中国	亚洲	0.36

续表

序号	发文量（篇）	国家/地区	所属地区	中心性
3	19	澳大利亚	大洋洲	0.25
4	14	英国	欧洲	0.55
5	8	加拿大	北美洲	0.00
6	8	西班牙	欧洲	0.00
7	6	德国	欧洲	0.68
8	6	巴基斯坦	亚洲	0.13
9	5	以色列	亚洲	0.00
10	4	土耳其	亚洲	0.28
11	4	荷兰	欧洲	0.00
12	3	瑞士	欧洲	0.00
13	3	印度	亚洲	0.00

（二）发表文献的机构分布

表 3-2 展现了国际资质过剩研究发文数量大于 4 篇（含 4 篇）的机构。首先，由表 3-2 可知，在国际上，资质过剩研究领域形成了众多研究合作团队，其中规模较大的合作团队分别是由美国的波特兰州立大学（Portland State University）、中国的上海大学（Shanghai University）和中国人民大学（Renmin University of China）为首组成的研究团队。其次，资质过剩领域发文数量最多的是美国的波特兰州立大学（Portland State University），共发文 13 篇，发文数量高于 3 篇的有 8 所研究机构，均来自北美洲、亚洲、欧洲、大洋洲，这与上文所述的主要国家分布图谱相吻合。此外，从表 3-2 中还可以看到，在资质过剩领域，中心性最高的机构是来自美国的波特兰州立大学（Portland State University），这表明该高校是目前引领该领域发展的核心研究机构。

表 3-2 国外主要研究高产机构统计表

序号	发文机构	所属国家	发文数量（篇）	中心性
1	波特兰州立大学（Portland State University）	美国	13	0.14
2	上海大学（Shanghai University）	中国	6	0.01
3	中国人民大学（Renmin University of China）	中国	5	0.05
4	西澳大学（University Western Australia）	澳大利亚	4	0.02
5	海法大学（University Haifa）	以色列	4	0.00
6	休斯敦大学（University Houston）	美国	4	0.03
7	纽约州立大学新帕尔兹学院（SUNY College New Paltz）	美国	4	0.02
8	蒙纳士大学（Monash University）	澳大利亚	4	0.00

表 3-3 展现了国内资质过剩领域发文数量大于 2 篇（含 2 篇）的机构。由表 3-3 可知，资质过剩研究发文量最多的是西南财经大学工商管理学院、湖南第一师范学院商学院、首都经济贸易大学工商管理学院和南京大学商学院，发文量都为 4 篇；其次为同济大学经济与管理学院、华南理工大学工商管理学院、汕头大学商学院、厦门大学管理学院和河南大学心理与行为研究所，发表数量都为 3 篇。由此可以看出，这几所机构在我国资质过剩的研究中发文量较多，在资质过剩领域的研究能力较强、研究较为深入。此外，由表 3-3 可知，各研究机构在资质过剩领域的中心性均为 0，这说明在该领域尚未出现引领其发展的核心研究机构，由此可见，各研究机构之间的合作还有待进一步深入和加强。综上，我们可以看出，资质过剩领域发文机构集中于高等院校，在合作上呈现出总体松散、局部合作的特征。

表 3-3 国内主要研究高产机构统计表

序号	发文机构	发文数量（篇）	中心性
1	西南财经大学工商管理学院	4	0.00
2	湖南第一师范学院商学院	4	0.00
3	首都经济贸易大学工商管理学院	4	0.00

序号	发文机构	发文数量（篇）	中心性
4	南京大学商学院	4	0.00
5	同济大学经济与管理学院	3	0.00
6	华南理工大学工商管理学院	3	0.00
7	汕头大学商学院	3	0.00
8	厦门大学管理学院	3	0.00
9	河南大学心理与行为研究所	3	0.00
10	中南大学商学院	2	0.00
11	中南财经政法大学工商管理学院	2	0.00
12	华中科技大学管理学院	2	0.00
13	唐山师范学院经济管理系	2	0.00
14	武汉大学经济与管理学院	2	0.00

（三）发表文献的期刊共被引分析

CiteSpace 在进行期刊共被引分析、作者共被引分析和文献共被引分析时，只能对 WOS 核心合集数据库中的文献进行处理，考虑本书选取范围以及国内外发文数量情况，选取 WOS 数据研究该领域的基本现状是合理的。

表 3-4 列出了资质过剩研究领域共被引 Top10 期刊信息，排名第一的是管理学会杂志（*Journal of Applied Psychology*），该期刊是组织行为学和人力资源研究领域的顶级期刊，强调发表对应用心理学领域贡献新知识和理解的原始调查，主要兼顾对实证和理论的考察，以期加强对于工作与组织环境中的认知、动机、情感和行为心理现象的理解，该期刊影响因子变化较为平稳，其学术影响力和地位一直较高，2021 年的影响因子为11.802。排名第二的组织行为学杂志（*Journal of Organizational Behavior*），专注于包括个体和团队在内的与组织行为有关的课题的研究和理论，是组织行为学研究的优质刊物，2021 年的影响因子为 10.079。紧随其后的是在整个管理领域具有较高影响的管理杂志（*Journal of Management*），

属商科、管理类一流刊物，它的研究范围主要包含组织行为、人力资源管理、组织理论等，2021 年的影响因子为 13.508。职业和组织心理学杂志（*Journal of Occupational and Organizational Psychology*）和工业与组织心理学的科学与实践观（*Industrial and Organizational Psychology – Perspectives on Science and Practice*）都是以心理学领域的研究为重点的期刊，其影响因子分别为 5.119 和 9.375。职业行为杂志（*Journal of Vocational Behavior*）主要关注对个人工作和职业决策的调查，比如职业选择、职业发展、工作过渡、工作—家庭管理、工作调整和工作场所内的态度（如工作承诺、多重角色管理）等，其影响因子为 12.082。管理学会期刊（*Academy of Management Journal*）是管理领域的顶级期刊，AMJ 期刊对文章的实证和理论贡献都有很高的要求，同时强调凸显这些贡献与管理实践的关联性，体现出文章对于管理学领域的某个问题或主题的增值贡献，期刊领域主要包括商业、管理与会计，商业与国际管理，技术与创新管理，战略与管理等，2021 年的影响因子为 10.919。人事心理学（*Personnel Psychology*）也是管理学和应用心理学领域的顶刊，主要包括了以员工为本的心理学研究，涵盖了全方位的人力资源管理和组织行为学研究主题，其 2021 年的影响因子为 5.47。管理学会评论（*Academy of Management Review*）致力于发表理论性文章，该期刊目前的国际影响力在管理类期刊中名列前茅，所刊登的文章在选题的重要性、概念化、文献整合与分析、逻辑推导等方面都代表了管理学界的最高水平，其 2021 年的影响因子为 13.865。综上所述，资质过剩研究的知识基础不仅聚焦于组织行为和人力资源管理领域，同时还融合了应用心理学领域等多个学科的交叉研究。

表 3 – 4　　　　　　　资质过剩研究共被引 Top10 期刊

序号	期刊	频次（次）	影响因子	中心性
1	应用心理学杂志（*Journal of Applied Psychology*）	122	11.802	0.04
2	组织行为学杂志（*Journal of Organizational Behavior*）	114	10.079	0.02
3	管理杂志（*Journal of Management*）	107	13.508	0.02

序号	期刊	频次（次）	影响因子	中心性
4	职业与组织心理学杂志（*Journal of Occupational and Organizational Psychology*）	101	5.119	0.08
5	工业与组织心理学的科学与实践观（*Industrial and Organizational Psychology – Perspectives on Science and Practice*）	97	9.375	0.00
6	职业行为杂志（*Journal of Vocational Behavior*）	94	12.082	0.03
7	管理学会杂志（*Academy of Management Journal*）	93	10.979	0.27
8	人事心理学（*Personnel Psychology*）	83	5.47	0.01
9	管理学会评论（*Academy of Management Review*）	71	13.865	0.29
10	人事心理学杂志（*Journal of Psychology*）	67	4.013	0.03

（四）发表文献的作者共被引分析

表 3 - 5 列出了资质过剩研究领域共被引 Top10 作者信息。通过分析发现，在资质过剩研究领域影响深远的两位作者是来自美国的埃尔多安（Erdogan B.）和梅纳德（Maynard D. C.），两位学者发表的论文被引频次分别达到 112 次和 107 次。此外，共被引频次较高的研究者还有卢克斯特（Luksyte A.，澳大利亚）、约翰逊（Johnson G. J.，美国）、弗尔德曼（Feldman D. C.，美国）、费恩（Fine S.，以色列）、刘（Liu S. Q.，美国）、胡（Hu J.，美国）、哈拉里伯（Harari M. B.，美国）和瑞安（Mckee – ryan F. M.，美国）。这些学者的研究成果奠定了资质过剩研究领域的基础。

表 3 - 5　　　　　　　　**资质过剩研究共被引 Top10 作者**

序号	作者	国家	频次（次）
1	埃尔多安（Erdogan B.）	美国	112
2	梅纳德（Maynard D. C.）	美国	107
3	卢克斯特（Luksyte A.）	澳大利亚	76
4	约翰逊（Johnson G. J.）	美国	72

续表

序号	作者	国家	频次（次）
5	费尔德曼（Feldman D. C.）	美国	71
6	费恩（Fine S.）	以色列	67
7	刘（Liu S. Q.）	美国	61
8	胡（Hu J.）	美国	50
9	哈拉里伯（Harari M. B.）	美国	49
10	瑞安（Mckee‑ryan F. M.）	美国	47

（五）高共被引文献分析

通过对资质过剩的高共被引文献分析，能够快速检索出对该领域有巨大贡献的文献，进而总结其领域知识基础。按照图谱中所显示节点的大小，对所有高共被引文献进行排序，这些文献提供了资质过剩领域最基础的理论支撑。本书选取了国外共被引量较高的 10 篇文献，见表 3 - 6。

表 3 - 6　　　　　　　　　　资质过剩高共被引文献

序号	文献名称	主要作者	发表年份	期刊	被引次数（次）
1	谁认为他们是小池塘里的一条大鱼？为什么这很重要？资质过剩感的荟萃分析（Who thinks they're a big fish in a smallpond and why does it matter? A meta-analysis of perceived overqualification）	迈克尔·哈拉里（Michael B. Harari）	2017	职业行为杂志（*Journal of Vocational Behavior*）	50
2	资质过剩感的关系模型：人际关系对社会接纳程度的调节效应（A relational model of perceived overqualification：The moderating role of interpersonal influence on social acceptance）	邓（Hong Deng）	2018	管理杂志（*Journal of Management*）	37

续表

序号	文献名称	主要作者	发表年份	期刊	被引次数（次）
3	为什么就业不足与创造力和强迫症有关系？任务设计说明的曲线调节关系 （Why is underemployment related to creativity and OCB？ A task crafting explanation of the curvilinear moderated relations）	林（Bilian Lin）	2017	管理学会学报（Academy of Management Journal）	34
4	您认为自己是小池塘里的大鱼吗？资历过剩感、目标导向和工作主动性 （You think you are big fish in a small pond？ Perceived overqualification，goalorientations，and proactivity at work）	梅洛迪（Melody）	2016	组织行为学杂志（Journal of Organizational Behavior）	32
5	资质过剩和适得其反的工作行为：检验被调节的中介模型 （Overqualification and counterproductive work behaviors：Examining a moderated mediation model）	刘（Songqi Liu）	2015	组织行为学杂志（Journal of Organizational Behavior）	28
6	工作中的资质过剩感：对角色外行为和咨询网络中心的影响 （Perceived Overqualification at Work：Implications for Extra – Role Behaviors and Advice Network Centrality）	贝林·埃尔多安（Berrin Erdogan）	2020	管理杂志（Journal of Management）	28
7	资质过剩感知、相对剥夺和以人为本的结果：职业中心的调节作用 （Perceived overqualification，relative deprivation，and person-centric outcomes：The moderating role of career centrality）	贝林·埃尔多安（Berrin Erdogan）	2018	职业行为杂志（Journal of Vocational Behavior）	27
8	资质过剩员工：充分利用个人和组织的潜在糟糕情况 （Overqualified Employees：Making the Best of a Potentially Bad Situation for Individuals and Organizations）	贝林·埃尔多安（Berrin Erdogan）	2011	工业与组织心理学（Industrial and Organizational Psychology）	26

续表

序号	文献名称	主要作者	发表年份	期刊	被引次数（次）
9	池塘里有很多大鱼；同伴资质过剩对资质过剩员工任务重要性、感知匹配和绩效的影响（There are lots of big fish in this pond：The role of peer overqualification on task significance, perceived fit, and performance for overqualified employees）	胡（Jia Hu）	2015	应用心理学杂志（Journal of Applied Psychology）	25
10	资质过剩的员工什么时候会有创造力？它取决于环境因素（When are overqualified employees creative? It depends on contextual factors）	亚历山大·卢克塞特（Aleksadra Luksyte）	2016	职业行为杂志（Journal of Vocational Behavior）	25

认真研读这 10 篇文献发现，埃尔多安等首先在 2011 年提出，由于经济低迷，特别是在一些失业率极高的欧盟国家，资质过剩的问题已经成为人们关注的焦点。然而，在工业—组织/组织行为学文献中，关于资质过剩的实证研究非常有限。在 2011 年发表的这篇文献中，埃尔多安等通过回顾已有的资质过剩研究，提出资质过剩既有可能对个人和组织产生不利的影响，也可能会带来积极结果。在资质过剩研究兴起之初，学者们的目光大多放在资质过剩可能带来的消极结果上，比如，刘等（Liu et al.，2015）的研究将资质过剩界定为是人与工作不匹配的一种表现。2015 年，胡等（Hu et al.）的研究企图为资质过剩与绩效之间的关系提供一个光明面，他们关注的是资质过剩的员工可能对组织做出有价值的贡献。随后，学者们关注的重点也更多转向了关注资质过剩有可能激发的正面影响，以及在何种条件下，积极的影响会被创造出来。比如，张等（Zhang et al.，2016）的研究同样将视角从资质过剩是一种消极现象转为探寻资质过剩的员工可以更好地控制自己，从而在工作场所中做出积极行为。邓等（Deng et al.，2018）在开展资质过剩对工作结果的影响研究中引入了关系机制，认为资质过剩者在工作中与他人的互动会影

响到其工作表现。

二、研究热点分析

（一）关键词共现分析

关键词是对一篇文献经过高度归纳和提炼而成，它能反映文献的核心内容，对关键词的分析得以窥见文献主题。关键词共现是指不同的关键词出现在同一篇文献中，用于发现研究领域的热点。通过选择CiteSpace软件的可视化功能对国内外资质过剩领域的关键词共现情况进行可视化分析，将关键词共现图谱的相关数据导出，整理得到资质过剩研究中的高频性及中心性见表3-7。通过对比国内外资质过剩研究的关键词以及关键词间的相关性，能够掌握国内外资质过剩研究的重点方向，为我国资质过剩相关研究的发展提供参考。

表3-7 国内外资质过剩研究主要关键词共现词频分布表

排名	国外			国内		
	关键词	词频（次）	中心性	关键词	词频（次）	中心性
1	资质过剩感（perceived overqualification）	93	0.06	资质过剩	11	0.47
2	未充分就业（underemployment）	52	0.04	越轨创新	5	0.13
3	大鱼（big fish）	44	0.00	创新行为	5	0.36
4	工作（work）	43	0.11	工作投入	3	0.03
5	工作满意度（job satisfaction）	41	0.24	创造力	3	0.06
6	绩效（performance）	36	0.15	心理授权	3	0.15
7	调节作用（moderating role）	33	0.01	情绪劳动	2	0.00
8	结果（consequence）	28	0.31	调节效应	2	0.00
9	工作态度（job attitude）	26	0.08	悖论思维	2	0.00

排名	国外			国内		
	关键词	词频（次）	中心性	关键词	词频（次）	中心性
10	态度（attitude）	25	0.09	工作繁荣	2	0.32
11	小池塘（small pond）	23	0.00	心理特权	2	0.00
12	先前的（antecedent）	22	0.19	组织自尊	2	0.00
13	模型（model）	21	0.18	情绪耗竭	2	0.00

（二）研究热点分析

为了更为清晰地呈现资质过剩领域的研究热点，本书对该领域国外研究的关键词进行聚类，关键词聚类分析是将研究领域中相似度较高的研究点进行归类，以得到更精炼的主题。在上文关键词共现操作的基础上，选择 LLR 聚类统计算法，K 聚类划分标签，最终生成国外资质过剩关键词聚类分析。由于国内资质过剩领域的研究起步较国外晚，关于资质过剩的研究亦相对较少，因此本书对国内研究的关键词采用人工聚类的方法，对国内资质过剩相关文献中的关键词进行归纳总结，总结出资质过剩领域的主要研究视角和主题，如表 3-8 所示。

表 3-8　　　　　　　　国外资质过剩研究聚类标签及关键词

聚类标签	轮廓值	关键词
#0 结果（consequence）	0.806	结果（consequence）、就业（employment）、影响（impact）、人—组织匹配（person-organization fit）、职业（career）
#1 工作重塑（job crafting）	0.892	工作重塑（job crafting）、工作疏离感（work alienation）、心理韧性（psychological resilience）、真实自豪（authentic pride）、进化心理学理论（evolutionary psychology theory）
#2 有意义的工作（meaningful work）	0.894	有意义的工作（meaningful work）、工作绩效（job performance）、主观幸福感（subjective well-being）、离职倾向（turnover intentions）、以员工发展为导向的组织文化（employee development-oriented organizational culture）

聚类标签	轮廓值	关键词
#3 应变（strain）	0.763	应变（strain）、作用（role）、任务交易（task i-deals）、潜在增长曲线建模（latent growth curve modeling）、组织行为（organizational behavior）
#4 人力资本（human capital）	0.909	人力资本（human capital）、劳动市场（labour market）、认定（identification）
#5 知识隐藏（knowledge hiding）	0.756	知识隐藏（knowledge hiding）、成员交换（member exchange）、项目绩效（project performance）、咨询网络（advice network）、中心性（centrality）、创新自我效能感（creative self-efficacy）
#6 年龄（age）	0.84	年龄（age）、酒精（alcohol）、群体（community）、职业压力（occupational stress）、稳定性（stability）
#7 反生产行为（counterproductive work behavior）	0.88	反生产工作行为（counterproductive work behaviors）、倦怠（burnout）、组织自尊（organization-based self-esteem）、愤怒（anger）、人岗匹配（person-job fit）
#8 职业满意度（career satisfaction）	0.943	职业满意度（career satisfaction）、资金需求（financial need）、晋升等级（promotability ratings）、个体行为（individual behaviour）、求职（job search）
#9 资质过剩感 perceptions of overqualification	0.998	资质过剩感（perceptions of overqualification）、自我报告表现（self-report performance）、职业认同（professional identity）、小学教师（elementary school teachers）
#10 主动性人格（proactive personality）	0.974	主动性人格（proactive personality）、角色宽度自我效能感（role-breadth self-efficacy）、外部组织声望（external organizational prestige）、目标导向（goal orientation）、学习（learning）
#11 职业生涯规划（career planning）	0.921	职业规划（career planning）、就业情况（employment status）、职业认同（career identity）、谦逊性领导（leader humility）、核心自我评价（core self-evaluations）
#12 意义建构（meaning-making）	0.992	意义建构（meaning-making）、工作态度（job attitude）、偏差（deviance）、乐观（optimism）、能力（ability）
#13 主动性（proactivity）	0.983	主动性（proactivity）、工作自主性（job autonomy）、组织社会化（organizational socialization）、适应性（adaptivity）、工作设计（job design）

从表3-8中可以发现，国外资质过剩领域研究主题主要分为13类，

分别为#0 后果（consequence）、#1 工作重塑（job crafting）、#2 有意义的工作（meaningful work）、#3 应变（strain）、#4 人力资本（human capital）、#5 知识隐藏（knowledge hiding）、#6 年龄（age）、#7 反生产工作行为（counterproductive work behavior）、#8 职业生涯满意度（career satisfaction）、#9 资质过剩感（perceptions of overqualification）、#10 主动性人格（proactive personality）、#11 职业生涯规划（career planning）、#12 意义建构（meaning-making）和#13 主动性（proactivity）。

通过观察聚类结果，不难发现，国外资质过剩领域的研究主要聚焦于资质过剩的前因（如#6 年龄 和#10 主动性人格）、资质过剩的结果（如#0 后果、#5 知识隐藏、#7 反生产性工作行为、#8 职业生涯满意度、#11 职业生涯规划和#13 主动性）和资质过剩的调节变量（如#1 工作重塑、#2 又有意义的工作和#10 主动性人格）。显然，相对于资质过剩结果的研究，对资质过剩前因的研究仍然较少。因此，研究资质过剩的前因仍然是未来研究的一个重要领域。

在综观国内大量关于资质过剩文献的基础上，经过人工归类，发现国内已有研究主要集中在对资质过剩的影响效应和边界条件的分析上，而鲜有研究关注资质过剩的前因变量。影响效应的研究大致可以分为三类：态度、行为和绩效（见表 3 - 9）；边界条件的研究主要可以分为两类：个体差异和情境因素。此外，对国内资质过剩文献进行梳理还发现，国内资质过剩研究的结果变量集中在个体层面上，基于团队层面和组织层面的研究则甚少。

表 3 - 9　　　　　　　　国内资质过剩研究聚类标签及关键词

聚类标签	具体分类	关键词
影响效应	态度	工作满意度、职业满意度、情感承诺、组织承诺、离职意愿
	行为	工作搜寻行为、离职、工作退缩行为、反生产行为、知识隐藏、网络闲逛、时间侵占、亲组织不道德行为、工作重塑、知识分享、建言行为、工作投入、组织公民行为
	绩效	任务绩效、创新绩效

续表

聚类标签	具体分类	关键词
边界条件	个体差异	公平敏感性、目标导向、职业中心性、心理韧性、主动型人格、成就需要
	情境因素	领导—成员交换、团队凝聚力、同事资质过剩、工作自主权、心理授权、个性化契约、组织学习、集体主义文化倾向

对比发现，国内外资质过剩领域研究关键词的差异在于研究角度与研究侧重点有所不同：

（1）在对资质过剩产生原因的研究方面，国外学者的研究较为丰富，主要探究了人口学变量，比如，年龄、性别、工作年限、受教育程度；人格特征，比如，自恋；人际关系，比如，上下级关系、团队凝聚力；工作特征，比如，工作的重复性、工作水平、工作意义、薪酬水平。国内对于资质过剩前因的研究则甚少。

（2）无论是国外还是国内，关于资质过剩影响效应的研究热度一直居高不下，且以往研究关注的多是资质过剩的消极效应。值得注意的是，近年来，越来越多的学者注意到在某些情境因素的作用下，资质过剩的员工也可能将其自身所具备的过剩能力转化为企业价值，进而对个人和组织都作出一定的贡献。因此，关于资质过剩积极效应的研究正逐渐发展成新的研究趋势。具体来说，影响效应的研究主要聚焦于员工的工作态度、工作行为和工作绩效这三个方面。

工作态度上，相关研究主要如下：学者们主要从个人层面考察了资质过剩对员工的工作满意度、职业满意度、情感承诺和组织承诺的消极影响以及对离职意愿的正向影响。

工作行为上，相关研究主要如下：国内外研究都特别关注了资质过剩对工作搜寻行为、离职、工作退缩行为、反生产行为等消极行为的影响，尤其是反生产行为，自2011年至今，研究热度一直不减。近两年来，知识隐藏和网络闲逛这两个结果变量引起了国外学者的注意，国外关于资质过剩对知识隐藏和网络闲逛的影响效应的研究如雨后春笋般丰富起来。再观国内，学者们还对时间侵占及亲组织不道德等消极行为展开了研究。研究结论发现，资质过剩对以上行为均具有正向影响。除了消极行为，国内外学者也在关注资质过剩对积极行为的影响，具体来说，主要关注了对工作重塑、知识分享、建言行为、工作投入和组织公民行为等积极行为的影响。但是，与消极行为的一致结论相比，资质过剩对积极行为的影响效应更为复杂。例如，国内的一项研究基于资源储存理论指出，工作重塑是需要员工花费大量的时间和精力等个人资源去对自身工作环境作出改变的行为，因此资质过剩员工不大可能会采取措施进行工作重塑（谢文心等，2015）。然而，国外有研究指出，资质过剩员工拥有的剩余能力使得他们能够通过改变他们的工作边界来挽回自身不受欢迎的情况。也就是说，资质过剩者可以在基于能力的观点下对工作重塑产生积极影响（Zhang et al.，2022）。此外，吴（Woo，2020）的研究提出了与以上述两项研究都不一致的看法。他指出，资质过剩与工作重塑之间的关系并非线性的，而是具有倒"U"型的非线性影响，说明适当水平的资质过剩能够驱动工作重塑，进而导致组织和个人绩效的提升。段等（Duan et al.，2022）基于自我调节理论，发现资质过剩与建言行为之间存在倒"U"型关系，较低水平的资质过剩会促进建言行为的产生，但是，当资质过剩感知处于非常高的水平，使得员工的能力远超过工作要求时，员工就会变得没有动力去建言。目前关于资质过剩与组织公民行为关系的研究结论也不一致，多数研究从资质过剩感会增加员工的不公平感和相对剥夺感等消极认知的视角出发，认为消极的认知会促进消极情绪的产生，进而带来组织公民行为的减少。而埃尔多安等（2020）的研究表明，在人与组织的匹配度越高的情况下，资质过剩的员工更有可能从事组织公民行为。

工作绩效上，目光聚焦于任务绩效和创新绩效。资质过剩对任务绩效的影响效应的研究结论不尽一致，有些研究认为资质过剩正向影响任务绩效，还有的研究认为二者之间存在负向关系。一方面，资质过剩的员工由于无法充分发挥自己的能力，对目前的工作产生不满，可能会降低工作绩效，以缓解不公平感。另一方面，也正是由于资质过剩的员工具备高于工作所要求的技能和知识，他们有充分的能力做出更高的绩效。例如，埃尔多安和鲍尔（Erdogan & Bauer，2009）以土耳其的销售人员为研究对象，发现资质过剩感知与销售业绩呈积极且显著的相关性。而杨伟文和李超平（2021）的结构方程模型元分析表明，资质过剩能够通过增强消极情绪，进而降低任务绩效。此外，有些研究发现资质过剩对创新行为具有负向的预测作用。例如，赵申苒等（2015）发现资质过剩感使得员工感受不到工作的挑战性，很难产生较强的内在动机去进行创新行为。龚等（Gong et al.，2021）认为资质过剩员工缺乏认可，缺乏机会去展示自己的工作信心和能力，在此情况下，个体往往会产生低水平的自我效能感和消极的心理状态，而这些都是创造力产生的重要前提，因此当员工资质过剩时，其创造力水平会降低。近几年，更有研究探讨了资质过剩将对员工创新绩效产生积极效应。首先，资质过剩的员工所拥有的知识和能力在工作所需之上，高工作能力可以激发一些积极行为，比如创新能力的提升（Deng et al.，2016）；其次，资质过剩的员工能够发散思维，进行钻研和反思，从而有利于创新（Sun & Qiu，2022）；最后，资质过剩员工对目前工作的不满意可能会激发他们从事更有趣和更有挑战性的工作，如创新行为，以获取成就感（Aslam et al.，2022）。

此外，学者们发现了一组庞大多样的调节变量，它们会影响资质过剩与结果之间关系的性质。以下从个人层面和情境因素两个方面对调节变量进行分类（见表3-9）。个体的差异会影响机制的发生。例如，如前文所述，公平敏感性越高的员工，会感知到更少的组织自尊，并产生更多的愤怒情绪，进而更容易导致反生产行为（Liu et al.，2015）。还有研究指出员工对资质过剩的反应取决于员工的目标导向（Zhang et al.，2016），对于绩效目标导向的员工来说，其资质过剩感与角色宽度自我效能感之间的积极关系更强，角色宽度自我效能感与主动行为之间的联系也更强，而学习目标导向则阻碍资质过剩感对角色宽度自我效能感的积极影响。埃尔多安等（2018）引入职业中心性作为边界条件，以确定资质过剩感与相对剥夺感之间关系的强度，对于那些认为职业对自己的生活更重要的员工来说，资质过剩会导致更高程度的相对剥夺感。王等（Wang et al.，2019）发现，当心理韧性较高时，资质过剩对工作重塑的负面影响能够得到缓冲。员工的主动型人格会减弱新员工由于资质过剩而无法很好适应工作环境的负面影响（Simon et al.，2019）。高成就需要的员工认为工作要求低于他们的资质，无法为他们提供挑战。但他们又有较强的内在动机去展示自己完成困难任务的能力，这种矛盾会加剧资质过剩感与工作激情之间的负面关系（Cheng et al.，2020）。

情境因素也是资质过剩影响效应的重要调节因素。首先是关系调节变量。员工对组织的认同程度可能会激励员工利用自己的技能为组织获取利益（Lin et al.，2017）。员工与领导、团队的人际关系质量也会影响资质过剩感知的后果，高质量的领导—成员交换关系和团队凝聚力能够通过为员工提供更多的支持来抵消资质过剩的负面影响（Alfes et al.，2016）。但是也有研究指出，领导—成员交换关系可能会使员工对资质过剩的负面影响更加敏感（Yu et al.，2019）。还有研究指出，当员工感知到自己相对于特定的同事资质过剩时，出于轻视和嫉妒的心态，更有可能向该同事隐藏知识（Li et al.，2022）。其次是与工作相关的调节变量。当资质过剩的员工拥有工作自主权时，他们倾向于进行工作重塑，工作内容与其资质更匹配（Wu et al.，2015；Debus et al.，2020）。类似，授权通过向员工传达组织信任其胜任力和判断力的信号，缓解资质过剩感对工作满意度的消极影响（Erdogan & Bauer，2009）。国内也有学者指出，心理授权作为一种员工感知到的组织支持，能够弥补资质过剩感对员工带来的情绪消耗（赵琛徽等，2019）。个性化契约能够向员工提供展现自己的机会，使得个人资质和岗位要求更加匹配（Luksyte & Spitzmueller，2016）。最后，是组织层面的调节变量。当组织学习的水平较高时，个人可以通过分享知识和技能，减少其被剥夺感，进而提高其工作满意度（Zheng & Wang，2017）。从组织文化的维度来看，高集体主义文化倾向能够削弱资质过剩感对消极情绪的影响，且使得资质过剩感对积极自我概念产生正向影响（杨伟文、李超平，2021）。

第三节　研究演进脉络和研究展望

一、资质过剩研究演进脉络分析

运用 CiteSpace 软件绘制共被引网络时区图，以期对资质过剩研究领域的演进脉络进行分析（见图 3 – 1）。

1986年　1990年　　1995年　　2000年　　2005年　　2010年　　2015年　　2020年 2022年

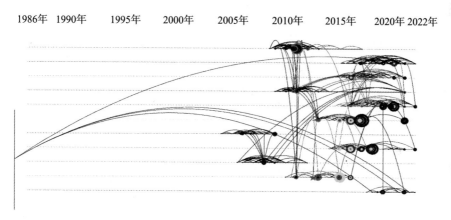

图 3 – 1　资质过剩研究文献共被引网络时区图

为了清晰地展示资质过剩研究的发展情况，在时间线分析中，运用聚类分析，根据被引文献的"关键词"进行聚类，得到模块值 Q = 0.888，平均轮廓值 S = 0.9573。显而易见，该知识图谱结构显著，聚类效果好，可以展开进一步分析。表 3 – 10 列出了网络时区图关键节点文献的有关信息。通过绘制文献共被引网络时区图，可见，资质过剩研究是随着时间推移而不断发展和演化的。

表 3 – 10　国外资质过剩研究的文献共被引网络时区图关键节点文献

序号	作者（年份）	文献	频次（次）	中心性
1	卡恩（1991）	客观和主观未充分就业与工作满意度之间的关系（objective and subjective underemployment relationships to job satisfaction）	1	0.00
2	约翰逊（1996）	资质过剩感与心理幸福感（Perceived Overqualification and Psychological Well – Being）	2	0.00
3	费尔德曼（1996）	未充分就业的本质、前因和后果（The Nature，Antecedents and Consequences of Underemployment）	2	0.00
4	约翰逊（1997）	资质过剩感，情绪支持和健康（Perceived Overqualification，Emotional Support，and Health）	1	0.00
5	梅纳德（2006）	未充分就业，工作态度和离职倾向（Underemployment，job attitudes，and turnover intentions）	4	0.04
6	法恩（2008）	聪明反被聪明误？一项关于劳动力感知资质过剩的研究（Too smart for their own good? A study of perceived cognitive overqualification in the workforce）	7	0.20
7	埃尔多安（2009）	资质过剩感及其结果：授权的调节作用（Perceived Overqualification and It's Outcomes：The Moderating Role of Empowerment）	9	0.00
8	埃尔多安（2011）	资质过剩员工：充分利用个体和组织的潜在糟糕情况（Overqualified Employees：Making the Best of a Potentially Bad Situation for Individuals and Organizations）	26	0.04
9	瑞恩（2011）	"我有工作，但……"：未充分就业的相关综述（"I Have a Job，But..."：A Review of Underemployment）	14	0.00
10	刘（2012）	资质过剩感知：研究与实践的回顾和建议（Perceived Overqualification：A Review and Recommendations for Research and Practice）	7	0.02
11	梅纳德（2013）	资质过剩感和退出行为：检验工作态度和工作价值观的作用（Perceived overqualification and withdrawal behaviours：Examining the roles of job attitudes and work values）	15	0.02

序号	作者（年份）	文献	频次（次）	中心性
12	胡（2015）	池塘里有很多大鱼：同伴资质过剩对资质过剩员工任务重要性、感知匹配和绩效的影响（*There Are Lots of Big Fish in This Pond：The Role of Peer Overqualification on Task Significance，Perceived Fit，and Performance for Overqualified Employees*）	25	0.04
13	卢克斯特（2016）	资质过剩感的关系模型：人际关系对社会接纳程度的调节效应（*A Relational Model of Perceived Overqualification：The Moderating Role of Interpersonal Influence on Social Acceptance*）	25	0.06
14	哈拉里伯（2017）	谁认为它们是小池塘里的一条大鱼？为什么这很重要？资质过剩感的荟萃分析（*Who thinks they're a big fish in a small pond and why does it matter? A meta-analysis of perceived overqualification*）	50	0.29
15	邓（2018）	资质过剩感的关系模型：人际关系对社会接纳程度的调节作用（*A Relational Model of Perceived Overqualification：The Moderating Role of Interpersonal Influence on Social Acceptance*）	37	0.01
16	阿尔文（2019）	你的资质超过了工作要求？理清客观资质过剩，资质过剩感知，工作满意度之间的关系（*Too Good for Your Job? Disentangling the Relationships Between Objective Overqualification，Perceived Overqualification，and Job Dissatisfaction*）	12	0.02
17	埃尔多安（2020）	工作中的资质过剩感：对角色外行为和咨询网络中心的影响（*Perceived Overqualification at Work：Implications for Extra-Role Behaviors and Advice Network Centrality*）	28	0.15
18	李（2021）	资质过剩感和任务绩效：调和两条对立的道路（*Perceived overqualification and task performance：Reconciling two opposing pathways*）	11	0.04
19	李（2022）	我厌恶你但也嫉妒你：关于资质过剩感，相对资质过剩感知和知识隐藏的二元调查（*I despise but also envy you：A dyadic investigation of perceived overqualification，perceived relative qualification，and knowledge hiding*）	10	0.14

图 3-2 描绘了资质过剩研究领域的国内外发表数量对比情况，可以把 1991~2022 年资质过剩领域热点演变过程划分为三个阶段：（1）萌芽阶段（1991~2010 年）。该阶段的历年发表文献数量均未超过 2 篇，发文量一直处于较低水平，且从文献共被引网络时区图中可以看出，这一阶段关键节点文献较少，因此，1991~2010 年为该领域的萌芽阶段。（2）探索阶段（2011~2014 年）。资质过剩发文数量在 2011 年达到了一个顶峰状态，但是随后的发文量又大幅下降，总体来说，在这一阶段涌现的文献并不多，但是开始出现一些具有影响力的关键节点文献，为后续的研究奠定了一定的理论基础。因此，该阶段为本领域的探索阶段。（3）发展阶段（2015 年至今）。自 2015 年起，该领域在国内外的发文量都得到了快速的增长，特别是在国内也引起了很多学者的研究兴趣，且目前的发文量仍处于增长状态。这说明资质过剩研究领域的热度正在攀升，逐渐吸引了越来越多的学者的目光，尚有很大的研究空间待挖掘。因此，该阶段为本领域的发展阶段。

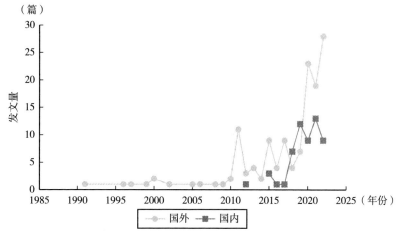

图 3-2　1991~2022 年中外资质过剩研究文献数量对比

（一）萌芽阶段：1991~2010 年

该阶段的研究主要对资质过剩的前因和结果进行了探索，但是将资质过剩与其可能后果联系起来的过程的研究罕见。关于资质过剩的前因，有文献指出，女性比男性更有可能产生资质过剩感（Feldman，1996）。资质过剩很可能受到个人性格特征（个人的神经质、自恋和无聊倾向）的影响，例如，刘等（Liu et al.，2010）以中国某公司研发部门的员工为样本，研究发现神经质与资质过剩感正相关。罗贝内和米德（Lobene & Meade，2013）发现，自恋与资质过剩感正相关。瓦特和哈吉斯（Watt & Hargis，2010）以医疗员工为研究对象，发现无聊倾向的员工可能特别容易产生资质过剩感。该阶段关于资质过剩感的研究大多关注其对员工工作态度、健康和幸福感的影响。这些研究多关注资质过剩可能导致的消极影响，但是没有提出用人单位、管理人员和求职者可用的能够解决问题的具体办法。除了强调对员工的工作态度、健康和幸福感的影响，还有研究关注了资质过剩对员工的任务绩效、组织公民行为、离职行为的影响。正如上文所提到的，除了少数例外情况，对资质过剩的研究往往只考察其造成的主要影响。但是，文献中相互矛盾的研究结果表明，调节因素在资质过剩的作用过程中起了作用。也就是说，资质过剩是否会产生积极或消极的结果，很可能由是一系列因素所决定的。该阶段涉及资质过剩影响的调节因素的文献并不多，但是传递的信息较为丰富。例如，约翰逊和约翰逊（Johnson & Johnson，1997）在对邮政工会工人的研究中发现，对于那些在支持性环境中工作或感到被家庭支持的员工来说，资质过剩的负面影响会得到缓解。此外，埃尔多安和鲍尔（Erdogan & Bauer，2009）认为心理授权是资质过剩与其影响效应的调节因素，相信自己对工作环境有影响，觉得自己有能力决定工作结果的员工并没有表现出消极的工作态度，也没有因为感知自身资质过剩而出现较高的离职率，只有当资质过剩的员工感觉到授权不足时，才会出现资质过剩的消极影响。总的来说，这个阶段关于就业不足或资质过剩的研究开始萌芽，然而，组织行为学文献中关于资质过剩的实证研究仍十分有限，且尚未能打开资质过剩与其结果之间作用机制的"黑箱"。

（二）探索阶段：2011～2015 年

本阶段的研究脉络包含了萌芽阶段学者们对"资质过剩的前因和结果"的相关研究，但是不仅将资质过剩的研究拘束在过往多数研究所关注的消极影响之上，而是开始考虑到，资质过剩的员工虽然可能会对个人和组织带来一些阻碍和挑战，但是也可能会通过作出超出现有工作要求的有价值的贡献使组织受益。同时，更加关注对资质过剩的中介机制和边界条件的探究，这是由于资质过剩可能会导致积极或消极的结果，其影响的方向是由边界条件决定的。例如，埃尔多安等（Erdogan et al.，2011）认为，资质过剩员工意识到他们目前的工作是组织进步所必需的，为了获得更快的晋升机会，他们在工作中的表现更好，也就是有着更好的工作绩效。阿尔菲斯（Alfes，2013）考察了资质过剩感导致更高的绩效水平和更低的绩效水平的条件，结果发现，同辈资质过剩可能是一个重要的调节因素，如果资质过剩的员工处于一个其他员工也资质过剩的团队中，则可以避免资质过剩的负面结果。罗贝内和米德（Lobene & Meade，2013）探讨了职业呼唤取向在资质过剩与重要工作结果之间的调节作用，资质过剩与离职意愿、情感承诺、工作满意度都具有负相关关系，当职业呼唤取向较强时，资质过剩与这些变量的负向关系会变弱。总之，本阶段进一步延续和发展了萌芽阶段学者们对资质过剩影响效应的研究。与萌芽阶段不同的是，在这阶段出现了呼吁关注资质过剩积极效应的声音，且开始更加关注对调节因素的探索，为后续研究奠定了基础。

（三）发展阶段：2016 年至今

本阶段的主要研究脉络延续了上一阶段的研究热点，学者们更多的是关注资质过剩的员工给组织带来的潜在好处，且更为注重资质过剩对员工影响的内在机制和对边界条件的探索，期冀将员工过剩的资质进行最大化利用。例如，张等（Zhang et al.，2016）发现员工的资质过剩感知通过角色宽度自我效能的机制积极影响他们的主动行为，并且这种间接影响受到员工目标导向的调节，绩效目标导向的员工希望自己有更好的绩效表现，所以更有可能采取积极主动的行为。邓等（Deng et al.，2018）的研究关注到了过往研究未涉及的资质过剩员工相关的关系机制，研究发现，资质过剩员工如何与同事互动对他们在团队中感知到的社会接纳有显著影响，这在很大程度上决定了资质过剩员工的表现，也就是说，资质过剩感可以通过关系机制影响工作绩效。具体来说，高人际影响力使资质过剩的员工在与同事的互动中表现出积极的社会行为，从而产生更高的社会接纳水平，高的社会接纳水平反过来会激励他们表现良好，从事更积极的工作行为。进一步地，达尔和拉赫曼（Dar & Rahman，2022）探究了可以促进资质过剩与创新绩效的正向关系的调节变量，他们的研究发现，职业工作感知正向调节资质过剩与创新绩效的关系，即资质过剩的个体以职业身份加入工作，更有可能参与到创造性过程中，因为他们能够用更少的时间和精力来完成他们的核心工作，并有足够的时间和精力进行创造。综上，在发展阶段，学者们进一步从积极的视角对资质过剩的影响效应进行深入研究。卢克斯特等（Luksyte et al.，2022）检验了个人—环境匹配和相对剥夺理论在解释资质过剩感和集体主义文化倾向对积极结果的交互影响方面的相对适用性，研究发现，对于高水平集体主义取向的个体来说，资质过剩与个体—环境匹配之间的负向关系以及资质过剩与相对剥夺感之间的正向关系都较弱，也就是说，集体主义价值观缓冲了资质过剩感知对工作和非工作结果的负面影响。

二、资质过剩的研究结论与未来展望

（一）主要结论

通过利用 CiteSpace 软件对 1991～2022 年 WOS 核心合集数据库和 2012～2022 年 CNKI 数据库中与资质过剩相关的文献进行文献计量学分析，对该领域的研究现状、研究热点和演进脉络进行剖析，以期在总结以往研究的基础上，为未来的研究奠定基础，指明方向。本章主要结论如下：

1. 研究现状

在研究成果的地域分布上，形成了以美国和中国为中枢和主导，澳大利亚和英国紧密跟随，加拿大和西班牙等国家逐渐崛起的局面；在发表文献的机构分布上，以美国的高校为主，研究机构之间的合作较为紧密；在发表文献的期刊分布上，被引频率最高的期刊是应用心理学杂志（*Journal of Applied Psychology*），达到 122 次，该期刊也是组织行为学和人力资源研究领域的顶级期刊，且排名靠前的均是组织行为和心理学研究领域的 Top 期刊；在发表文献的核心作者上，从发文量和文献的被引频次来看，毫无疑问，埃尔多安（Erdogan B.）是资质过剩领域的核心作者，此外，鲍尔（Bauer T.）、卢克斯特（Luksyte A.）、约翰逊（Johnson W.）、约翰逊（Johnson G.）和梅纳德（Maynard D.）也是该领域很重要的领军人物，为资质过剩的研究奠定了良好的基础；在学科分布方面，资质过剩领域的研究成果覆盖到了管理学、心理学、经济学、社会学等领域；在高被引文献分布上，该领域被引频次 Top10 的文献关注的多是资质过剩与积极结果之间的联系，例如绩效（角色内绩效、角色外绩效、创新绩效）、创造力、组织公民行为等。

2. 研究热点

通过学科类别共现分析，研究发现管理学、心理学是资质过剩研究的重要学科领域；通过关键词共现分析，研究发现国外频次最高的前十个主题词主要包括了资质过剩感、资质过剩感的结果和前因，而国内频次最高的前十个主题词主要包括的是资质过剩的结果；通过研究热点分析，发现资质过剩领域的热点可以总结资质过剩的影响效应和边界条件。

3. 演进脉络

根据共被引网络时区图和国内外发文量对比图，本研究将资质过剩研究领域的演进划分为萌芽期、探索期和发展期三个阶段，并且认为资质过剩的研究在未来还有很大的发展空间。资质过剩的发文量自 2015 年开始呈快速增长，随着资质过剩现象在全球范围内越来越普遍，给员工和组织带来的负面影响引起了学者的广泛关注，探讨能否将员工的过剩资质转化为企业的价值的重要性日益凸显，预计在未来资质过剩的发文量依旧会保持增长趋势。

（二）研究展望

通过开展对国内外发表的资质过剩相关文献的定量分析，本研究动态展示了资质过剩研究的演化脉络和发展趋势。资质过剩感的研究尚处在还需要不断完善的发展阶段。本节总结了以下五个未来重要的研究方向。

1. 探索前因变量

资质过剩的影响因素是影响资质过剩水平的症结所在，目前关于资质过剩的影响因素的探究多是外国学者基于西方情境所进行的，国内少有探究其影响因素的研究。首先，未来研究可以调查自愿或非自愿工作状态对资质过剩的影响。梅纳德（Maynard，2011）指出，目前的研究总是假设员工倾向于使用他们的技能、经验和教育，或者总是渴望更高的薪酬。然而，还是有一些个体出于职业使命感或真正的兴趣的考虑，自愿从事那些比本来可以获得的报酬要低得多的工作。其次，目前的研究多考虑资质过剩对个体的态度和行为所产生的影响，未来的研究不妨站在个体的态度和行为的角度，探讨其对资质过剩的影响。对资质过剩影响因素的探究，有利于人力资源管理者从根本上应对资质过剩带来的负面影响，因此，开展对资质过剩影响因素的研究是非常有必要的。

2. 完善研究方法

大多数研究在收集数据时使用的都是员工自评的方式，这种评价方式比较主观，未来应该将主观资质过剩的测量和客观资质过剩的测量结合起来，以尽可能避免受被测者主观因素的影响，提高测量的准确性。

3. 丰富资质过剩对团队和组织的影响研究

目前对资质过剩的研究多是基于个体层面展开，而鲜有研究从团队或组织层面关注资质过剩的研究。资质过剩如何影响团队层面的分析是一个值得探讨的问题，因为团队正在成为组织中最基础的工作单元。个体资质过剩如何影响团队的结果（如团队的绩效和团队的行为）；同事对资质过剩员工的感知和反应可能对资质过剩员工的反应机制造成何种影响；探究资质过剩的跨层次直接效应；团队资质过剩会对组织的发展带来什么利弊等都是未来研究可以关注的重点。

4. 关注中国文化情境下的资质过剩

资质过剩研究起源于西方文化情境，关于其理论与结果的普适性还需要在不同文化环境中进行验证，其结构和内涵在中国文化背景下与西方研究是否一致也尚未被揭示。由于东西方的文化差异，中国情境下的资质过剩可能会受到与西方文化相比的不同因素的影响，从而产生与之不同的结果。一般来说，在中国集体主义的社会情境下，个体更能辩证地看待事物，倾向于认为万事万物都是相互联系、互为因果的，因而他们往往不太可能将目前的资质过剩看作是剥夺，亦不太可能因此而产生消极的情绪进而导致消极行为的产生。进一步地，中国集体主义下的员工在对待资质过剩问题时的反应，可能更容易受组织文化的影响。未来可基于中国文化情境对资质过剩的影响因素和影响结果进行探讨。

5. 探讨动态视角下的资质过剩

首先，既有研究主要关注了资质过剩的负面影响，对积极结果的研究尚且不够丰富。未来的研究可以继续对资质过剩可能会为企业带来的价值进行研究。其次，资质过剩的作用过程是一个动态的过程，而大部分的研究只考虑到了当下可能的作用机制，是从静态的视角进行研究的。资质过剩感作为一种员工的感知，会受到员工进入组织的时间长短和外在情境（如外部宏观环境、同事、上级等）的影响而发生变化。此外，员工在未来可能受到的补偿也会影响其资质过剩带来的影响。大部分的新员工愿意成为"小池塘里的大鱼"是出于长远的考虑，希望未来在组织中能有更加长远的发展，在这种情况下，资质过剩往往可能产生积极的影响。除了关注新入职场的员工资质过剩的问题，也可跟踪和分析员工在各个职业阶段所处的情况，建立动态研究机制。

大材小用篇

如前文所述，资质过剩是一把"双刃剑"，本篇重点探讨资质过剩的消极影响效应。即资质过剩被描述为就业不足的一种形式，通常被视为一种不理想的就业状况，可能成为就业的障碍，并对员工的工作态度、工作场所行为和人际关系产生影响，造成"大材小用"。理解资质过剩与员工的消极体验之间的关系，以及资质过剩如何影响员工在工作场所的态度和行为，具有重要的理论和实践意义。本篇将在浩如烟海的资质过剩文献中总结出资质过剩与员工的消极体验、工作态度和工作行为之间的作用机制，并试图为管理者提供削弱资质过剩负面影响的措施，为组织管理资质过剩员工提供一定的指导和参考。

第四章

资质过剩与员工消极体验

导入

　　一家会计师事务所中有很多有才能的项目经理，却因为没有通过注册会计师考试而不能升职，始终处于较低的职位水平。正是由于职级限制，他们分配到的项目缺乏挑战性，无法充分施展自身的资质，而过早完成任务也造成了人力资源的浪费。组织必须加以重视，否则资质过剩者可能会对组织感到不满甚至离职等对组织不利的态度和行为。

　　综观国内外资质过剩领域的研究，我们不难发现，大多研究都将关注点放在了资质过剩及其给员工带来的消极体验上，并且试图探索缓解或者增强这些消极体验的调节机制。本章在总结归纳的基础上，将员工的消极体验划分为消极认知感受和消极情绪体验两大类，并且列举了影响这些消极效应的个体因素和环境因素，以期更好地展示资质过剩可能带来的负面影响以及削弱此种负面影响的可能途径。

第一节　资质过剩员工的消极认知感受

　　既有大量研究表明，员工的资质过剩与员工消极的认知感受是紧密相连的。也就是说，员工的资质过剩感越高，其认知感受越消极，而我们所说的认知感受包含了三个方面的内容，即对组织、对工作以及对员工个人的认知感受。

一、对组织的消极认知感受

员工体验到的资质过剩越强烈，那么他对于组织的认知感受受到的损害就越大。此处用以往研究中经常使用的内部人身份感知、组织支持感、员工与组织的心理距离以及心理契约破裂为核心变量解释资质过剩对员工的组织认知感受造成的负面影响。

（一）内部人身份感降低

内部人身份感知（insider identity perception）是一种描述员工与组织关系的概念，代表的是员工对其与组织间雇佣关系的认知，描述了员工感知到自己是组织内部成员的程度（Stamper & Masterson，2002）。具体而言，这种程度经由员工个人对于其在组织中获得的个人空间、社会地位和被接纳程度的主观体验和感受作出评判。

第一，内部人身份感知可作为衡量员工对组织的归属感的重要指标，具体而言，员工对组织的归属感能否形成，与员工在组织中的影响力以及员工需求的被满足程度有关（Armstrong et al.，2011）。而资质过剩表征的是这样一种状态——员工的需求与组织的供给无法匹配，组织能够满足的需求远不及员工所期望的（Liu et al.，2012）。由此，员工需求被满足的程度较低，员工认为自身价值被组织低估，从而很难相信组织是信任和重视他们的，其对组织的归属感亦会随之明显降低，其内部人身份感知受到消极影响。第二，从社会比较的角度来看，资质过剩的形成受到与工作要求的客观标准或其他从事类似职位的人的比较等因素的影响。无论哪种类型的比较，资质过剩的员工都会觉得自己的处境不公平，感到被忽视。这种不公平感知往往反映出员工对所在团队的孤立感，阻碍了员工对群体形成强烈的归属感。第三，员工感知到自身资质过剩意味着其资质和能力得不到组织及其成员的认可，这让员工形成在组织中难以获得发展的感知，这种负面认知严重阻碍了资质过剩个体内部人身份感知的产生。第四，已有研究表明，当员工感知到组织能够满足他们的需求时，他们的内部人身份感知水平更高（Stassen & Schlosser, 2011）。资质过剩的员工渴望更多的挑战和责任来利用他们多余的教育或经验，然而，他们的这种发展性需求在当前的职位上得不到满足，这可能会恶化他们组织内部人的感知。

（二）组织支持感降低

基于社会交换理论和组织支持理论，组织支持感（perceived organizational support）最初被定义为员工对组织在多大程度上关心自己的福祉和重视自己贡献的感知（Hutchison et al., 1986）。麦克米林（McMillin, 1997）认为，除了物质利益（工作保障与职业发展）和情感支持（尊重与关怀）外，组织支持还应包括信息、培训、工作条件和设备等工具性支持。向员工提供组织支持很可能会使员工产生对组织的好感，加强雇主与员工之间的联系，进而增加基于互惠规范的组织回报义务感。

凌等（Ling et al., 2006）对中国企业员工的组织支持感进行了研究，将工作支持、对贡献和利益的认可作为组织支持感的维度。他们进一步指出，中国员工感知组织支持的方式与他们工作动机的三个方面相一致，即满足他们的生存、自尊和职业发展需要。虽然存在组织支持感的一维和二维说，但最流行的理论都认可三个维度，即在适应、职业和财务上的组织支持（Kraimer & Wayne, 2004；Liu, 2009）。这一观点得到了许多后续研究的验证。因此，本研究亦将组织支持感界定为由适应、职业和财务三个维度构成的概念。换句话说，员工的组织支持感可以定义为他们对组织给予他们的适应帮助、职业发展和经济利益的整体性感知。

从资质过剩的角度来看，资质过剩较高的员工是那些知识、技能和能力不能得到充分利用的人员，他们进而将工作要求与能力之间的不一致归因于组织不公平。有研究指出，组织公平、工作条件和发展机会都是组织支持感的重要影响因素（Zhang et al., 2012），而这种工作要求与员工资质的不一致不仅会导致员工感知到组织的不公平，而且还会使员工对职业发展路径感到迷茫，认为自己在组织中缺乏职业发展的机会，最终导致组织支持感水平较低。因此，资质过剩高的员工往往很难感知到组织的关心和对其工作的认可，感知到更低水平的组织支持感。

（三）心理距离提升

在社会情境下，心理距离（psychological distance）是一种个人对自己与别人的亲疏远近关系的主观认知，在组织情境中，心理距离指的是员工和组织之间的情感默契程度，也就是说，情感默契程度越高，反映的员工与组织的心理距离就越小，反之亦然。由于我们要讨论的是资质过剩与心理距离之间的关系，而资质过剩关注的主要是员工自身与组织的匹配程度。因此，本书将心理距离界定为是以员工的主观感受为基础，对其与组织间的动态关系作出的评价。

从公平角度来看，正如前文所提到的，当资质过剩员工认为自己目前所处的位置无法最大化其资质的利用程度，发生了自身成长需求与组织供给的不一致，这种不一致使得员工很容易将其归因于组织的不公平。然而，组织若能给予员工充分发挥其才华的机会、提供给员工充分施展其才能的舞台，员工倾向于感知到组织的公平氛围；同时，这也意味着组织在向员工传递其得到了组织的重视和认可的信号，员工的组织支持感得到提升，与组织的心理距离亦会被拉近。

从匹配的视角来看，员工拥有的技能、经验、知识和能力等各方面均超出岗位的要求，这种不匹配会使得员工与组织的心理距离增大。而良好的匹配程度则会缩小员工与组织的心理距离。

从组织认同的角度来看，员工与组织的心理距离会受到个体对组织认同程度的影响，心理距离会随着个体对组织的认同程度的提高而减小。由于组织提供给员工展示能力的舞台距离员工的预期还有一定的差距，员工不仅会感知到不公平，还会感知到不匹配，这种不公平感和不匹配感的产生又会导致员工的负面情绪，其对组织的认同感降低，员工与组织的心理距离也逐渐增大。

因此，从各方面来看，资质过剩都会拉大员工与组织的心理距离，促使员工对自身与组织间的关系作出负面评价。

（四）心理契约破裂

心理契约破裂（psychological contract breach）是组织内部的非正式协议，是指由于企业未履行承诺而引起的员工认知（Robinson & Morrison，2000）。与心理契约破裂密切相关的另一个概念是心理契约违背，两者容易混淆。但这两个概念存在差异，心理契约破裂是认知评价，而心理契约违背主要是情感体验，前者会影响后者。现有研究发现，心理契约破裂受多种因素影响，如员工心理感知和管理者行为。一般采用心理契约理论来理解个体与组织之间的相互关系，表现为一种心理默契（Kutaula et al.，2020）。

资质过剩的员工具有更高的知识、技能和能力，更期待职业发展和晋升空间来缓解其资质过剩感。他们期望组织为他们提供一个既能充分发挥自身能力又能提供发展空间的职位，并以此为依据来决定他们对组织的态度和行为。因此，资质过剩的员工认为组织违反了在招聘时对他们作出的承诺，使他们失去了与其资质相匹配的职位，从而导致他们的心理契约破裂。

二、对工作的消极认知感受

除了负面影响员工对组织的认知感受，资质过剩感还会对员工工作的认知感受带来消极影响，资质过剩越高，对工作的认知和感受就越负面。本书以工作成就感、工作自主性、工作疏离感以及工作不安全感为核心变量来解释二者之间的关系。

（一）低工作成就感

工作成就感（work achievement）就是当个体完成一项任务或工作时，因自己所做的事情而产生的愉悦或成功的感觉。从定义可见，工作成就感是一个反映员工心理感受的主观变量，它既可以是来自物质方面的成就，亦可以是来自精神方面的成就，没有统一的衡量标准。工作难以给员工带来成就感的主要原因有如下几项。

首先是员工对其所从事的工作本身兴趣不大甚至毫无兴趣可言；其次是对于员工来说，工作过于琐碎、工作本身无意义。也就是说，这份工作对于员工来说过于简单，不具备任何挑战性，员工在从事这些例行琐碎的工作事务时，感受不到这份工作的意义，很难使员工产生成就感。

因此，当员工在工作中产生资质过剩感，他们倾向于认为这份工作无法为他们提供具有挑战性的工作内容，这使得员工难以对工作本身产生兴趣，员工亦难以从工作中获得满足感和成就感。

（二）低工作自主性

工作自主性（job autonomy）是一个重要的工作资源和动机性工作特征。尽管感知的和客观的工作自主性彼此是呈正相关的，但目前学术界关注的多是感知的工作自主性，因为理论和实证研究都提出，影响一个人对环境的反应的是一个人的主观感知，而不是环境的客观特征（Hackman & Oldham，1975）。

资格过剩的感觉与一种权利感有关，员工感觉自己被剥夺了以自己的资格本应拥有的工作，导致他们对工作的情感和认知不那么好，最终导致员工和组织的不理想结果。与这个观点一致，我们认为资质过剩对员工的工作控制感（感知的工作自主性）产生负面影响。

在自主性感知方面，当个体从事他们认为资质过剩的工作时，他们可能会预期到他们的任务、职责会被降级，以至于他们的工作完全无法充分利用其资质，从而导致他们对工作的各个方面作出更加消极的评估。更具体地说，当员工预期自己可能会被束缚在限制执行和想要进一步发展自己所需技能的工作中，这可能预示着该工作将无法满足自己的需求，并侵蚀自己对工作的控制感。

（三）高工作疏离感

工作疏离感（work alienation）是指因工作情境不能满足员工的需要或与员工期望不符而导致的员工与工作分隔的心理状态，反映的亦是员工对于个人与工作之间关系的一种主观感受，是一种消极的情感体验。工作疏离感产生的主要原因是工作不能满足员工的需求和期望，当员工发现自己的工作与期望之间存在差距时，员工的才能无法在工作中得到锻炼时，员工很可能会感到疏离。

根据人—职匹配理论，当员工的自我认知与他们的工作角色非常契合时，他们就会感受到工作的意义。高度的人—职匹配度有利于提高员工的积极性和工作绩效。相反，感知到的资质过剩会使员工认为他们的知识、技能和经验超过了正常的工作要求，以至于他们的价值无法在当前的任务中得到利用，这不仅对自我效能感有损，还会造成员工难以获得成就感的局面（Maslach et al.，2008）。由于他们的技能和知识不能得到充分的利用，资质过剩的员工可能会认为他们在目前的工作中浪费了宝贵的资源（如时间、知识和技能），并试图通过疏远自己的组织和工作来缓解由此产生的挫败感（Liu et al.，2015）。因此，他们从心底里不接受自己的工作，只是将其视为谋生的手段，而非实现个人价值的手段，这导致了他们对工作的进一步自我疏远。因此，资质过剩会催化员工产生工作疏离感。

（四）高工作不安全感

工作不安全感（job insecurity）是个体对工作本身或者工作的持续性受到威胁时的主观知觉感受，工作不安全感的产生并不意味着员工一定真正失去工作，即使是面临相同的工作环境，不同个体对于工作不安全感的认知也会存在一定的差异。

目前已有大量文献指出，资质过剩与员工的认知、态度和行为的损害有关。相对于资质适当的员工，资质过剩的员工往往容易对他们的工作感到厌烦，并认为他们被剥夺了更好的工作机会。相应地，这些员工的工作积极性较低，一有机会就会离开工作。而对于雇主而言，他们亦会意识到资质过剩员工的能力和工作要求之间的不匹配，感知到这些员工无聊、倦怠的情绪，以及了解他们更容易出现离职的情况。此外，雇主倾向于避免雇用资质过剩的人，换句话说，资质过剩的员工不被认为是一个组织最宝贵和最理想的资源。在这种情况下，似乎有理由认为，与那些充分满足工作要求的员工相比，资质过剩的员工很可能认为他们有更大的可能性失去工作，因为他们并没有与他们的工作完美匹配。因此，资质过剩的员工更容易感知到工作的不安全性。而这一点也确实得到了实证研究的支撑，事实上，一个由 5 500 名参与者组成的样本显示，那些认为自己会在下一年被解雇的人中，有 39% 的人觉得自己资质过剩（Crompton，2002）。同样，在一个由 9 013 人组成的样本中，麦克奎尼斯和伍登（McGuinness & Wooden，2007）表示，资质过剩和非自愿工作损失的概率之间存在显著的正向关系。因此，资质过剩的员工相对来说更容易出现工作不安全感的心理状态。

三、对个人的消极认知感受

资质过剩还会提升员工对自身的消极认知，积极感知受损。同样地，此处我们亦挑选了关于资质过剩研究中使用较为广泛的几个变量——组织自尊、心理特权感、道德推脱感来解释资质过剩与员工对自身消极认知感受之间的关系。

（一）低组织自尊

组织自尊（organization-based self-esteem）的概念最初是由皮尔斯等（Pierce et al.，1989）提出，并将其定义为组织成员相信他们可以通过参与组织环境中的角色来满足其需求的程度。组织自尊反映了个体在组织环境中对自我的认可与否，以及对自我重要性的评判，组织自尊高的个体认为自己在组织中十分重要且有意义，对组织而言是有价值的。

根据人—职匹配理论，一个人的资质和工作需求之间的不匹配可能对个人的社会身份认知评价和自我价值判断产生负面影响（Kristof - Brown & Guay，2011）。当不匹配发生时，人们可能会质疑自己的价值、能力，以及他们是否属于这个地方。在工作中，这种对人与工作不匹配的认知评价可以通过组织自尊来体现。组织自尊高的员工认为他们是重要的，他们能有所作为，他们的需求能够通过组织角色得到满足。相反，虽然资质过剩员工的资质超过了工作要求，但他们并没有充分利用他们的资历，因此，他们可能会觉得没有对组织作出重大贡献。此外，由于个人与工作的不匹配，这些员工很可能认为他们对内在激励和挑战性工作的需求没有得到满足，因为组织自尊可以捕捉到员工通过参与组织背景下的角色来满足他们的需求，感知到的资质过剩可能会导致组织自尊的下降。

此外，人—职匹配意味着人们有机会使用他们的技能，这使他们体验到授权和成长，从而产生积极的组织自尊。相反，不匹配的工作很可能只能为资质过剩的人提供有限的机会，其多余的资质无法得到充分利用。

（二）高心理特权

心理特权（psychological entitlement）指个体感到有权获得优待和被豁免社会责任的稳定而普遍的主观信念或知觉，它影响着人们的一系列心理与行为（Campbell et al.，2004）。

自我评价理论（Taylor et al.，1995）认为，自我评价与个体的自我概念密切相关，是个体对其能力、状态以及发展趋势的评价性认识。个体对自己的能力或效能、德行或价值的感受，以及他人对自己的反馈会影响其自我评价。如上所述，资质过剩员工感到自己具有超过岗位所需的资质，会对其能力高度自信，产生优越感，从而形成较高的自我评价，而高水平的自我评价是个体心理特权的重要来源。同时，这种资质与岗位的不匹配也容易使个体产生剥夺感或不公平感，认为自己比其他人承受了更多的损失，如高经验、教育投入等，因此在工作中会感到自己比他人更有特权获得一些利益或豁免一些责任，从而产生较高的心理特权（Zitek et al.，2010）。

（三）高道德推脱

社会认知理论认为，个人通常具有道德上的自我调节功能，他们的行为是按照内部的道德标准进行评估和监控的（Bandura，1999，2002）。当自我调节机制运作良好时，越轨行为就会受到抑制，因为从事与道德标准相冲突的行为可能会引起内疚和自责。当自我调节功能失灵时，就会出现不道德的行为。也就是说，当个人通过道德脱离机制为不道德的行为辩护时，他们更容易产生不道德的行为。理论上，道德脱离被认为是解释了为什么个人会做出越轨行为，包括不道德的决策和行为、工作场所的偏差、暴力以及腐败等。人们可能通过三类认知机制产生道德脱离，采取不符合道德标准的行动（Bandura et al.，1996）。第一，个人可以在认知上重构不道德的行为，使其能够被社会接受。例如，有人诈骗商业对手，将这种行为视为"策略性虚假陈述"。第二，员工可以通过包括非人性化和指责受害者的机制，实现道德脱离。例如，受害者被认为是"活该受到虐待"。第三，道德上的脱离可以通过掩盖或歪曲有害行为的作用而出现，比如忽视和歪曲有害后果，转移和分散责任。

研究表明，道德上的脱离是由一些个人和环境驱动因素形成的，如控制点、组织不公正、辱虐管理、工作不安全和组织认同。感知到的资质过剩会正向预测道德推脱，即感到资质过剩的员工很可能认为他们受到组织的不公平对待，组织对他们有亏欠。这时，资质过剩的员工可能不认为偏差行为是不道德的，而是将偏差行为视为与雇主扯平的可行方式（Huang et al.，2017；Lim，2002；Valle et al.，2019）。例如，资质过剩的员工可以将他们的有害行为重新解释为"组织应该受到虐待"。此外，资质过剩的员工很可能会因为组织的不公正而在道德上排斥他们的雇主。因此，他们认为他们的雇主不值得被道德对待，并可能忽视和掩盖他们对雇主造成的不利后果。而那些拥有与工作相匹配的资格的人能够感受到对雇主的义务，并因此在做出损害组织的行为时经历自我谴责。因此，他们不太可能脱离道德做出损害组织的行为。总体而言，资质过剩的员工更容易产生道德推脱。

第二节　资质过剩员工的消极情绪体验

资质过剩不仅会引发员工的消极认知，还会激发员工的消极情绪，给员工带来不好的情绪体验，而负面的情绪甚至会诱发更加严重的不良行为。我们将在这一节介绍由于资质过剩而引发的不良情绪体验，包括心理契约违背、和谐激情的下降、情绪耗竭以及愤怒、无聊等负面情绪。

一、心理契约违背

正如上文在介绍心理契约破裂时所提到的，心理契约破裂是员工的一种认知评价，而与之不同的是，心理契约违背（psychological contract violation）是个体在感知到组织未能充分履行心理契约的基础上形成的一种强烈的情绪体验，也可以理解为个体感觉到组织背信弃义或自己受到不公平对待而产生的失望、愤怒、悲痛等情感反应，强调的是员工情感上的体验。需要明确的是，心理契约的满足不一定能给员工带来良好的绩效，但是心理契约的违背会给员工带来不满甚至离职等负面结果。

关于心理契约违背的产生原因，可以从员工的期望和组织的实际行动之间的差异来进行理解：自将员工聘入组织起，组织就应该承担起关注员工的职业发展、切实利益等的责任和义务，员工也对组织抱有这种期望，而这种期望一旦无法实现，员工就可能出现心理契约违背。作为对自身投入了较多资本的资质过剩员工来说，他们对自身发展的期望相对来说会更高，期望无法被满足时，其因心理契约违背所产生的负面情绪会更加强烈。因此，资质过剩员工更易产生心理契约违背，且一旦产生，其负面影响或将更加严重。

二、和谐激情降低

和谐激情（harmonious passion）被定义为个体自主享受工作的积极感受，以及他们愿意在工作中投入时间和精力，从而表明有强烈的动机参与该具体工作（Fernet et al.，2014；Vallerand et al.，2003）。因此，和谐激情基本上受到员工主观因素的影响，这些因素可以由他们自己控制。

根据公平理论，员工会对组织的决定（例如，如何分配他们的工作职位）进行判断，随后根据他们对这些决定的看法，做出公平或不公平的态度和行为反应。资质过剩的员工认为组织给予他们的定位是不公正的，他们自身拥有的资质超出了职位要求，他们自然倾向于认为他们的工作无法完全展现他们的能力，亦无法满足他们的职业发展追求。因此，资质过剩员工可能会变得郁郁寡欢（Maynard et al.，2014），对工作的和谐热情也会降低。特别是出现资质过剩的员工与只是正好符合资格甚至不够资格的同事一起工作的情况，可能会进一步加强这些员工对工作场所不公平的感觉（Erdogan et al.，2011），这将使他们感到自己没有归属感，并阻碍他们将工作内化为自己身份的倾向（Vallerand et al.，2003）。也就是说，资质过剩损害了员工对工作的喜爱，降低了他们和谐的激情。

三、情绪耗竭增加

情绪耗竭（emotional exhaustion）是指情绪和体力能量消耗的一种慢性状态。在职业紧张研究中发现，与压力相关的疲劳、与工作相关的抑郁、心身不适和焦虑皆与情绪耗竭密切相关。

相对剥夺理论指出，个人对其工作状态的主观判断直接影响到他们对环境的感受和反应（Corning，2000）。当个人想要某样东西并觉得有权得到它，但却未能获得它时，他们往往会感到沮丧。人们实际拥有的东西和他们认为自己应得的东西之间的差距会引起各种负面反应（Gurr，1970）。同样地，前文所述员工产生的资质过剩感很容易导致相对剥夺感，当资质过剩者将自己目前的工作状况与自己想要的、认为自己应该得到的职位进行比较，发现自己的工作角色与自己的预期不符，这种差距就会使他们产生被剥夺感。例如，资质过剩的人往往对完全关注专业技能更加敏感，对同事的能力和表现很关注。当他们发现身边的人能力不如自己，却与自己从事着同样的工作，那么他们很可能会感到被剥夺。剥夺感会导致沮丧、抑郁、愤怒和痛苦，从而导致情绪耗竭。

除了相对剥夺理论外，努力—回报不平衡（ERI）理论也为感知到的资质过剩和情绪耗竭之间的关系提供了理论解释。ERI 理论认为，当努力（如教育、知识和技能）和回报（如工作要求）之间发生不平衡时，就会出现互惠性缺失（Siegrist et al.，1986；Harari et al.，2017）。这样的互惠性缺失会扰乱员工的自我调节需求，进而导致心理困扰和负面情绪。因为感知到的资质过剩代表了员工认为自己的努力超过了回报的情况，根据 ERI 理论，这些资质过剩的员工更有可能因为互惠性缺失而出现情绪耗竭。

四、其他负面情绪

除了上述提到的消极情绪体验，资质过剩感还与无聊和愤怒等负面情绪密切相关。

过多的能力可能会导致更多的压力（如无聊和缺乏动机），也就是说，员工的资质过剩感知可能与无聊正相关，因为当工作没有利用员工的知识、技能、能力等时，就意味着这份工作没有提供足够的刺激来吸引员工的兴趣。换句话说，这种类型的工作无聊出现在"工作任务不能使员工充分激活自己来运用自己的能力，并将自己投入到对工作绩效的追求中"。低挑战性的工作很容易引发员工的无聊情绪。

资质过剩作为一种由雇主造成的不愉快的工作体验，还会引发对组织的愤怒。愤怒是指一种高唤醒度的厌恶情绪（Berkowitz & Harmon - Jones，2004），研究表明，不公平、目标干扰等令人沮丧的工作经历是愤怒的重要决定因素（Gibson & Callister，2010；Liu et al.，2015）。资质过剩的员工拥有比工作所需的更多的知识和技能，并期望具有挑战性和内在激励的工作，他们的目标或期望没有实现时，可能会对组织感到愤怒。此外，由于产出与投入的比例过低，员工认为自身资质过剩，会带来不公正的感知。以往研究表明，不公正与愤怒之间存在积极的正相关（Gibson & Callister，2010；Weiss et al.，1999）。总而言之，资质过剩感会唤起员工对组织的愤怒。

第三节 影响员工资质过剩消极效应的个体因素

随着资质过剩领域研究的深入，学者们开始关注能够干预资质过剩消极效应的因素，资质过剩尽管会对员工产生各种消极的影响效应，但是这种效应也会受到个体因素和情境因素的影响。也就是说，学者们开始探究在个体因素和情境因素的作用下，资质过剩的消极效应是否会变化以及发生何种变化。

个体因素是指那些由于个体差异而对资质过剩的消极效应产生加强或削弱作用的因素，情境因素是指由于情境的不同而改变资质过剩影响效应的因素。在本节和第四节，我们将分别探讨个体因素和情境因素是如何影响员工资质过剩的消极效应的。我们将个体因素划分为个人特质、心理认知和其他因素三类。

一、个人特质

（一）公平敏感性

公平敏感性（equity sensitivity）指个体对公平的稳定性偏好，反映了个体感知到不公正的难易程度和对不公正的反应强烈程度，是一种较为稳定的人格特质（Schmitt et al.，1995）。

虽然资质过剩是一种典型的人—职不匹配现象，但人们对这种不匹配的注意程度和反应程度是存在差异的。研究表明，资质过剩的员工在某些特质上，如公平敏感性较高，可能更有可能被资质过剩所困扰，并对资质过剩作出强烈反应；而那些在公平敏感度上得分较低的人，可能对这种不符合要求的情况意识不强，反应不大（Erdogan et al.，2011）。

公正敏感性涉及人们对不公平待遇的反应。那些具有高水平的公平敏感性的人可能会从公平的角度来解释模糊的社会或组织情况，回忆不公平的事件，在面对不公平时变得愤怒，并对所谓的不公平进行反思。相反，对公平敏感度较低的人不太可能感知到不公正的情况。对他们来说，潜在的不公正情况在情感上的干扰和认知上的吸收较少，他们对不公正情况采取行动的动机也较低（Gollwitzer et al.，2009）。

（二）成就需要

成就需要（achievement needs），是一种促使人们表现良好或提高业绩的非自愿性动机，被定义为出于个人原因而完成困难和挑战目标的愿望（McClelland，1987）。具有高度成就需要的人倾向于通过完成困难的任务来展示他们的能力，同时保持一贯的高标准。这样的人一直在寻求对他们表现的即时反馈，这样他们就可以在未来进行改进（Boyatzis & Kolb，1995）。相比之下，成就需要水平低的个体可能会被诱惑去维持现状，他们缺乏追求挑战性目标的雄心壮志，在持续改进方面所付出的努力较少。显然，当一个人担任职位的要求低于他们的技能、经验和知识时，他可能会根据其成就需要做出不同的反应。

公平理论表明，那些认为自己资质过剩的员工认为他们对工作的投入和他们从工作中得到的回报是不平等的，这种感觉对于具有高成就需要的人来说尤为突出。一方面，具有高成就需要的员工有内在的动机，希望在完成困难的任务和在岗位上表现良好的能力（Pang，2010）；另一方面，资质过剩使他们觉得工作的要求低于他们的资质，未能提供挑战性机会。换句话说，资质过剩、成就需要高的员工会有更强烈的不公平感，认为自己的工作要求远远低于自己的能力，缺乏挑战性，从而降低其积极的认知和情绪体验。例如，已有研究表明，成就需要高的个体会加强资质过剩通过和谐工作激情对网络闲散行为的作用（Cheng et al.，2018）。

然而，资质过剩、成就需要低的员工基本上缺乏参与工作的雄心，倾向于维持现状。因此，他们对人—职不匹配的情况相对不敏感，也就是说，在资质过剩的情况下，持有低成就需要的员工在目前的职位上感受到的不平等较少，对员工的态度和行为产生的消极影响较小。

（三）自恋

在社会和人格心理学文献中，自恋（narcissism）被认为是一种稳定的人格特质。自恋的人对自己和自己的能力、属性有一个宏大的看法（Judge et al.，2006；Twenge & Campbell，2009），觉得自己有权获得超出合理预期的积极结果和奖励，并寻求权力、影响和机会让他们的行为得到周围人的认可。

学者莫尔夫和霍德瓦尔特（Morf & Rhodewalt，2001）回顾了一些研究，表明自恋者经常进行过度的自我宣传，将个人的成功归功于能力，而不是外部力量，对自己的认知能力持有一种夸大的看法，并高估自己对团体任务的贡献。这种过度夸大的自我看法可能会导致客观和感知的资质过剩之间的差异。经验性的证据确实表明，自恋者对自己的才能（如领导力）和行为（如背景表现）持有很高的看法，这些看法往往与他人提供的评价不一致（Judge et al.，2006）。自恋者对自己的能力持有夸大的自我看法的进一步证据来自关于过度自信和过度宣称的文献（Mesmer - Magnus et al.，2006）。例如，相对于知识任务的实际表现，自恋者往往对自己的一般知识过于自信，并且比非自恋者更有可能声称对概念、物体和事件很熟悉，即使它们实际上并不存在。

总之，相对于外部证据或他人的看法，自恋者容易在各种领域产生不切实际的自我认知，也更容易产生资质过剩感。

（四）主动性人格

积极主动的人往往觉得自己不受环境力量的约束，并积极寻求控制他们的环境，寻找机会更广泛地感知他们的角色，主动采取行为并坚持不懈，直到他们的目标得以实现（Bateman & Crant，1993；Bergeron et al.，2014；Crant，2000）。

事实上，大量的研究已经将主动性人格与积极主动的行为联系起来，相信情况可能会变好，可以产生对未来的希望，并抑制负面反应。与这一观点一致，研究人员认为，个人并不总是以消极的方式应对资质过剩（Liu & Wang，2012）。例如，一些员工可能试图通过塑造他们的工作来扩大他们的角色，以更好地满足他们的需求和能力。主动性人格在一定程度上可能会对员工如何应对资质过剩作出预测。

主动性人格相关文献的一个核心主题是，积极主动的人创造了更有利于他们在工作中的喜好和成功的条件。较多考虑将来和具有远见是主动性人格的标志，积极主动的新人如果觉得自己资质过剩，很可能在进入组织时就已经预料到他们可能会有办法塑造自己的职位，以符合自己的偏好（Kammeyer - Mueller & Wanberg，2003）。这个过程可能包括设想如何缩小工作所需的技能与员工所拥有的技能之间的差距，这样他们就能预期自己的技能组合得到更充分的利用。总之，当资质过剩的感觉出现时，主动性人格的员工认为他们可以通过减少所需技能和所拥有技能之间的预期差异来把他们拥有的工作变成他们想要的工作。相应地，这会减轻他们的相对剥夺感，进而降低资质过剩给个人带来的消极效应。

二、心理资源

（一）心理弹性

心理弹性（resilience）是指个体在承受强烈变化的同时，能够尽可能表现出较少的消极行为，或者是个体从负面经历中复原，能够灵活处理瞬息万变的外部环境的能力。心理弹性具有积极的特征，且具有可塑性，能够推动个体从困境中学习并成长。既有研究表明，心理弹性与员工的工作绩效、工作态度都有密切的联系（Harland et al.，2005；Shin et al.，2012）。例如，高心理弹性的员工在面临组织剧烈的变革时，能够稳定地保持积极情感，其组织承诺程度依旧很高。

前文所述，具有资质过剩感的员工也更容易感受到工作无意义、情绪耗竭等；但是，也有对于消极情绪的容忍程度较高的员工能够控制资质过剩所带来的负面影响，使其在情绪上更加积极去面对这种现象，甚至能够在绝境中更好地发掘和利用自己的能力。这种对消极情绪的容忍度较高的能力就是心理弹性高的表现，也就是说，高心理弹性的员工往往拥有乐观、坚强、自我效能感等丰富的心理资源，这些心理资源使得他们在面对逆境时能够有更好的绩效表现，因为他们的消极认知和消极情绪都会相应减少。此外，根据加梅齐（Garmezy，1985）提出的心理弹性调节模型，我们可以将心理弹性视为调节器，在帮助降低个体负面情绪的同时，它还能够促进个体积极情感的形成。心理弹性高的个体，即使是由于资质过剩而产生了负面情绪，也可以将其注意力转移到生活中的其他方面以使消极情绪得到缓冲，反观心理弹性低的个体则不具备这种能力。因此，高心理弹性的资质过剩员工将更不容易产生高水平的消极情绪，从而降低由于资质过剩而带来的各种消极影响。

（二）心理授权

托马斯和维尔托斯（Thomas & Velthouse）于 1990 年对心理授权（psychological empowerment）的概念进行了界定，心理授权是指个体对工作的能够给自己带来的激励性、满意度以及自身能否从工作中获得有价值的、积极的经历作出的主观判断，是个体感知到被授权的心理状态或整体认知。此外，他们还指出，员工的心理授权由四个独立的维度构成，分别是工作意义、自我效能、自主性以及工作影响。心理授权能够反映员工对工作目标以及目标价值的认知，反映员工对于自己完成任务的能力的认知，反映员工对工作任务的控制能力，还能够反映员工能够在多大程度上影响组织战略、组织管理以及组织运营等。已有研究成果表明，心理授权对员工的行为、态度和绩效都有着正面的影响，心理授权有助于提高员工的工作满意度、缓解工作倦怠、提升员工的知识共享意愿等。

相对于心理授权低的员工来说，心理授权高的员工拥有更加积极主动的内在动机，这种内在的积极的动机能够给予员工更大的信心使其能够更好地完成自身的工作，同时能够促使员工形成更加积极的工作态度和工作行为，以此可以抵御资质过剩可能会给员工在态度和行为上带来的负面影响。除了积极主动的内在动机，高心理授权的员工还更容易感知到工作的价值和工作的意义，认为自己能够从当前的工作中获得一定的挑战，自我价值能够得以实现，从而表现出积极的行为。

此外，从资源保存的角度来看，心理授权可以看作是员工的一种情绪资源，因为它是在员工感受到了来自组织的支持后产生的，这有利于员工产生更加积极的情绪或心理。因此，高心理授权可以弥补员工的情绪消耗，促使员工有意识地调节自己的行为，使其更加符合工作的要求，更好地完成工作任务，从而降低资质过剩对员工工作态度和行为的消极影响。

（三）心理资本

心理资本（psychological capital）是一个源自心理资源理论的概念，心理资本有 4 个组成部分：希望、自我效能、韧性和乐观。希望可以被描述为为个人提供灵感以实现他的期望，依赖于目标可能实现和行动过程可能提前执行的可能性。自我效能是对一个人对成功完成某项任务能力的自我肯定。韧性是一个人找到应对逆境、斗争、缺乏成功或有利情况的方法的能力。乐观是澄清社会地位的感觉或心态，或被认为值得以交际方式拥有的物质对象，以获得自己的优势或快乐。

研究发现，心理资本和积极的态度和行为之间有联系。郑和尹（Jung & Yoon，2015）认为，员工的心理能力会影响激励，高心理资本可能会减少组织中个人的消极态度，如离职意向、员工愤世嫉俗、压力和焦虑。此外，心理资本扩展了员工固有的主动行为能力，如创造更多的创新想法和提出工作发展的想法，被认为是拓展—建构理论的一个重要方面。正如帕伊克等（Paek et al.，2015）和沃尔特斯（Walters，2010）所言，心理资本水平较高的员工更有能力应对不满意的工作条件。因此，这样的员工利用他们积极的心理资本，以乐观的心态应对情况，从而提高他们的积极性。乐观的心态也可能帮助个人减少感知到资质过剩的感觉，并增加他们积极的工作态度。即使有强烈的资质过剩感，如果员工有高水平的心理资本，亦能够控制强烈的资质过剩感带来的负面影响。

三、其他因素

（一）工作价值观

工作价值观（work values）可能会调节资质过剩与其结果之间的关系。工作调整理论（Dawis & Lofquist，1984）认为，兴趣和价值观（如对技能利用的渴望）与工作特征（如实际利用）之间的一致性能预测工作态度和退出行为，而且大量研究普遍支持这一主张。

能力和成长的工作价值观代表了员工喜欢利用他们的才能并提供挑战和专业发展的工作的程度（Manhardt，1972）。几乎所有的员工都认为资质过剩会削弱自己的工作满意度和情感承诺，对于那些高度重视利用和发挥自己能力的员工来说，情况尤其如此。也就是说，员工的能力和成长价值观会增强资质过剩带来的消极影响。具体而言，具有高能力和成长价值观的员工倾向于在工作中充分发挥其才能并期望能获得更多挑战和专业化的提升。因此，资质过剩会对高能力和成长价值观的员工的工作满意度和情感承诺等产生更深的消极影响，并进一步促使员工产生类似工作搜寻行为等更多消极行为。

（二）人际影响力

人际影响力是政治和关系技能的一个重要维度，指的是一种微妙的有说服力的个人风格，能够对周围的人产生强大的影响。人际影响力高的人能够在人际交往中表现出极强的灵活性，根据不同的情况适当地调整和校准自己的行为，并从他人那里引出所需的反应。他们有动力，也有能力在他人面前表现得愉快和富有成效，是控制环境的高手。人际影响与资质过剩的潜在社会影响相关，因为它有可能塑造员工在同事眼中的形象，并促成同事的接受感。

具体来说，当资质过剩的员工具有较高的人际影响力时，他们更有可能以有利于人际关系的方式利用冗余的相关资源，因为他们意识到了自我认知与他人认知之间可能存在的差距，并有能力缩小这种差距（Ferris et al.，2005）。尽管这些员工可能会觉得自己资质过剩，并正在经历与资质过剩相关的典型负面情绪，如愤怒，但人际影响使他们能够在人际互动中校准自我表达，避免在他们和同事之间产生不利的社会比较。例如，他们不会通过强调自己的高超技能和贬低同事而显得对同事居高临下。因此，当人际影响较高时，资质过剩的员工能够有效地利用过高的资质作为资源，在同事面前创造一个理想的社会形象，即他们是可爱的，使人们喜欢与他们交往。

与此形成鲜明对比的是，当资质过剩员工的人际影响力较低时，他们对自我看法与他人对他们的看法之间的差异不太敏感。人际影响力低的员工往往不太能够有效地与他人沟通并建立良好的关系和默契（Ferris et al.，2007）。因此，当他们也认为自己有很强的能力时，他们的同事可能反而认为他们是自负的。他们也有可能通过向同事传达他们的特权感而使同事感到不舒服，尽管有时并非故意为之。由于他们不能有效地校准自己的风格和行为，与同事的关系可能会因为表面上暴露出他们的不满、愤怒和挫折感而进一步受到困扰。简而言之，人际影响力低的资质过剩员工不太能利用拥有的剩余技能和知识。相反，他们可能会在同事中形成一种不受欢迎的社会形象，即他们是傲慢的、不喜欢的，从而导致社会排斥。

第四节 影响员工资质过剩消极效应的环境因素

一、组织支持因素

（一）组织支持感

前文我们已经介绍了组织支持感的概念，组织支持感以组织支持理论为基础，强调了将员工视为有价值的组织资产的重要性，以保证公司投入时间和资源来开发员工的全部潜力。当组织支持感较高时，一方面，高水平的组织支持感会促使员工产生一种为组织作出贡献的义务感，对于那些觉得自己资质过剩的员工来说，回馈组织的方式就是利用他们多余的资质来想办法提高其绩效表现。然而，由于这些员工觉得自己的资质超过了工作的需要，他们可能会认为，如果他们的工作允许他们这样做，他们可以为组织做出更大的贡献。另一方面，高水平的组织支持感可能会减弱需求—供给的不匹配。同样地，互惠规范预测，如果员工感到被重视和赞赏，他们会以理想的行为来回报组织（Cropanzano & Mitchell, 2005）。可以看出，随着组织支持感的增加，资质过剩员工将体验到更好的需求—供给匹配，因为高组织支持感意味着组织关心资质过剩员工已经被削弱的福利，并重视他们的贡献。这会使得资质过剩员工倾向不采取危害组织的行为，甚至会努力做出更好的表现。

反之，低组织支持感可能向那些觉得自己资质过剩的员工发出信号——组织并不欣赏他们的实际或潜在投入，也不愿意满足他们的需求，从而加剧员工对需求与供给不匹配的认知。这种来自组织的低水平支持很可能阻碍了员工的工作投入和创造力等，给组织带来不利影响。

（二）个性化契约

组织有可能通过为员工提供发展机会来改善那些觉得自己资质过剩的员工的人—职不匹配感，而这些发展机会应该与这些员工的需求相契合。否则，提供一刀切的发展机会可能对解决这些员工的技能利用需求没有什么帮助，而技能得到合理高效的利用可能会改善人—职不匹配的情况，组织可以通过实施个性化契约来实现人—职匹配这一目标。

个性化契约是指个人寻求和组织认可的工作条件，个性化契约所做出的安排应该在满足员工需求的同时，有助于组织的有效性（Hornung et al. , 2010）。这些交易在概念上与心理契约不同，具有个性化契约的员工被他们的上司区别对待，而心理契约反映了人们对自己和雇主的义务和承诺的看法。个性化契约是由雇员和雇主共同发起的，他们在重新设计一个人的工作时达成了相互的协议。值得注意的是，个性化契约可以用来使工作职责和要求与个人需求或目标更加一致，从而改善人与工作的匹配度。

高水平的个性化契约意味着那些认为自己资质过剩的员工已经成功地与组织协商了更具挑战性的任务，使他们能够充分发挥其未被充分实现的潜力或者执行更符合其资质的任务。个性化契约给这些员工提供了一个机会，使他们能够精心设计、修改或改变他们的工作，使之更有意义、更有趣，从而更符合他们的资质，进而改善他们的需求—供应不匹配状况。既有研究发现了个性化契约和绩效之间的积极联系（Hornung et al. , 2014），特别是角色外行为，如组织公民行为。鉴于此，我们认为，高水平的个性化契约所带来的需求—供给契合度的提高，将进一步刺激那些感觉自己资质过剩的员工在工作中表现良好。相反，低个性化契约使这些员工无法充分满足他们对良好的人—职匹配的需求，因为缺乏机会来增加一个人工作的挑战性和意义。

（三）领导方式

根据现有文献，资质过剩的影响效应还会受到领导方式的影响，不同的领导方式（如变革型领导、包容型领导）可能会以不同的方式对资质过剩的结果效应产生各异的效果。

变革型领导被概念化为一种领导风格，在这种风格中，领导者推动一系列变革性活动，强调追随者的价值，激励他们追求超越组织正式预期目标的成就（Bass & Avolio，1994）。换句话说，领导者通过对追随者的态度、信仰、价值观和行为的影响来创造一个成功的组织环境，从而使追随者通过提供他们最好的东西来实现增强的目的。变革型领导可以被认为是领导者为激励追随者在积极的工作环境中高效工作而提供的一种积极的组织资源（Cummings et al.，2010）。已有研究证实了变革型领导能够有效削弱员工的工作倦怠症状（Hildenbrand et al.，2018；Khan et al.，2018）。根据个人—组织匹配理论，领导风格等组织条件是员工适应组织的重要因素。资质过剩的员工通常缺乏组织认同感，对管理者的领导感到不满。文献表明，由于与领导缺乏联系，资质过剩的员工在工作中缺乏运用所有技能的机会，不能及时发现积极的组织变革，与组织的契合度不高。因此，变革型领导能够有效降低资质过剩的负面影响。

包容型领导是一种强调关注员工，以员工为中心的领导方式，这种领导风格有利于及时发现且尊重、包容员工的个性化需求（梁昊等，2019），它是领导者在日常与员工的互动中所表现出来的开放性、可及性等一系列领导行为（Carmeli et al.，2010），同时使得领导者更易欣赏他人的贡献（Nembhard & Edmondson，2006），促进团队成员对团队产生归属感，保留员工的独特性，是一种对团队进程和结果作出贡献的领导者行为（Randel et al.，2018）。梁昊等（2019）发现当包容型领导水平较低时，资质过剩感会对员工的创新行为产生负面影响，反之，当包容型领导处于较高水平时，意味着领导的可接近性更高，这会提升员工的心理安全感、增强员工对组织的信任感、促进其创新动机，最终使资质过剩感与员工创新行为之间呈现积极的关系。

二、人际关系因素

良好的人际关系（包括与上级的关系和与同事的关系）能在使员工感受到更多支持的基础上缓解资质过剩可能带来的负面效应。我们使用受欢迎程度和上下级关系来对员工的人际关系对资质过剩的影响作出解释。

受欢迎程度被定义为在工作场所被同行普遍接受的程度（Koopman et al.，2015）。当评价一个员工的受欢迎程度时，个人的判断通常不只是基于他们自己的看法，而是基于团队中其他人的意见。因此，那些受欢迎程度高的人有可能在工作场所获得同事的认可和支持。此外，更受欢迎的员工有可能形成高质量的社会关系，因为他们已经得到了他人的认可，当资质过剩的人被普遍接受时，他们往往会把自己过高的资质归咎于外部因素（如领导的忽视、组织的晋升制度等）。此时，资质过剩的负面影响将被弱化。

相反，有些人的受欢迎程度较低，意味着他们与其他团队成员的关系不和谐。特别是资质过剩的人如果认为自己比别人优越，团队中的其他人更可能感知到他们的傲慢，这可能导致对资质过剩员工的孤立和排斥。这种不和谐进一步加剧了资质过剩员工因资质过高而引起的不满、愤怒和挫败感。因此，资质过剩员工的受欢迎程度较低，其资质过剩的负面影响会被强化。

上下级关系指的是主管和下属之间的人际关系（Wei et al.，2010），它会影响上下级在工作中的互动（Law et al.，2000）。在企业中，主管掌握着核心资源，很大程度上影响甚至决定着下属的绩效评估、晋升和授权（Wei et al.，2010）。因此，拥有强大上下级关系的资质过剩员工将获得更多的奖励和更多的授权，在这种情况下，他们可以利用自己的冗余资质，并倾向于认可自己在组织中的价值。反之，上级可能不太关注那些上下级关系薄弱的高资质员工，这样他们就没有机会展示自己的经验和技能，过剩资质得不到合理利用，从而产生更多的消极效应。因此，对于受欢迎程度高和上下级关系稳固的资质过剩员工来说，其资质过剩感知相对被削弱了。

三、其他因素

（一）同伴资质过剩

一方面，根据相对剥夺理论，当个人觉得自己的处境比他们有权拥有的处境更糟糕时，他们会感到被剥夺、不满，从而对他们的工作和组织做出消极的反应。但这种剥夺感是相对的，是他人包括同伴在内的参照者进行比较的结果。当与同样资质过剩的同伴一起工作时，这种剥夺感不太可能发生，因为这个人处于与同伴相似的情境中。因此，同伴资质过剩意味着个体的资质过剩状态是正常的（Erdogan et al.，2011；Hu et al.，2015），并使个体不太可能感到"自己有权获得类似的其他人可以获得的工作，但实际却不能获得"。现有的证据表明，当个体的不利地位（例如，资质过剩）被认为是正常现象，他们更容易接受这种现实。因此，同伴资质过剩很可能会改变资质过剩员工对其任务以及工作意义的看法，从而调节资质过剩员工与工作团队的关系、与组织的契合度等。

另一方面，从社会信息处理的角度来看，通过与同伴的互动，交流信息和分享经验，资质过剩员工会逐渐了解同伴的平均超额水平，进而形成他们对工作的反应。具体来说，当与同样感到自己资质过剩的同伴一起工作时，员工会认为自己的资质过剩是可以接受的，而不是例外。与资质过剩的同伴一起工作，并不会使员工觉得自己与众不同，也不会认为自己被剥夺了更好的工作机会，反而有可能提升工作的重要性和地位，让资质过剩的员工觉得自己是精英群体的一员，这将向他们发出"他们的工作是重要的、有价值的、有意义的"的信号。相反，当同伴资质过剩水平较低时，资质过剩员工很可能会觉得自己是群体中的例外，并会觉得自己有权获得比周围人所持有的更好的工作。这种在同伴资质过剩水平较低的群体中所产生的更高的权利感可能会促使员工产生更强烈的挫折感，并导致他们对环境做出更少的积极反应。因此，同伴资质过剩水平越高，越有利于缓解资质过剩员工的特权感，进而降低资质过剩的负面影响。

（二）团队凝聚力

团队凝聚力反映了团队对团队成员的吸引力，包括团队成员之间的相互吸引，以及团队成员对团队的向心力。处在强凝聚力团队中的员工认为自己在工作中得到了更多的利用，因此对资质过剩的感知较低。这是因为，凝聚力强的团队成员往往由于对团队目标的认同和承诺增强，往往会超越其工作描述而使团队受益（Hausknecht et al.，2009；Thatcher & Patel，2011）。在强凝聚力团队中工作的员工彼此之间互动密切且频繁，这使得团队成员对单个团队成员的相对实力和团队整体目标的认知趋同。

此外，处在强凝聚力团队的成员在工作中可能会感到更有价值，因为他们与团队中的人相处较好，团队成员在需要的时候相互协助。相反，处于低凝聚力团队的成员缺乏支持，可能会感到自己被低估。因此，当资质过剩员工处在凝聚力较强的团队中，其感知到的资质过剩有所削弱。

|第五章|

资质过剩与员工工作态度

已有大量研究结果表明，资质过剩与员工的工作态度相关，且这些研究得出的结论较为一致，即认为资质过剩会给员工的态度带来消极的影响，换句话说，资质过剩与不积极的工作态度密切相关，而员工的工作态度又在很大程度上能够影响甚至决定员工的工作绩效。因此，我们有必要了解资质过剩会负面影响员工的哪些工作态度，是如何影响的，以及为了降低这种消极影响，管理者和员工在此过程中可以做出什么努力，进而改善员工的工作绩效。本章选取了工作满意度、组织承诺、工作投入以及组织认同这四个与资质过剩关系密切且研究较为成熟的具有代表性的变量，以揭示资质过剩对员工工作态度影响的作用机制。

第一节 资质过剩与员工工作满意度

一、资质过剩降低员工的工作满意度

所谓工作满意度，是指个体由于对自己的工作或者工作经历的肯定和欣赏而产生的一种愉悦或者积极的情绪状态，是在工作情境中所表现出来的情绪反应，这种情绪反应一般会和员工预期有关。工作满意度高的员工会表现出更多的积极性和创造性，从而促进组织绩效的提升。如果雇员觉得自己的付出远远超过了同事，而得到的回报又非常少，他们

就极有可能产生消极态度，也就是抱有更低的工作满意。目前的研究多表明，资质过剩负面影响员工的工作满意度，换言之，资质过剩越高，员工工作满意度愈低。可以从相对剥夺理论、公平理论和人—职匹配理论解释资质过剩对员工工作满意度的影响。

相对剥夺理论认为，在客观环境无法达到个体预期的条件下，个体会出现抑郁和失望等负面情绪（Crosby，1984），并且，相对剥夺感会随着现实与预期差距的拉大而更增强。资质过剩的个体有超出工作要求的才能，期望从事能充分发挥其能力与天赋的工作，但在实践中却不能充分地利用其技能，曾投入过的教育成本、培训成本得不到应有的报酬，这种人力资本的浪费使员工有被剥夺感，从而导致愤怒、挫败感、痛苦等不良心理（Johnson & Johnson，2000），进而导致消极的工作态度增加，如对工作的不满（Feldman et al.，2002）。此外，资质过剩员工与其他资质适当甚至低资质员工相比较，资质过剩员工的工作能力较强，但与其他员工获得同等收益，这种情况进一步增加了资质过剩员工的被剥夺感。当企业面临着新任务时，资质过剩员工会产生消极情绪，而在新工作情境下他们又可能因为无法适应而表现出消极行为；另外，资质过剩员工还容易受到外界环境的干扰。员工会把这些消极情绪转移至工作当中，他们觉得工作缺乏挑战性，不能充分发挥自己的才能，因而对自身从事的工作感到不满。

如前文所述，公平理论认为，个体不只会注重自身投入和收益是否成正比，而且还会与别人投入和收益作对比。资质过剩的员工比资质普通的员工普遍具有较高水平的学历或技能，即资质过剩的员工人力资本投入较大，最终却会和资质普通的员工从事同样的工作并得到同样的利益，这种对自己不利的情况使其感到不公平，因此也会对目前从事的工作产生不满。

从人—职匹配的角度来看，资质过剩本就是人—职不匹配的一种典型表现，尤其是员工的能力与工作的需求之间的不匹配。也就是说，在资质过剩员工的认知里，他们所具备的知识、技能、经验是远超其所在岗位的任职资格的，他们的才华和能力无法在目前的岗位上得到发挥和施展。根据人—职匹配理论，员工的工作积极性是与人—职匹配程度呈正相关的，即员工的工作积极性随着人—职匹配度的提高而不断提升，表现出更高的工作满意度。而资质过剩作为典型的人—职不匹配，员工易于感知到理想与现实的落差，从而产生愤懑、不满、失望等消极情绪，更易对工作感到不满，且随着不匹配程度的增加，其工作满意度呈现明显下降的趋势。

二、如何提升资质过剩者的工作满意度

企业管理的实践表明，管理者对资质过剩员工的态度存在两种相冲突的观点：一种观点认为组织需要吸纳更多的资质过剩新员工，因为他们往往具备更出色的工作能力和更高的潜能，能够为企业带来高绩效的收益；另一种观点则认为组织需要尽量避免招聘资质过剩的员工，也就是在企业中会出现"因为能力出众而被拒绝"的情况。尽管有证据表明资质过剩的员工的工作满意度较差，但可能存在减轻其负面影响的条件（Erdogan et al.，2011）。由于资质过剩的员工感到他们应得到的东西被剥夺了，因此，如果向他们提供替代资源可能会补偿相对剥夺感，从而削弱资质过剩与工作满意度之间的负相关关系。

一方面，员工可以从中汲取的重要资源来源于他们在工作中所拥有的人际关系。组织中的管理者可以通过提供高质量的领导—成员交换关系和提升团队的凝聚力来减少资质过剩的负面影响，因为这些人际关系可以通过为员工提供有形（金钱、信息、服务等）或无形（尊重、认可、关怀、支持、友谊等）的资源来削弱资质过剩与工作满意度之间的关系。因此，管理者可以创造条件让员工与他们的领导者建立高质量的关系并使员工身处于有凝聚力的团队中，并确保他们的工作态度是积极的，这样就可以利用资质过剩的员工创造更高的绩效。比如，为了促进高质量的领导—成员交换关系，管理者可以定期就"如何为组织获得更广泛的成功作出贡献"与资质过剩员工展开交流；清楚地传达工作期望，确保员工的知识、技能和能力在工作中得到运用，减少员工的被剥夺感。另一方面，管理者还可以尝试通过组织团队成员之间的社交活动来增加团队成员之间的人际吸引力，从而提高团队凝聚力，确保每个团队成员

通过定期互动融入团队，增加资质过剩员工被重视的感觉。

除了建立高质量的人际关系之外，培养员工的自我效能感也是提升员工的内在工作满意度的一个重要途径。企业管理部门应该重点考虑提高资质过剩员工的内在满意度，对资质过剩员工给予个性化、柔性化的支持，促使员工工作积极性和主动性的调动，将员工自我效能最大化。因此，建议企业相关部门结合企业自身情况，打造与企业相适应的资质过剩员工个性化管理制度，以及丰富化和多样化的激励政策；除了实施物质层面的激励，还需要切实考虑采取能够使资质过剩员工实现自我价值的政策，例如，给予员工工作自主权和一定的授权、实行灵活的弹性工作制、有效的工作反馈等。如此，资质过剩员工能够感受到组织对其的认可和肯定，进而增强员工的归属感和组织认同感，提升工作满意度。

此外，还可以对经验和技能过剩的员工实行师带徒制，不仅有益于员工过剩的经验技能的充分发挥，提高企业的效益。同时，员工将自身的技能和经验教授给他人，对他人的工作进行指导，这些资质过剩员工的自我效能感亦能得到有效提升，促进员工的自我实现，其工作满意度进一步提升。

第二节　资质过剩与员工组织承诺

一、资质过剩降低员工的组织承诺

中国有一成语叫"一诺千金"，这充分反映出"诺"的可贵。组织承诺蕴含的是员工对组织的感受及在此基础上发展起来的信念，具体来说组织承诺是员工对特定的组织及其目标的认同程度，以及希望继续作为该组织成员的意愿。组织承诺能够体现员工对组织忠诚的态度，它是一个持续不断的过程。

组织承诺由三个维度构成：一是情感承诺，情感承诺能够反映员工对组织的感情，是一种积极肯定的心理倾向，它包括员工对于组织所表现出的忠诚、认同和对组织价值观的信奉。二是持续承诺，即员工为了不承受脱离组织所可能遭受的巨大损失，而不得不留在组织内的继续供职的承诺，而员工就职于组织中的时间越长，其在脱离组织时所承受的损失就越大。与情感承诺不同，持续承诺实际上是一种建立在经济利益之上的承诺，员工仅是出于对利益的衡量而选择对组织做出持续承诺。三是规范承诺，即建立在社会责任及职场规范基础上持续服务于组织所表现出来的意识。值得注意的是，情感承诺在组织承诺的所有维度中被普遍视为预测组织积极结果的最强指标。

目前的研究多表明，资质过剩与组织承诺之间呈负相关，即资质过剩感越高的员工，其组织承诺越低，员工的组织归属、忠诚和投入也就相应越低。有学者通过对不同行业不同性质企业的员工进行调查，基于人—环境匹配理论、社会交换理论等，证实了资质过剩能够负向影响情感承诺。与员工自身具备的资质相比，资质过剩员工其所做的工作太过单一、枯燥、挑战性不强，这不仅使得员工感知到工作无意义，组织影响力也会下降，这一系列的影响无异于向资质过剩员工发出了组织既不关注亦不信任他的信号，所以资质过剩员工的情感承诺将进一步减弱。

此外，马斯洛需要层次理论与社会交换理论认为，人们愿意建构社会交换关系的原因，不仅在于为了得到财物和其他外显的物质报酬，也是想得到情感、自我实现和其他的隐性精神报酬。而情感承诺则被视为个体和组织之间的一种内在的心理契约，这种心理契约不但反映着员工对组织的感情依赖，还承载着员工由于想要继续留在组织中而对组织产生的认同感（Allen & Meyer，1990）。研究发现，人—环境匹配的个体更倾向于将自己界定为组织成员，并加强了员工的工作嵌入和对组织的认同感（Greguras & Diefendorff，2009）。相对剥夺理论认为，当员工的现实情况与其期望的状态相比出现了一定的差距时，资质过剩的个体将会体验到被剥夺感，从而减少组织承诺。

二、如何提升资质过剩者的组织承诺

上文已经说明，资质过剩员工在工作中无法实现期望的人—职匹配状态，其能力远在工作所需求的能力之上，由此很容易产生剥夺感，而这种剥夺感的滋生又易诱发员工认为自己得不到组织的重视的念头，从而使得员工的组织承诺更进一步下降。由此可见，要想扭转资质过剩员工的低组织承诺，尤其是情感承诺，组织需要采取措施使员工感知到自己在组织中是有价值的，是被认可的。

从资源的角度出发，资质过剩员工拥有丰富的可利用的资源，而现实情况是，他们的资源并未得到合理利用，随着时间的流逝，无法使用的资源只会日渐发生损失、贬值。同时，由于现有的资源尚且发挥不出应有的效用，员工更加无法进一步拓展新的技能，对于资质过剩员工来说，这会促使他们产生不安全感，对组织的情感依附亦进一步降低。因此，组织还需要尽可能为资质过剩员工创造可以使其丰富的资源得到合理利用的条件。

综合上述两种情况，增加员工的工作自主性显然是提升员工的组织承诺的有效之路。组织通过给予员工一定的工作自主权，使员工感受到自身对工作的掌控感，资质过剩员工可以自主分配和使用自身资源，还可以自行决定资源投入程度。此外，组织给予员工工作自主权意味着组织信任员工、重视员工、认可员工的能力，这有助于员工感受到来自组织的认同，提高员工的组织自尊。因此，从自主控制资源和组织信任两个方面来说，资质过剩员工在拥有恰当的工作自主权的情况下更容易形成对组织的情感依附，其组织承诺能够得到有效提升，削弱资质过剩感带来的工作无意义感、工作不满意等负面影响。

第三节　资质过剩与员工工作投入

一、资质过剩降低员工的工作投入

工作投入被定义为"一种积极的情感和动机，以活力、奉献和专注为特征的成就状态"（Schaufeli et al.，2002）。活力的特点是与工作活动有充满活力和有效联系的感觉，面对困难时有韧性，愿意为工作投入努力。奉献精神的特点是在高度参与工作的同时具有热情、灵感和挑战感。最后，专注的特点是深深的专注感和完全沉浸在工作中，而没有注意到时间的流逝和难以脱离工作。工作投入意味着员工对工作的高度认同感和对工作持有积极的情感。资质过剩员工认为自己在有价值从事较好且符合自己资质的工作时，他们会有一种不公平感和被剥夺感，这种不公平感直接导致他们工作满意度的降低以及对组织情感投入的减少。

卡农戈（Kanungo）于1982年就曾经指出：工作投入应是指员工从心理上对工作认同的一种整体认识状态，在此情况下，员工把工作看成是满足自己需求和期望的方式或手段。根据人力资本理论，组织内的个人总想通过最大限度地使用其资本而获得较大的组织收益（例如成长机会，奖励和报酬）；而对资质过剩的员工而言，如果其收益低于预期，则会降低资本投入，并把余下的资金和精力用于组织之外的事务（Rokitowski，2012）。

公平理论主张个体不仅在乎自己的投入和获得，而且更在乎别人的投入和获得以及投入和获得之比。个体在感知自己的投入获得比与别人的这一比值有差距且对自己不利时会有不公平感出现。资质过剩员工在觉得自己所得与投入之比比别人低时，心中会有一种不公平感进而减少工作动机，而具有资质过剩感知的员工则会通过减少工作投入去寻找一种新的均衡。

资源保存理论认为个体将最大化地利用自己的资源，但在个体知觉获得的收益小于期望时，将停止对资源进行投资（Hobfoll，1989）。个体对收益与代价的权衡决定了其是否会做出相应反应。所以，个人面临资质过剩的不满意处境，就极有可能保有对自己资源的奉献，然后再把余下的资质投入到别的方面（比如家庭和生活中）去，相对来说在工作中身心不集中，从而减少他们对工作的投入。

二、如何提升资质过剩者的工作投入

为尽量避免资质过剩降低员工的工作投入，组织中的管理者应通过给予员工工作自主性、一定范围的授权和多方面的激励手段来提高员工在工作中所获取的成就感。横向上，管理者可以通过丰富现有岗位内容、拓展岗位内涵、增强工作的挑战性等手段，使资质过剩员工即使是在单一的工作岗位上亦能接触并获取更多的知识和技能。纵向上，可以通过对资质过剩员工进行清晰的职业路径规划，为其提供完整的职业发展通道，激励其在工作中逐渐成长，在培育尊重人才、尊重知识的组织环境的同时，日渐形成人岗匹配、相辅相成的双赢局面，从而增加资质过剩员工的工作成就感，提升其工作投入。

有研究引入特殊协议待遇作为情景变量重新检验了资质过剩对工作投入的影响，根据互补匹配理论，员工若觉得自身才干未获得相应程度的弥补则会出现心理失配认知，该负面心理表现为工作失配，若组织可以为资质过剩员工提供某些额外特殊赔偿，如指派更具有挑战性的任务，使其充分表现出自身价值，则可以减少资质过剩对工作投入的负向影响（Liu & Wang，2012）。

此外，当员工面临领导布置的职责较大的工作任务时会激起他们挑战的热情，让他们花费较多精力去执行任务，这时他们无论从时间和精力方面来说都最为投入，同时也化解了资质员工多余的认知，进而促使他们更投入地去执行任务。

第四节 员工资质过剩与员工组织认同

一、资质过剩降低员工的组织认同

社会认同理论指出，认同是个体在组织中形成自我概念的重要过程，能够解释和预测工作场所中员工的许多态度和行为。组织认同就是组织成员从思想意识和行为两个方面所形成的组织归属感与行为一致性，是对组织所产生的情感依赖。组织认同作为一种黏合剂，存在于组织成员和组织间，具有高度组织认同的员工可以为了组织利益自愿付出劳动。

有研究发现，工作自主性、工作效率等是影响组织认同的重要因素（Bamber & Iyer，2002）。无独有偶，资质过剩的员工在工作自主权和工作效率方面皆受到一定的制约。根据资源保存理论，当资质过剩的员工缺乏发挥其知识和技能的潜在机会时，也被评为资源浪费的一种形式，这是一种降低员工组织认同的工作低效形式。因此，无论是从工作自主性和工作效率，还是从资源的视角来看，资质过剩都会导致员工组织认同感的下降，员工的资质过剩感越强烈，就越难以在行为和观念等诸多方面与组织保持一致，即对组织的认同感越低。

二、如何提升资质过剩者的组织认同

组织与员工在一定情境（例如，以员工发展为导向的组织文化）下能够达到较高的契合度。因此，员工发展导向的组织文化可能是资质过剩感与员工组织认同关系的关键影响因素。

当员工发展导向的组织文化较强时，即便仍然存在人—职不匹配，资质过剩的员工也可能与组织匹配良好。从补充匹配维度来看，资质过剩的员工重视自身资质，组织尊重员工资质（Bailey et al.，2001）的广泛培训和发展机会。从互补匹配维度来看，综合机会是员工（Kristof，1996）所需要的重要资源。组织提供机会传递组织将员工发展视为重要催化剂的信息（Wayne et al.，2002）。学者们指出，员工具有被组织赋予价值的资格，而组织可以为员工提供他们想要的（发展机会和工作资源）（Cable & Edwards，2004）。因此，当员工发展导向的组织文化较强时，资质过剩的员工可能与组织匹配较好。与组织契合度越高的员工，其工作态度和行为越积极。此外，以往研究表明，当员工与组织的匹配程度越大时，员工的组织认同感越强。

这就提示管理者，可以通过构建以员工发展为导向的组织文化。组织应该意识到，虽然雇用资质过剩的员工可能会带来一些负面影响，但组织可以通过采取措施增强资质过剩员工的组织认同来获得积极的结果。员工发展导向的组织文化能够激发资质过剩员工的组织认同感。具体来说，组织应营造注重员工成长和发展的组织文化，为资质过剩的员工提供先进的培训机会，分配更具挑战性和意义的工作，为其提供更大的晋升空间。此外，组织应关心员工生活以加强员工的情感依恋，承担社会责任和参与公益以建立良好的外部声誉，这些都会增加员工对组织的认同。

┃第六章┃
资质过剩与员工工作行为

第五章介绍了资质过剩与工作态度的关系，与工作态度不同的是，在资质过剩影响员工的工作行为方面，研究者们尚未得出一致的结果。这一章的主要目的是阐述与资质过剩联系较为紧密的工作行为变量（离职倾向、组织公民行为、反生产行为），以及资质过剩是如何影响员工的这些工作行为的。我们试图通过总结资质过剩对工作行为的作用机制，探寻有何措施能够尽可能降低员工的不良工作行为、提升其对组织有益的工作行为。

第一节　资质过剩与员工离职倾向

一、资质过剩提升员工的离职倾向

离职倾向是指员工有主动离开当前组织的倾向。于组织而言，研究员工的离职倾向是如何产生的意义要远大于研究员工离职行为的意义，因为员工离职倾向先于员工真正的离职行为的发生，且是员工离职前的最后一个环节。离职倾向能最精确地预测员工会否采取离职行为，那么企业就能采取适当的行为来减少员工离职倾向形成的原因以更好地服务于组织。

人—职匹配理论认为员工进入组织后，会通过对比学历、经历等情况来评估其能力是否符合职位，当个体处于不同岗位时，其胜任力也会有所不同，资质过剩员工具有较高的能力感知，并认为自己的才能不能在已有的职位上得到充分的发挥，未获得应有的收益，则会出现一定的负面心态，这在一定程度上促使其逐渐萌生脱离组织的念头。现有研究证实了资质过剩能够使员工产生强烈的离职倾向。例如，梅纳德等在2006年研究得出了员工资质过剩可以导致员工产生离职倾向，即企业中资质过剩的员工比不具备资质过剩感的人员更可能离职。同时，有学者指出有资质过剩员工更有可能在组织外搜寻别的工作（Wald，2005）。埃尔多安在2011年还注意到，资质过剩感越高的员工，其维持持续工作的态度就越低。

二、如何降低资质过剩者的离职倾向

从上述分析可以看出，一旦员工出现资质过剩感，离职的意愿便很有可能随之产生，对组织产生负面影响。因此，管理者也有必要采取相应策略来避免或减少这种负面效应的发生。研究显示，组织支持对减少员工离职倾向能发挥良好的效果。一方面，如上文所述，组织支持是一种心理资源，组织能够通过向员工展示其较高水平的组织支持强化员工对组织的认同感，以削弱员工的离职倾向（Eisenberger et al.，1986）。此外，高度的组织支持还能够减轻员工的工作负担，使员工感知到的工作过程更加有趣，进而促使员工对组织呈现较强的归属感与忠诚度。有研究指出，组织给予员工的高度支持不仅可以增强员工的工作安全感，还能够有效提升员工的组织荣誉感，从而减弱员工的离职倾向（叶仁荪等，2015）。所以当组织给予员工更多的工作支持、价值认同与关心利益时，员工对其现有资质超过岗位要求的情况就不会过于关注，而是倾向于感觉到这种岗位供给与员工所需不相称的工作状况有可能在未来发生变化，组织支持的调节使得员工逐步自我消除资质过剩带来的负面影响成为现实。

另一方面，管理者还应该关注员工的心理状态，减少资质过剩员工离职倾向的发生，组织可以对员工给予帮助和关心，使员工体验到来自组织的鼓励和支持时，以此降低资质过剩对他们的身心所造成的不利影响。比如，组织可以通过积极营造一种给员工以工作上、价值上以及利益上支持的气氛，让组织和员工一起进步。管理者主动和员工交流，了解他们的需要和困难等，及时对他们进行关怀和激励。

此外，管理者还应善于总结经验教训，通过和离职员工的沟通来总结出组织中有待改进和提高的地方，如组织中薪酬体系和晋升体系中存在的管理问题，针对所找出的问题提出解决措施并付诸实施，归纳整理出招人、用人、留人工作中的各项安排，并做好沟通疏导工作，对离职面谈情况进行全面记录，让企业留得住人，并做到人尽其能。

第二节　资质过剩与员工组织公民行为

一、资质过剩者的组织公民行为

1988 年，丹尼斯·欧甘（Dennis Organ）在研究中首次提出"组织公民行为"这一概念，并把这一概念界定为员工为组织所做的一系列助人、亲社会行为，它虽然属于员工角色以外的行为，却一直以来都被研究者和企业管理者看作是评价组织整体效能的一种重要的个体行为变量。资质过剩的员工实际上也有更多从事组织公民行为的机会，因为仅完成绩效所要求的本职工作对他们而言相对轻松，他们过剩的能力与精力完全可以用来帮助同事、上级或者组织。但从以往的研究结果来看，资质过剩与组织公民行为之间的关系目前尚未形成一致的结论（Luksyte & Spitzmueller，2016）。尽管有较多的研究认为资质过剩与组织公民行为是负向的相关关系，但也有一些研究也发现二者之间可能存在正向关系，或者没有直接关联（Holtom，Lee & Tidd，2002）。

一方面，由于员工的知识、经验或技能未被充分利用，且员工因自身资源流失而感到焦虑，为了保护现有资源不受损耗以及缩小由资质过剩感引发的心理上的差距，员工可能会采取带有自我防御措施的工作行为（陈默、梁建，2017），例如减少组织公民行为等角色外行为的投入。除了竭力保存现有资源，他们也会通过转移资源来获得心理上的平衡感，例如将更多的精力放在家庭、找寻另一份工作或提升自己，这些都有可能导致员工在工作场所的组织公民行为减少。从个人资源投入的角度考虑，当资质过剩员工与资质不过剩的员工处于相同的工作岗位时，资质过剩的员工认为自己的人力资本投入成本更大。当他们感知到当前的工作收益与其投入不平衡——投入远超过工作收益时，且自身资质难以发挥，就会产生愤怒、不公平感和不满等消极情绪。为了缓解不公平感，削弱对工作的不满情绪，资质过剩员工可能会干预自身的主观能动性，减少工作投入，降低工作的努力程度，进而也会相应减少主动参与的组织公民行为。同时，基于人—职匹配理论、相对剥夺理论和公平理论，很多学者研究了资质过剩与组织公民的负相关关系。

另一方面，基于社会认知理论，资质过剩的个体更容易拥有高于普通员工的自我认知水平，比如在自我效能感方面，这有利于其表现出积极向上的工作行为（杨伟文等，2021）。同时，资质过剩的员工会触发角色外溢从而提高其角色效能，帮助其跳出大众思维，为组织公民行为创造效能优势。

此外，个体具备自我调节、自我控制、自我影响的内在动机和能力，个体调节是以缩小内外部的差距而实现（Bandura，1991），个体将以有效的自我调节资源为代价，去应对一切的负面体验。资质过剩的个体还可能通过不断地调整自身的认知、情感，通过寻求更多的角色外行为（如组织公民行为）和更具有挑战的任务来缩小"理想—现实"的差异。同时，资质过剩的个体知道自身有盈余的知识、经验、技能等，那么他们也将改变现状并从事更多的组织公民行为（如知识分享行为、创新行为等）来发挥自身的才能，这不仅提高了个体的价值感，也获得了组织的认同。

二、如何提升资质过剩者的组织公民行为

经过资质过剩对员工组织公民行为的影响还存在不一致的结论，但

管理者可以通过一定的措施降低资质过剩对员工组织公民行为的负向影响，甚至采用一定的方式提升员工的组织公民行为。

首先，为了减少员工的负面情绪，企业应该向员工传播良好的价值观念，这样即使当员工感知资质过剩时也能够及时调整自身的心理状态；另外，组建集体活动、定期对员工心理进行疏导也有一定作用，当管理者发现员工存在负面情绪时，管理者要及时发现员工的情绪变化，对其给予关心与关怀，从而减少员工的不满，削弱资质过剩对组织公民行为的负面影响。

其次，企业可以对员工的工作内容和工作丰富性进行调整。资质过剩是一种典型的人—职不匹配现象，员工认为自己的工作内容简单，自身的知识、经验、技能等没有完全发挥出来，所以企业可以根据员工的需求为其设置一些具有挑战性的工作，使员工所做的工作能够符合自身能力的大小。增加工作挑战性的方法有很多，包括缩短工作时限、布置难度大的工作等。同时，企业可以通过增加工作内容的多样性，减少员工工作上的无聊倦怠之感，那么当员工认为工作有意义、趣味性增加时，其资质过剩对组织公民行为的负面影响会相应减弱，员工也会出现一些有利于企业的主动行为。

另外，管理者还可以对员工授权，给予员工一定的资源，这对员工发挥自身的价值至关重要。员工感受资质过剩的原因包括自身的能力与价值没有完全发挥出来，消极情绪也会随之而来，那么当员工被授予一定的资源和权力来完成工作时，他们能够在原有基础上充分发挥自己的知识、能力与技能，其自我效能感也会得到满足，增加其组织公民行为的可能性。

除了上述措施，企业还可以采取一系列激励措施来帮助资质过剩员工。组织公民行为是企业所鼓励的，但是却不是企业所要求的行为，为了提升资质过剩者的组织公民行为，企业可以采取有效的激励措施对这样的员工进行激励。让资质过剩的员工施展自己的才能，提升自我效能感，使员工有更多的自信去完成工作任务，并在工作之外表现出更多的组织公民行为。

第三节　资质过剩与员工职场偏差行为

一、资质过剩正向影响员工职场偏差行为

职场偏差行为（deviant workplace behaviors）在组织中普遍存在，它是一种在员工身上发生的违反组织规范且会对组织或成员造成威胁的负面角色外行为，包括员工的暴力行为、侵犯行为和无礼行为等。伴随着科技的进步，职场偏差行为变得更加常态化和隐蔽化，其所带来的负面累积效应会给组织带来巨大经济损失。研究表明，资质过剩的员工在自尊受到威胁和工作受挫的情境下会做出更多指向主管和组织的偏差行为以恢复公平感（Liu et al.，2015）。也有学者指出，资质过剩引起的工作无聊感和不满会导致更多的指向组织、危害程度较小的反生产行为，而非指向他人或危害程度高的侵犯行为等（Fines & Edward，2017；赵李晶等，2019）。

综合现有研究，当前资质过剩对员工职场偏差行为的影响主要集中在资质过剩可能引起员工的网络闲逛行为、时间侵占行为、知识隐藏等方面。如赵李晶等（2019）基于资源保存理论的视角发现，资质过剩会导致员工做出更多时间侵占行为；情绪耗竭在资质过剩与员工时间侵占行为间发挥部分中介作用。员工宽恕调节了情绪耗竭的中介作用，在员工宽恕水平高的情况下，情绪耗竭的中介效应较弱。随着互联网和远程办公的兴起，关于资质过剩与网络闲逛行为关系的研究日渐增多。网络闲逛行为在工作场所很普遍，指员工在工作过程中从事与工作无关的上网或收发电子邮件。根据人—职匹配理论、公平理论、相对剥夺理论，资质过剩员工意识到自身的才能资质没有完全施展，在这种情况下会产生抑郁、不满甚至愤怒的消极情绪，如果资质过剩员工无法自己控制或是发泄情绪，那么在这种消极情绪的作用下员工可能会做出对企业不利的网络闲逛行为。如程等（Cheng et al.，2020）基于公平理论，证实了

资质过剩与网络闲逛行为正相关，和谐激情在此起到中介作用，成就需求调节了资质过剩对和谐激情的影响，也调节了资质过剩通过和谐激情对网络闲逛行为的间接影响。

二、如何减少资质过剩者的职场偏差行为

正如上文所述，资质过剩会通过提高员工的情绪耗竭水平使得员工做出更多的时间侵占行为，还会在降低员工和谐激情的前提下，促使员工采取网络闲逛等对组织不利的行为。因此，企业应该重视资质过剩给组织带来的负面影响。

首先，企业的管理者应该密切关注选择应聘者的招聘过程，从而选择那些最适合工作的人，而不是那些资质过剩的人。在招聘过程中，人力资源部门应为候选人提供详细的岗位职责和具体的工作内容，以便应聘者对职位有清晰、深入的了解。其次，员工入职后，管理者应努力实现人力资源的最佳配置，将下属安置在合适的岗位上，以防止资质过剩的发生。最后，管理者应密切关注员工心态的变化，当员工表现出超出职位所需的经验、技能和能力时，应迅速调整员工的职位。尤其是对于资历较高的员工，管理者可以实施提供挑战性任务、构建支持性工作环境、适当放权等措施。

此外，为减少员工网络闲逛行为，当出现消极情绪、员工工作激情降低时，应采取适当的干预措施。管理者应考虑下属情绪的变化并有针对性地帮助其维持积极情绪和工作激情，最大限度地防范资质过剩对情绪产生的不利影响。例如，改善领导者与成员之间的沟通，增加集体活动，以提高参与度和集体荣誉感。此外，高成就需要的员工在面对资质过剩的情况时，和谐型激情的下降幅度更大。因此，管理者通过职业培训和发展规划，根据员工的个人成就需要对员工进行适当的引导至关重要。这样，员工将能够调整自己的期望，并对自己的职业生涯保持积极的心态。企业也可以通过执行 EAP 对员工进行人性化的管理，帮助资质过剩员工更好地管理和控制自己的情绪，提高他们承受挫折的阈值；同时，积极营造宽恕的组织气氛，以免资质过剩

员工采取有损组织的报复性行为。

第四节 资质过剩与员工亲组织不道德行为

前三节在对大量文献进行归纳总结的基础上，列举了在大多数文献中出现频次较高的几个行为变量，分析了资质过剩感与这些行为变量的关系。本节将阐释资质过剩与员工亲组织不道德行为的关系。与前三个变量不同的是，资质过剩与员工亲组织不道德行为关系的研究较少，为了阐述两者的关系，本节还将进行实证研究设计与分析，以期揭示资质过剩对员工亲组织不道德的影响机制。

一、理论基础与研究假设

（一）直接效应分析

亲组织不道德行为指个体为了维护组织或其成员利益而做出的违背社会道德规范或习俗、法律以及正当行为规范的行为（Umphress & Bingham，2011）。研究表明，强化积极的自我概念，避免负面的自我形象是个体产生某种行为的一个根本性动机（Alicke & Sedikides，2009）。与一般员工相比，资质过剩感员工具有较高的自恋水平，因而对自我的评价更高。当个体感到资质过剩，即能力与工作不匹配时，其积极的自我形象就会受到阻碍，因为积极的自我形象来源于个体对其与工作相匹配能力的评估。因此，为了获得积极的自我形象以及组织中的成长机会，个体很有可能采用某种有违常规或不符合伦理规范的方式提高自己的工作效果。例如，乔丹等（Jordan et al.，2017）发现，为了在组织中获得和维护"膨胀"的自我评价，员工可能会诉诸亲组织不道德行为，并将此看成一种自我防御机制。基于此，本书认为资质过剩对员工的亲组织不道德行为有正向影响。

（二）心理特权的中介作用

前文指出，心理特权指个体感到有权获得优待和被豁免社会责任的稳定而普遍的主观信念或知觉，它影响着人们的一系列心理与行为（Campbell et al.，2004）。研究表明，心理特权能够提升个体追求自我服务目标的动机，但在实现目标的方式上期望"走捷径"，以此来获得较高的组织地位。如学者莱文（Levine，2005）研究得出心理特权高的个体认为自己应该拿到较高的奖金和薪酬，并可能会通过不恰当甚至非法的途径来达到该目标。尽管亲组织不道德行为反映了个体努力实现组织目标的行为，但此时组织目标与个人目标很可能是一致的。因此，个体为了达到较高的组织地位，维持"膨胀"的自我感觉，容易做出亲组织不道德行为。因此，本书认为心理特权在资质过剩感与员工的亲组织不道德行为之间起到中介作用。

（三）谦卑型领导的调节作用

谦卑型领导指领导者通过欣赏和认可他人的优点与贡献、坦诚对待自身缺点和过失、谦虚学习等一系列行为来与下属共同发展（Owens & Hekman，2012）。相比低谦卑型领导，高谦卑型领导对他人客观的评价、低度的自我中心以及"谦卑"的自我评价能够影响资质过剩感员工的自我评价，使其更能客观地看待自己。同时，个体如何评价他人，便会以什么样的方式对待他人，即个体的评价决定其态度进而影响行为。因此，个体对高谦卑型领导的感知和评价可能会使其感觉谦卑是一种团队行为规范，领导越谦卑，越能给个体带来示范效应，进而影响其"膨胀"的自我感觉，降低心理特权；此外，高谦卑型领导能够站在一个较为宽广的视角对资质过剩感员工进行考察，认可员工的资质，而领导的这种认可能够降低员工的被剥夺感和不公平感（Alfes et al.，2016），从而降低其心理特权感。相反，领导的不谦卑甚至傲慢更容易使员工感知到不平等的对待，导致下属的贪婪行为并由此产生较高水平的特权感（Jordan et al.，2017）。基于此，本书认为谦卑型领导在资质过剩感与心理特权的关系中起负向调节作用，领导的谦卑性越高，资质过剩感对心理特权的影响越弱，反之越强。同时，谦卑型领导负向调节资质过剩感与亲组织不道德行为通过心理特权的间接关系。具体而言，领导越谦卑，这一间接关系越弱。

二、实证研究设计

（一）样本和调查过程

本研究以唐山和武汉地区的 5 家房地产企业、1 家机械制造企业和 1 家铁路集团公司的工作团队为研究样本。这些团队的规模为 3~6 人（包含团队领导），平均值为 4.2 人。分别在两个时间点发放了两种不同版本的问卷。第一次问卷，参与调查的员工回答了有关资质过剩感、谦卑型领导的信息。一个月后，发放了第二次调查问卷，员工们回答了关于心理特权、亲组织不道德行为的信息。共发放问卷 500 份，在剔除了不合格的问卷后，最终回收 96 个团队 401 份两次成功匹配的问卷。其中，绝大多数员工年龄在 21~40 岁，占 89.8%，平均年龄 31.81 岁（SD = 6.40 岁）；男性 176 名，占 43.7%；学历以本科学历为主（占 53.56%），在现公司任职的平均年限为 8.25 年（SD = 6.51 岁）。

（二）数据测量

研究均采用已有文献使用过并获得学者们认可的变量测量量表，采用"翻译—回译"程序，最大限度地保证测评量表理解的有效性。量表均采用李克特 7 点计分，从"1"到"7"分别表示对所描述情形符合程度由低到高。

资质过剩感采用 Johnson 和 Johnson's（1997）的 4 项目量表，测量条目如"我的能力高于工作所要求的，即在这个岗位上我是能力过剩的"。心理特权采用卡贝尔等（Campbell et al.，2004）发展的 9 项目量表，测量条目如"事情应该按照我希望的方式发展"；谦卑型领导采用欧文斯、约翰逊和米切尔（Owens，Johnson & Mitchell，2013）开发的 9 项目量表，测量条目如"我的领导经常赞美别人的长处"；亲组织不道德行为采用乌姆弗雷斯、宾格哈姆和米切尔（Umphress，Bingham & Mitchell，2010）开发并在中国组织情境中修订和广泛使用、具有良好信效度的 6 项目量表（林英晖、程垦，2016；张桂平，2016），示例条目如"如果这么做对我的组织有帮助，我会对外隐瞒组织的负面信息"。上述量表的内部一致性信度均达到统计要求（见表 6 - 2）。根据已有文献，本研究选取性别、年龄、学历、工作年限等工作特征变量作为控制变量（Matherne & Litchfield，2012）。

（三）数据分析方法

采用 SPSS 21.0 和 Mplus 7.0 等软件对数据进行统计分析。由于谦卑型领导来自个体层次感知到的领导谦卑程度的聚合，因此，需要通过组内一致性和组间相关性分析来检验聚合的可行性（Chan，1998）。计算得出谦卑型领导的组内一致性指标 rwg 的平均值为 0.78，高于 0.70 的阈值，组内相关系数 ICC1 和 ICC2 分别为 0.20、0.703，均高于 0.12 和 0.70 的阈值（James et al.，1993），表明研究满足聚合数据要求。

三、实证研究结果

（一）验证性因子分析与描述性因子分析

对测量变量进行验证性因子分析，结果如表 6 - 1 所示。可以看出，4 因子模型明显优于其他备选模型并达到学界认可标准，研究中全部因子的因素载荷也较为显著。此外，采用 Harman 单因子检验法对变量的共同方法偏差进行检验，数据结果显示在被析出的 4 个因子中，最大因子的方差解释率为 26.51%，并未达到总解释量（67.51%）的一半，由此说明本研究没有严重的共同方法偏差问题。

表 6 – 1 验证性因子分析结果

模型	因子	χ^2	df	χ^2/df	RMSEA	NFI	RFI	IFI	CFI
基本模型	四因子 （POQ，PE，UPB，HL）	803.99	224	3.59	0.080	0.92	0.91	0.94	0.94
备选模型 1	三因子 （POQ + PE，UPB，HL）	1565.22	227	6.90	0.107	0.88	0.87	0.90	0.90
备选模型 2	二因子 （POQ + PE，UPB + HL）	3205.91	229	14.00	0.180	0.77	0.75	0.79	0.79
备选模型 3	二因子 （POQ + UPB，PE + HL）	2461.51	229	10.75	0.162	0.76	0.73	0.77	0.77
备选模型 4	单因子 （POQ + PE + UPB + HL）	4839.41	230	21.04	0.224	0.64	0.60	0.65	0.65

注：POQ 表示资质过剩感；PE 表示心理特权；UPB 表示亲组织不道德行为；HL 表示谦卑型领导。

表 6 – 2 显示资质过剩感分别与心理特权和亲组织不道德行为显著正相关（ r = 0.18 ，p < 0.01 ；r = 0.35 ，p < 0.01 ），心理特权与亲组织不道德行为显著正相关（ r = 0.25 ，p < 0.01 ）。这为本研究假设检验提供了初步支持。

表 6 – 2 描述性统计分析结果

变量	M	SD	1	2	3	4	5	6	7	8
1. 性别	0.54	0.51	—	—	—	—	—	—	—	—
2. 年龄	31.81	6.40	0.03	—	—	—	—	—	—	—
3. 学历	1.55	0.66	– 0.12*	– 0.06	—	—	—	—	—	—
4. 年限	8.25	6.51	0.08	0.55**	– 0.13**	—	—	—	—	—
5. 资质过剩感	3.90	1.23	0.08	– 0.01	0.06	– 0.01	(0.78)	—	—	—
6. 心理特权	3.973	1.66	0.04	0.06	– 0.12*	– 0.01	0.18**	(0.94)	—	—
7. 亲组织不道德行为	2.99	1.23	0.12*	0.05	0.01	0.02	0.35**	0.25**	(0.88)	—
8. 谦卑型领导	5.38	1.00	—	—	—	—	—	—	—	(0.94)

注：N = 401 ，** 表示 p < 0.01 ，* 表示 p < 0.05 ；括号中的数据为该量表 Cronbach'α 系数。在性别中，男性取值为 1 ，女性取值为 0 ；在学历中，1 为大专或以下，2 为本科，3 为硕士，4 为博士。

（二）关系分析

通过表6-3可知，加入控制变量后，资质过剩感对心理特权起着显著的正向促进作用（β=0.16，p<0.01）；同时，资质过剩感对亲组织不道德行为的直接促进作用显著（β=0.30，p<0.01）。在控制了心理特权之后，资质过剩感与亲组织不道德行为之间的正向关系虽然显著，但水平下降（β=0.27，p<0.01），说明心理特权在员工资质过剩感与亲组织不道德行为的关系中起部分中介作用。

表6-3　　　　　　　　　　　层次回归分析结果

变量	心理特权		亲组织不道德行为		
	M1	M2	M3	M4	M5
性别	0.16	0.14	0.29**	0.24**	0.23*
年龄	0.01	0.01	0.01	0.01	0.01
学历	−0.10	−0.10	0.03	0.02	0.03
年限	−0.01	−0.01	0.01	0.004	0.01
资质过剩感	—	0.16**	—	0.30**	0.27**
心理特权	—	—	—	—	0.10*
ΔR^2	0.012	0.04	0.03	0.12	0.13
调整 R^2	0.002	0.03	0.02	0.10	0.11
F值	1.22	3.04**	3.11**	10.17**	9.24**

注：**p<0.01，*p<0.05。

为检验谦卑型领导的调节作用，本研究参考爱德华兹和拉姆贝特（Edwards & Lambert，2007）的方法，并利用Mplus 7.0采取bootstrap法，在模型中添加新参数，即分别高于和低于斜率SD一个谦卑型领导的标准差进行检验。表6-4显示，第一阶段的效应为−0.13，置信区间为（−0.185，−0.024），不包含0，说明资质过剩感员工在面对高谦卑型领导时会降低心理特权。

表6-4　　　　　　　　　　　　调节效应分析结果

变量	调节效应			
	资质过剩→心理特权		资质过剩→心理特权→亲组织不道德行为	
	点估计值	置信区间（95%）	点估计值	置信区间（95%）
高谦卑型领导	0.11	（0.014，0.302）	0.01	（-0.014，0.027）
低谦卑型领导	0.24	（0.027，0.449）	0.02	（0.008，0.051）
差异	-0.13	（-0.185，-0.024）	-0.01	（-0.003，0.161）

从图6-1可以看出，领导越谦卑，资质过剩对心理特权的影响越弱。而在资质过剩→心理特权→亲组织不道德行为的间接路径中，谦卑型领导高、低两组表现出的差异为-0.01，置信区间为（-0.003，0.161），包含0，因此谦卑型领导负向调节资质过剩感与亲组织不道德行为通过心理特权的间接关系不成立。

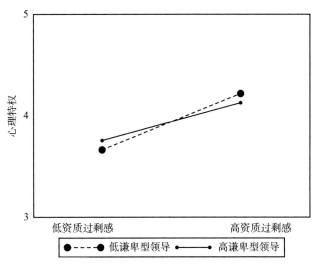

图6-1　资质过剩感员工在不同水平谦卑型领导时的心理特权感差异

四、研究结论讨论与应用

首先，资质过剩感对亲组织不道德行为具有显著的影响效应，这一结论拓展了资质过剩感影响效果的研究。早期学者们对资质过剩感的研究主要包括资质过剩感所带来的消极影响；但近来的一些实证研究表明，资质过剩感员工可能通过工作重塑、组织支持等产生一些积极的行为，如角色内和角色外绩效、创新行为等。亲组织不道德行为既体现了员工"对组织有利"的一面，又反映了其行为的消极方面——不道德性。因此，本研究从自我评价理论视角拓展了资质过剩感影响效果的研究。

其次，心理特权在资质过剩感与亲组织不道德行为的关系间起到中介作用。这一结果部分支持了李等（Lee et al.，2017）的研究，高心理特权能够显著影响个体的亲组织不道德行为，本研究拓展了这一研究的影响机制。即资质过剩感的员工为了维持和保护自己的"高资质"和"良好形象"，可能会产生较高的心理特权进而做出亲组织不道德行为。本研究在一定程度上填补了资质过剩感与员工亲组织不道德行为的理论间隙，提出并证实了心理特权的中介作用。

最后，研究得出谦卑型领导负向调节资质过剩感与心理特权之间的关系。有研究指出，谦卑型领导能够给予下属展示自我价值的机会，下属也可以从领导的肯定和欣赏中接收到更多有助于强化其自我评价的积极信息，因此，有可能维持和强化自我概念（唐汉瑛等，2015）。但对于具有资质过剩感的员工来说，其心理特权感一方面来源于较高的自我评价，另一方面来源于其感知的资质——职位不匹配带来的被剥夺感和不公平感。员工的资质得到认可和肯定能够显著影响其资质过剩感知，降低被剥夺感和不公平感，从而降低其心理特权感。

研究没有得出谦卑型领导对资质过剩感通过心理特权影响亲组织不道德行为的调节作用。意味着当资质过剩感员工产生了较高的心理特权后，谦卑型领导在降低员工亲组织不道德行为方面是有限的。埃费尔斯贝格等（Effelsberg et al.，2014）在研究中也发现，变革型领导与亲组织不道德行为正相关，并呼吁学者关注领导方式对员工道德层面的影响作用，而谦卑型领导在授权、关注和促进员工发展方面与变革型领导类似（Morris et al.，2005）。此外，心理特权对亲组织不道德行为的影响也受到多种情境因素和个体态度的影响，这些因素也会对调节作用产生影响，限于篇幅和研究条件的限制，并未在研究中作出分析，有待于未来进一步的探索。

首先，管理者应该警惕亲组织不道德行为产生的原因及负面影响，虽然短期内亲组织不道德行为可能会带来一些利益，但在长期会影响组织的声誉甚至带来较大风险。其次，管理者应分析资质过剩是员工真实的感知还是一种"自我膨胀"，一方面要充分尊重员工可能具有的高资质，另一方面要引导员工进行正确的自我评价，避免其产生较高的心理特权。最后，领导正确的自我评价，特别是谦卑型领导能够给员工带来一种示范效应，进而降低资质过剩感员工"膨胀"的自我感觉，但谦卑型领导在通过调节员工的心理特权进而影响其亲组织不道德行为的作用是有限的，管理者还应结合其他方式抑制资质过剩感员工的亲组织不道德行为，如构建有道德、公平的企业文化，引导资质过剩感员工进行正确的工作重塑等。

第七章

资质过剩与辱虐管理感知

目前有关资质过剩研究的文献中，大家普遍认为领导对资质过剩员工的态度是密切关注并希望留住资质过剩的员工（Erdogan et al.，2020），但是有一个重要的可能性是，资质过剩员工对于领导管理风格的感知可能和没有资质过剩员工的感知不同。哈维等（Harvey et al.，2015）认为，在理论上，员工可能对领导是否存在辱虐管理有不同的看法。基于自我评价理论和社会比较理论，本研究开发了一个理论模型，解释了为什么以及在什么条件下可能影响资质过剩感员工对辱虐管理的感知，以及如何间接影响两个工作场所偏差行为：知识隐藏和网络怠工。

第一节　资质过剩与辱虐管理感知概述

自我评价理论（Taylor et al.，1995）认为，自我评价与个体的自我概念密切相关，它是对一个人的能力、状态和发展趋势的评价性认识（褚福磊和王蕊，2019）。先前的文献表明，那些认为自己资质过剩的员工通常认为自己有超出工作所要求的能力，具有积极的自我评价（Ma et al.，2020；Zhang et al.，2016），他们认为自己比其他人拥有更突出的能力（Hu et al.，2015）。尽管有研究显示，自我评价往往会偏向于积极的方向（Dunning，2005），即当人们被要求评估自己的能力时，她们提供的评估往往是比较自私的（Dunning et al.，1989），也就是说，大多数人认为他们的能力水平很高，并期望能够在任务中取得成功（Brown，

1990)。与此同时，哈利德等（Khalid et al.，2019）的研究表明，较高的自我评价在对于权利的期望上有重要的推动作用，也就是具有较高自我评价的人会认为自己应该比别人得到更多。而当心理特权产生后，其对于领导管理方式的看法也会发生变化。哈维等（2014）的一项研究指出，高心理特权的员工会对领导的辱虐管理风格更加的敏感，由于高心理特权员工具有较高的自我敏感性，从而会表现出较强的"对批评的敏感和对排斥的恐惧"（Schoenleber et al.，2011），因此他们可能会将领导不具备辱虐性质的管理视为辱虐管理（Harvey et al.，2014）。例如，正常的员工可能将领导的负面反馈认为是建设性的批评，而高心理特权的员工可能会将同样的行为视为对自己的辱虐。而员工对于辱虐管理感知的水平会使员工决定如何应对他们的资质过剩的感觉，从而促使他们进行异常报复的行为（Mitchell & Ambrose，2007），本研究主要关注的是知识隐藏和网络怠工。

此外，本研究也探索了相关的调节变量来调节资质过剩员工的心理及行为。基于自我评价理论和社会比较理论，他人对自己的反馈会影响其自我评价（Taylor et al.，1995），在自我评价过程中，个体会考虑到自己和相关同龄人的关系（Zell et al.，2020）。因此，通过考察同事资质过剩这一调节变量来观察资质过剩感员工相应的行为变化。综上所述，基于自我评价理论和社会比较理论，以资质过剩感为自变量，心理特权和感知辱虐管理作为链式中介变量，并以同事资质过剩作为调节变量，深入分析资质过剩感员工对辱虐管理风格感知的作用机制及影响结果，以期降低资质过剩感员工的心理特权，同时，为企业整体绩效的提高提供一些理论参考以及管理的途径。

第二节　资质过剩与辱虐管理感知关系分析

一、资质过剩与心理特权

心理特权是一种感到有权利获得优待、被豁免社会责任的稳定而普遍的主观信念或知觉（Campbell et al.，2004），特权是一种独特和特殊的感知，它反映了个人期望如何被他人对待（Neville & Fisk，2019），根据这一观点，斯诺等（Snow et al.，2001）将心理特权描述为，相对于同龄人，他们更喜欢在社会中获得特殊的待遇。由此，基于自我评价理论，资质过剩感与积极的自我评价密切相关，即资质过剩员工可能会将资质过剩视为特殊性和独特性，从而引发对特权的感知。具体来说，资质过剩感员工认为他们的工作经验、技能和能力比岗位的多（Erdogan & Bauer，2009；Maynard et al.，2006），这些过剩的资质可以帮助他们更加有效地完成工作，提高他们克服困难、实现目标并为组织作出贡献的能力（Erdogan & Bauer，2009；Hu et al.，2015；Ma et al.，2020）。因此，考虑到他们拥有的资质和他们对组织的潜在贡献，资质过剩感员工认为自己可以获得较高认可和更多的尊重（Deng et al.，2018；Ma et al.，2020）。所有这些心理都使得资质过剩感员工有更高甚至是夸大的自我评价。研究表明，高水平的自我评价会导致心理特权的产生（Harvey & Dasborough，2015）。此外，之前的研究已经从"比较的角度"证实了资质过剩感的负面影响，因为资质过剩感员工认为他们受到了不公平的对待。例如，公平理论和相对剥夺理论的研究重点在于个人与其他社会团体之间的人际比较（杨伟文和李超平，2021）。个人—环境匹配理论强调将个人的资格与要求进行比较。与相关的参考标准相比，资质过剩感员工认为他们是处于不平等的情况值得特殊对待（Cheng et al.，2020）。现有的研究表明，当人们感知到自己受到虐待或冤枉时，他们会有产生心理特权。更普遍的是说，当员工认为他们提供的比组织提供给他们的更多时，心理特权可能会出现。因此，资质过剩感员工在工作场所会有很高的心理特权感。更普遍的是，当员工认为他们给予的比组织提供给他们的回报更多时，心理特权就会出现（Yam et al.，2017）。综上所述，本研究认为，资质过剩感员工更有可能产生心理特权。因此，提出以下假设：

H7-1：资质过剩感对心理特权的产生有显著的正向影响。

二、心理特权的中介作用

由于对心理特权的高度感知，本研究认为资质过剩感员工对领导的辱虐管理更加敏感，即容易将领导的行为视为辱虐。辱虐管理是员工感知到的上级主管持续表现出的除肢体接触外的语言或非语言敌意行为（Tepper et al.，2000）。辱虐管理的例子包括嘲笑、公开场合批评、大声发脾气、粗鲁对待、强迫下属、不理睬、施加额外的任务和责骂（Tepper，2000；Zellars et al.，2002）。根据自我评价理论（Taylor et al.，1995）和辱虐管理的理论框架（Harvey et al.，2014；Tepper，2000），在自我增强的视角下，资质过剩感员工可能通过心理特权产生对辱虐管理的感知。现有的研究表明，下属对于辱虐管理的评价也是一种感知，不同的下属可能对同一领导有不同的评价（Harvey et al.，2014；Tepper，2000）。因此，员工对于他们的领导是否有辱虐行为有不同的看法。

自我评价理论认为，当人们被要求评价自己的能力时，她们提供的评价往往是自私的（Dunning et al.，1989），特别是具有高心理特权的人（Harvey & Martinko，2009）。拥有高度自我评价的人会将个人的成功归功于能力而不是外界因素，他们对自己的能力有高度的自信，甚至会高估自己对团队作出的贡献。由此可以推断出高心理特权的资质过剩感员工可能会认为他们应该获得更多的资源和结果（Harvey & Martinko，2009；Maynard et al.，2015）。然而在现实中，资质过剩员工在晋升和资源方面并没有获得自己想要的回报，比如薪酬、福利、晋升等（Erdogan et al.，2020；Ma & Zhang，2022），因此心理特权高的资质过剩员工很容易认为自己受到辱虐。先前的研究表明，当员工没有达到期望和奖励时，他们的领导将受到指责（Harvey et al.，2014）。此外，当资质过剩感的心理特权员工对其夸大期望感到不满意时，会导致领导—成员关系质量差和互惠赤字（Harvey et al.，2014），这是员工认为领导辱虐的重要因素（Martinko et al.，2011）。

同时，心理特权高的员工本身有一种普遍认为自己受到不公平待遇的心态（Harvey et al.，2014），所以当他们预期的公平没有实现时，他们会倾向于寻找指责的对象来缓解自己的不公平感而此时作为公平的主要施加人—领导，就成了被指责的对象。同时，心理特权的另一个重要特征是反射性地拒绝负面反馈以及对自己的质疑来保护自我感知（Campbell et al.，2004；Snow et al.，2001），因此心理特权高的员工倾向于将理想的结果归因于自身，将威胁到自己评价的负面结果转移到外部，他们潜意识中用这种机制来维持夸大的自我感知，从而在内心维持高的自我评价（Harvey et al.，2014）。因此，当资质过剩员工没有受到上司的夸赞时，他们会认为上司是说谎，没有给予他们应得的赞扬和奖励（Khalid et al.，2020），他们会认为他们的领导比那些提供客观奖励和赞扬的人更加对自己辱虐管理。

由此本研究认为，资质过剩感员工进入组织环境后，考虑到他们拥有的资质和他们对组织的潜在贡献，资质过剩感员工认为自己可以获得较高认可和更多的尊重，从而形成较高的自我评价，由此会产生较高的心理特权。心理特权高的员工拥有自私的归因风格以及较高的自我敏感性（Harvey & Martinko，2011），他们对辱虐行为更加敏感（Burton & Hoobler，2011），比起资质与岗位比较匹配的员工他们更可能将领导的某些行为认定为对自己的辱虐。综上所述，本研究提出如下假设：

H7-2：心理特权在资质过剩感和感知辱虐管理之间起到中介作用。

三、行为结果

本研究将探讨具有高心理特权的资质过剩员工感知到辱虐管理后，会带来的"报复行为"。心理特权本身由于较高的自我敏感性更加容易将领导的行为认定为辱虐（Harvey & Martinko，2011），因此会比其他员工进行更多有意的报复。因为当他们做出异常的工作行为时，可以减轻他们因认为自己被辱虐管理所带来的压力和负面情绪（Fox & Spector，2006）。以往的研究发现，认为自己被辱虐的员工可能会对领导以外的组织成员做出发泄沮丧的异常行为，因为这既使得员工缓解负面情绪，又不会遭到领导的报复（Mitchell & Ambrose，2007）。同时，他们还可能进行那些损害领导绩效的行为（Duffy et al.，2002）。因此选取知识隐藏和网络怠工,去探索资质过剩感员工认为领导对自己实行辱虐管理后所带来的异常工作行为。

(一) 知识隐藏

知识隐藏是指组织中的知识拥有者在面对同事的知识询问时,采取故意隐瞒等行为 (Connelly et al.,2012)。研究发现约有 40% 的员工故意拒绝同事知识获取的要求 (Peng,2013)。据弗勒 (Fuller) 的研究,76% 的美国员工彼此隐瞒知识。知识隐藏强调知识的所有者主观上故意的隐藏知识。现有的研究发现,知识隐藏会阻碍新想法的产生,这对请求知识的人和隐藏知识的人的创造力都有消极影响 (Evans et al.,2015)。此外知识隐藏也会对组织的创新绩效有负面影响 (Rhee & Choi,2017)。迄今为止,学者们研究了知识隐藏的不同因素,如不信任、工作不安全感、时间压力、心理所有权、知识复杂性 (Connelly et al.,2012;Peng,2013;Škerlavaj et al.,2018;Serenko & Bontis,2016)。然而,一些研究表明,在知识隐藏前因的研究中,个体的倾向被忽视了 (Khalid et al.,2019)。在资质过剩的情况下,员工的知识隐藏更多是有意的,而不是其本身缺乏知识。正如前面的分析,当高心理特权的资质过剩员工得到了批评而不是领导赞赏时,这会让他们感到威胁到自我评价;当他们没有达到期望和奖励时,他们会产生被辱虐管理的感知 (Harvey et al.,2014)。这种挫败感和剥夺感会导致他们采取报复行为 (Ambrose et al.,2002;Harvey et al.,2014;Harvey & Harris,2010;Mitchell & Ambrose,2007;Liu & Wang,2012)。而与报复领导相比,报复同事的难度更小 (Ma & Zhang,2022),因此,资质过剩员工倾向于对他们的同事做出报复行为。现有研究表明,当员工经历挫折或出现负面情绪时,他们会倾向于进行知识隐藏行为 (Khalid et al.,2019;Li et al.,2022;Ma & Zhang,2022)。同时,基于替代侵犯理论 (displaced aggression theory),当员工认为自己没有被领导者好好对待时,他们可能会知识隐藏 (Mitchell & Ambrose,2007)。王等 (Wang et al.,2019) 基于 DAT 理论,证实员工更可能对彼此有破坏性行为,而不是他们的领导者。这主要是由于领导者对员工的奖励和晋升有权力。因此,提出以下假设：

H7-3a：资质过剩感通过心理特权和感知辱虐管理正向影响知识隐藏。

（二）网络怠工

网络怠工是指员工在工作时间内故意使用互联网进行与工作无关的活动（Lim，2002）。网络怠工被认为是一种反生产行为，在工作时间处于个人目的利用网络（Askew et al.，2014）如浏览新闻网站、玩游戏、在线购物、与朋友互动以及发送私人电子邮件（Aghaz & Sheikh，2016；Lim，2002）。随着信息技术的进步和互联网的普及，员工在工作中更频繁地使用手机、电脑和其他电子产品。现有的研究也密切关注网络怠工会对组织和员工产生负面影响，如减少工作敬业度（O'Neill et al.，2014）造成组织生产力损失和成本增加（Andel et al.，2019），导致心理压力和威胁心理健康（Sonnentag et al.，2018；Wu et al.，2020）以及潜在安全风险（Hu et al.，2015）。

虽然没有较多直接探索辱虐管理和网络怠工的研究，但是可以从相关的研究中来侧面窥探辱虐管理和网络怠工之间可能存在的关系。以往的研究表明，辱虐管理与员工的工作投入负相关（Lyu et al.，2016）。同样，领导的辱虐管理是员工减少其组织公民行为并产生反生产行为的主要原因，感知辱虐管理员工的工作热情会因辱虐管理而消退，从而影响他们对组织的贡献。辱虐管理还会通过工作场所排斥的中介作用对员工的工作拖延行为有显著的正向影响（He et al.，2021）。由于网络怠工的主要特征是普遍性、隐蔽性和危害性（Cheng et al.，2020），那么对于资质过剩员工来说，网络怠工是一个隐蔽的报复手段。网络怠工作为反生产行为的逻辑类似于知识隐藏，但其是针对组织而不是针对同事。研究发现，感知辱虐管理的员工倾向于采用秘密和间接的行为来报复他们的领导，这些行为可能不会被发现或识别，以便不让自己受到惩罚，也避免敌意升级（Tepper et al.，2007）。比如：网络怠工。当资质过剩员工感到不公平时，他们容易转向个人资源来处理辱虐管理（Cheng et al.，2020）。例如他们可能会减少投入工作的时间和资源，来进行工作场所偏差行为（Skarlicki & Folger, 1997）。基于以上讨论，本研究认为，资质过剩员工会通过网络怠工来减少工作的投入，作为自己报复遭受辱虐管理的方式。由此提出假设：

H7-3b：资质过剩感通过心理特权和感知辱虐管理正向影响网络怠工。

四、同事资质过剩的调节作用

自我评价的理论背景表明，自我评价主要是通过自己与他人对比的过程进行自我评价（Brown, 1986）。社会比较理论也表明，个人认为他的地位与相关同事相关，特别是在自我评价中缺乏客观定义的特征（Festinger, 1954; Suls & Wheeler, 2017; Zell et al., 2020）。因此，一些学者认为，社会比较是自我评价的基础（Eisert & Kahle, 1982）。考虑到资质过剩，研究表明，同龄人塑造了员工对自身资质状况的反应（Hu et al., 2015）。因此，资质过剩的员工对心理特权、辱虐管理和相应的行为结果的感知取决于他们自己的资质是否与同龄人不同。同事资质过剩指的是焦点员工认为他们的同事也拥有超出工作要求的资质（Hu et al., 2015）。根据社会比较理论（Festinger, 1954）和自我评价理论（Taylor et al., 1995），个人自我概念的形成受"参照系"的影响，当个体根据不同的参照系或比较标准评价自己，相同的客观特征可以导致不同的自我概念（Marsh, 1984）。一方面，与工作要求相比，资质过剩的员工可能会觉得自己有更多的能力和水平，这可能导致员工感到自己的特殊，从而引发员工在社会环境中想要得到特殊或独特的待遇（心理权利）。另一方面，资质过剩的员工也倾向于将自己与工作场所的同龄人进行比较，这种比较结果可能会影响员工的感受和随后的反应（Alfes, 2013）。当员工与资质也过高的同龄人进行比较时，不太可能出现对心理特权的感知，因为员工所处的情况与同龄人所经历的情况相似（Hu et al., 2015）。穆斯韦勒和斯特拉克（Mussweiler & Strack, 2000）也发现，自我评价在本质上是比较的，比较可以改变个人的自我感知和自我评价。也就是说，与类似的人（如资质过剩的同龄人）进行比较的个人可能会增加自我认识和修改他们的自我评价（Mussweiler，2003），认为他们的资质过剩是合法的和规范的，而不是优越的和独特的（Erdogan et al.，2011；Shultz et al.，2011），因此他们不太可能产生对心理特权的感知。同时，当资质过剩感员工与同样资质过剩的同事一起工作时，他们会提高对这份工作的认可，认为自己的工作有价值有意义，会感到自己是精英群体的一部分，而不会感觉到自己的不同与剥夺（Hu et al.，2015）。此外，当拥有资质过剩感的员工感知到自己的同事的资质水平总体上较高并且比自己更高时，他们会进行一个上行比较，发现差距，提升自己，是他们此时的主要认知路径。在自我提升的动机下，处于向上比较的个体会对自身的绩效有更高的要求，从而保持自己内心想要的与"参考系"的一致性，因此其不会产生夸大的自我评价，不会认为自己是独特的，应享有特权的。

过去的研究表明，资质过剩感员工会感到被剥夺和不公平（Cheng et al.，2020；Feldman et al.，2002）。然而一项研究表明，当与其工作的同事也拥有超出岗位要求的资质时，资质过剩员工的剥夺感会减少，从而进一步减少他们对不公平待遇的感知（心理权利的一个重要来源），感知更大的任务意义和群体融入，并最终导致高水平的表现（Hu et al.，2015）。由此提出了以下假设：

H7-4：同事资质过剩在资质过剩感与心理特权的关系中起到负向调节作用，即同事资质过剩越高，资质过剩感对心理特权的正向关系越弱。

基于上述理论论证和假设，预测当同事资质过剩较高时，资质过剩员工通过比较，会感知到较低水平的心理特权，进而会减少对辱虐管理的感知。随着他们对辱虐管理感知的减少，会使员工和领导免受其后续的报复性行为，包括知识隐藏和网络怠工。因此，假设了一个被调节的链式中介：

H7-5：同事资质过剩通过心理特权和感知辱虐管理负向影响资质过剩感和（a）知识隐藏及（b）网络怠工之间的关系，即同事资质过剩越高，这一间接关系越弱。

基于上述分析，本研究在文献梳理的基础上提出以下研究模型（见图7-1）。

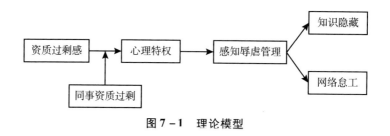

图 7-1　理论模型

第三节　资质过剩与辱虐管理感知实证研究

为了让研究结果能够更好地反映客观的事实，在问卷设计之前，对资质过剩感、心理特权、辱虐管理、知识隐藏、网络怠工及同事资质过剩的国内外文献进行了大量阅读，通过阅读搜集具有良好信效度且被多次使用的量表，最终选定与本研究最为接近变量内涵的量表来测量。在发放问卷时，承诺作为学术用途，且匿名作答，从而保证数据的准确性。其次为了尽可能地降低共同方法偏差，使用三阶段收集数据。

一、资质过剩与辱虐管理感知实证研究设计

（一）样本和调查过程

通过 Credamo 招募了在不同行业（如金融、汽车、制造业、房地产、零售、教育和卫生服务）工作的参与者。为了确保数据质量，将参与者限制在那些在 Credamo 接受的所有任务中获得高批准率（90%）的员工。通过 Credamo 完成第一次调查后，将目标参与者导入在线样本池，进行定位并推动跟踪，并参与完成滞后调查。参与者在每次调查结束时都会获得金钱奖励。此外，所有参与者都是成年人，他们与直接领导互动超过 6 个月。本节进行了三次调查设计，参考张（Zhang, 2016）的研究，每次间隔 15 天。选择 15 天的时间间隔，以便数据收集减少启动效应，同时又足够短，使得前因对以后的结果产生影响。在时间点 1 中，参与者被要求对资质过剩感和人口统计信息进行评分，为了匹配后续数据，本书用

参与者的手机尾号作为匹配点。Time 2 的调查，要求参与者对他们的心理特权、同事资质过剩和对辱虐管理的感知进行评分。Time 3 的调查要求参与者提供知识隐藏和网络怠工频率的自评报告。由此，在 Time 1 时从 550 份问卷中收集了 500 份有效问卷，回复率为 90.90%。在 Time 2 的调查中，向 500 名有效完成了第一份问卷的员工发放了问卷，481 名参与者提供了可用的数据（回复率为 96.20%）。481 人被邀请参加 Time 3 的调查，460 名参与者提供了可用的数据。最终的样本为 460 名参与者，整体有效回报率为 83.63%。在受访者中，男性占 55.2%，女性占 44.8%；93.2% 的拥有学士及以上学历。受访者的平均年龄和组织任期（按年）分别为 29.45 岁和 4.96 年。受访者多在软件和信息技术服务行业工作（44.10%），其余则在多个行业工作，包括金融和银行（17.40%）、教育、卫生和社会工作（16.7%）、科研和技术服务行业（10.2%）等（11.6%）。

（二）数据测量

研究采用的所有量表都是经过验证并有较好信度的成熟量表。本次调查使用的是国际通用的 Likert 5 点法进行计分，在问卷前附有对数字含义的解释说明，告知答题者 1 表明对题项"非常不同意"，5 表明对题项"非常同意"。

资质过剩感。采用梅纳德等（2006）开发的 9 项量表。一个例题是"我工作所需的学历低于我目前的学历。"此量表在信度和效度上都表现出较好的结果，因此得到了很多学者的认可和使用。

心理特权。采用亚姆（Yam et al.，2017）开发和验证的 4 项量表报告了他们的心理特权，该量表改编自卡贝尔等（Campbell et al.，2004）的量表。一个例子是"我就应该得到最好的回报"。

辱虐管理。使用马丁柯等（Martinko et al.，2011）研究中使用的特帕（Tepper，2000）的六项量表来评估辱虐管理感知。其中一个例子是"我的老板对我很粗鲁"。Cronbachα 为 0.82。

知识隐藏。采用康奈利等（Connelly et al.，2012）开发的三维度量表，共有 12 个题项，每个维度分别有 4 个题项，其中的一个题项是"当同事问我知识时，我假装不知道他/她在说什么"。

网络怠工。网络怠工是使用林（Lim，2002）的 11 项量表来测量的。其中一个样本项目是"在工作时间浏览与娱乐相关的网页"。

同事资质过剩。以往的研究发现，焦点员工对同事资质过剩的评分与同事资质过剩的平均得分呈正相关，表明资质过剩感员工可以感知到其同事所经历的资质过剩（Hu et al.，2015）。张等（2022）采用该设计，根据 Johnson 和 Johnson's（1996）的量表（即将"我"改为"我的同事"），对同事资质过剩进行评价，用来衡量同事资质过剩。根据该方法，采用了梅纳德等（2006）开发的 9 项量表来衡量同事资质过剩。其中一个样本项目是"这份工作所要求的学历低于我的同事现在的学历"。

控制变量：人口统计学数据可以影响模型。因此，控制了参与答题者的性别、年龄、受教育程度和工作年限。此外，控制了集体主义，因为所有的样本都来自中国，而且个人的文化价值观可能会扭曲资质过剩感（Hu et al.，2015）。使用伊莱斯等（Ilies et al.，2007）开发的三项目量表对集体主义进行了控制，其 Cronbach'α 为 0.81。此外，情绪或情绪体验在解释资质过剩感与个体反应之间的关系中起着至关重要的作用（Liu & Wang，2012）。因此，为了减少情绪对本研究结果的影响，还采用了瓦特森等（Watson et al.，1988）开发的 10 项量表，对参与者的负面情绪进行了控制。其 Cronbach'α 为 0.89。在时间点 1 中收集了集体主义和消极情绪。

（三）数据分析方法

运用 Harman 单因素检验、SPSS 25.0、Mplus 7.4 以及 PROCESS 程序对样本数据进行统计分析，包括共同方法偏差检验、样本的信度和效度分析、描述性统计、相关分析及回归分析。

二、资质过剩与辱虐管理感知实证结果分析

（一）共同方法偏差检验

为了减少共同方法偏差的影响，进行了三个阶段的问卷调查，不过，受限于实际情况，本研究的数据来源均为员工自评。然而，同一来源的

数据可能存在共同方法偏差问题，可能会威胁到后续研究假设检验的科学性。因此在正式分析前，需要先检验共同方法偏差。结果显示，本研究各变量之间无显著性差异（p > 0.05）。此外，采用 Harman 单因素检验，占方差的 20.51%，表示本研究不存在常见方法偏差的问题。

（二）验证性因子分析

本研究使用 Mplus 7.4 分析软件来检验资质过剩感、心理特权、同事资质过剩、辱虐管理感知以及知识隐藏和网络怠工这六个变量的区分效度，分析结果如表 7-1 所示。模型 1 是对资质过剩感、心理特权、同事资质过剩、辱虐管理感知以及知识隐藏和网络怠工的六因子模型进行检验。模型 2 是把知识隐藏和网络怠工这两个因子合并为一个因子，然后进行五因子模型的区分效度检验。以此类推进行四因子、三因子、二因子和一因子模型的检验。由表 7-1 可知，心理特权、感知辱虐管理、资质过剩感、同事资质过剩，以及知识隐藏和网络怠工六因子模型的拟合指数（$\chi^2[1\,206] = 2\,589.98$，CFI = 0.91，TLI = 0.90，RMSEA = 0.05）。其中 $1 < \chi^2/\text{df} = 2.14 < 3$，RMSEA < 0.1，CFI 和 TLI 均大于 0.9，表明六因子模型有着良好的区分效度。而结合了知识隐藏和网络怠工的五因子模型是拟合指数为（$\chi^2[1\,211] = 4\,205.10$，CFI = 0.81，TLI = 0.80，RMSEA = 0.06）。四因子模型是拟合指数为（$\chi^2[1\,215] = 5\,800.69$，CFI = 0.70，TLI = 0.68，RMSEA = 0.09）。试验结果表明，六因子模型在各模型之间的拟合效果最好。因此，本研究证实了研究变量的足够差异。

表 7-1　　　　　　　　　　　验证性因子分析结果

模型	因子	χ^2	df	χ^2/df	RMSEA	CFI	TLI
模型 1	六因子：理论模型	2 589.98	1 206	2.14	0.05	0.91	0.90
模型 2	五因子：WLDG + ZZYC；RNGL；ZZGS；TS；XLTQ	4 205.10	1 211	3.47	0.06	0.81	0.80
模型 3	四因子：WLDG + ZZYC；ZZGS + TS；XLTQ；RNGL	5 800.69	1 215	4.77	0.09	0.70	0.68
模型 4	三因子：WLDG + ZZYC；ZZGS + TS；XLTQ + RNGL	7 343.52	1 221	6.01	0.10	0.60	0.58

模型	因子	χ^2	df	χ^2/df	RMSEA	CFI	TLI
模型5	二因子：WLDG + ZZYC；ZZGS + TS + XLTQ + RNGL	9 063.70	1 223	7.41	0.12	0.50	0.47
模型6	一因子：WLDG + ZZYC + ZZGS + TS + XLTQ + RNCL	12 597.17	1 224	10.30	0.14	0.26	0.23

注："WLDG"代表"网络怠工"、"ZZYC"代表"知识隐藏"、"RNLD"代表"辱虐管理"、"ZZGS"代表"资质过剩"、"TS"代表"同事资质过剩"、"XLTQ"代表"心理特权"、"+"代表多个因子合并为一个因子。

（三）描述性统计与相关分析

通过 SPSS 25.0 软件对收集的数据进行描述性统计与相关性分析，整理后结果如表7-2所示。变量之间也存在着显著的相关关系，具体地，资质过剩感和心理特权（r = 0.36，p < 0.001）和辱虐管理（r = 0.19，p < 0.001）呈正相关，此外，辱虐管理与知识隐藏（r = 0.33，p < 0.001）和网络怠工（r = 0.33，p < 0.001）呈正相关。这为我们初步了解各变量的基本情况以及研究变量之间的相关关系提供了初步的支持。

（四）假设检验

本研究的 H7-1 为资质过剩感对心理特权的影响作用，为了检验这一假设，本研究采用了 SPSS 25.0 软件进行回归分析。结果如表7-3所示，从表中可以看出，在控制了变量年龄、性别、学历、工作年限、集体主义、消极情绪后，由模型2可知资质过剩感与心理特权呈正相关（b = 0.27，p < 0.001），支持 H7-1。资质过剩感与辱虐管理呈正相关（b = 0.14，p < 0.001），心理特权与辱虐管理呈正相关（b = 0.15，p < 0.001）。在增加心理特权后，资质过剩感对感知辱虐管理的积极作用显著。相关系数从 0.14 下降到 0.08，（p < 0.01，M6）。因此，H7-2 得到了支持。

为了进一步检验 H7-2，我们使用了 Preacher 和 Hayes（2004）建议的 Bootstrap 法进行中介效应程序检验。基于 5 000 次重复抽样模型，运用 SPSS 软件的 Process 程序对中介效应进行检验。最终的结果显示，心理特权在"资质过剩感→心理特权→感知辱虐管理"起到显著的中介作用（ab = 0.08，95% CI = [0.0452，0.1130]，不包含0）。

表 7 - 2

描述性统计分析结果

变量	1	2	3	4	5	6	7	8	9	10	11	12	M	SD
1. 年龄 (T1)													2.69	1.15
2. 性别 (T1)	-0.13**												1.55	0.50
3. 学历 (T1)	0.00	-0.12**											3.10	0.51
4. 工作年限 (T1)	0.78**	-0.14**	-0.04										3.48	1.10
5. 集体主义 (T1)	0.08	-0.05	-0.04	0.08	(0.81)								4.73	0.53
6. 消极情绪 (T1)	-0.15**	-0.06	-0.00	-0.16**	-0.16***	(0.89)							1.61	0.52
7. ZZGS (T1)	-0.06	-0.02	0.00	-0.07	-0.00	0.02	(0.91)						3.71	1.32
8. TS (T2)	-0.06	0.00	-0.04	-0.08	0.03	0.02	0.58***	(0.90)					3.70	1.20
9. XLTQ (T2)	-0.09	-0.01	0.07	-0.12*	-0.06	0.02	0.36***	0.28***	(0.91)				4.21	1.50
10. RNLD (T2)	-0.15**	-0.04	0.05	-0.20**	-0.18***	0.35***	0.19***	0.11*	0.27***	(0.86)			2.31	1.00
11. ZZYC (T3)	-0.10*	-0.01	0.09	-0.13*	-0.07	0.14**	0.25***	0.20***	0.25***	0.33***	(0.88)		2.40	0.84
12. WLDG (T3)	-0.17**	-0.10*	0.04	-0.17**	-0.16**	0.20***	0.23***	0.18***	0.26***	0.33***	0.34***	(0.91)	2.91	1.10

注：T1 = Time 1，T2 = Time 2，T3 = Time 3；* p<0.05，** p<0.01，*** p<0.001。

表7-3　回归分析结果（N=460）

变量	心理特权 (T2)			辱虐管理 (T2)			知识隐藏 (T3)				网络怠工 (T3)			
	M1	M2	M3	M4	M5	M6	M7	M8	M9	M10	M11	M12	M13	M14
年龄 (T1)	-0.08	-0.08	-0.06	0.03	0.03	0.03	0.00	0.00	0.00	0.00	-0.08	-0.08	-0.08	-0.08
性别 (T1)	0.04	0.06	0.09	-0.09	-0.08	-0.07	-0.02	0.00	0.00	0.01	-0.28**	-0.26*	-0.26**	-0.24*
学历 (T1)	0.18	0.19*	0.17	0.08	0.08	0.05	0.14	0.14	0.13	0.12	0.04	0.04	0.02	0.00
工作年限 (T1)	0.00	0.02	0.02	-0.16	-0.15	-0.13	-0.09	-0.08	-0.07	-0.04	-0.09	-0.08	-0.06	-0.03
集体主义 (T1)	0.07	0.06	0.09	-0.24	-0.24**	-0.22	-0.06	-0.06	-0.05	0.00	-0.26**	-0.26**	-0.24**	-0.20*
消极情绪 (T1)	0.08	0.08	0.05	0.60***	0.60***	0.60***	0.19	0.19	0.20	0.07	0.32	0.31**	0.32**	0.19
资质过剩感 (T1)		0.27***	0.34***		0.14***	0.08*		0.16***	0.12***	0.10**		0.19***	0.13**	0.11**
同事资质过剩 (T2)		0.11*	0.05											
同事资质过剩 × 资质过剩感			-0.16***											
心理特权 (T2)						0.15***			0.10***	0.07*			0.14***	0.11**
辱虐管理 (T2)										0.20***				0.21***
R²	0.02	0.13***	0.17***	0.16	0.19***	0.23***	0.04**	0.10***	0.12***	0.16***	0.09***	0.14***	0.17***	0.20***
ΔR²		0.13***	0.04***		0.03***	0.04***		0.06***	0.02***	0.04***		0.05***	0.03***	0.03***

注：T1 = Time 1，T2 = Time 2，T3 = Time 3；*p < 0.05，**p < 0.01，***p < 0.001。

为验证中介效应（H7－3a 和 H7－3b），在 5 000 次重复抽样模型的基础上，运用 SPSS 软件的 Process 程序对模型中的估计参数进行重新抽样和置信区间估计。当中介效应检验结果显示偏差校正的置信区间不包括 0，则说明中介效应是显著成立的。检验结果如表 7－4 所示。结果显示，资质过剩感通过心理特权和辱虐管理对知识隐藏有正向影响，其序列中介效应为 0.013，95% 置信区间不包含零 [0.005，0.024]。同样，资质过剩感通过心理特权和辱虐管理对网络怠工有正向影响，其顺序中介效应为 0.016，95% 置信区间不包含零 [0.007，0.028]。因此，H7－3a 和 H7－3b 也成立。

表 7－4 　　　　　　　　　中介效应检验结果

模型路径	效应值	SE	下限	上限
资质过剩感对知识隐藏的直接和间接影响				
总效应：资质过剩感→知识隐藏	0.161	0.030	0.101	0.221
直接效应：资质过剩感→知识隐藏	0.104	0.032	0.042	0.167
总间接效应	0.058	0.017	0.027	0.095
Ind1：资质过剩感→心理特权→知识隐藏	0.028	0.013	0.003	0.055
Ind2：资质过剩感→辱虐管理→知识隐藏	0.017	0.011	－0.001	0.042
Ind3：资质过剩感→心理特权→辱虐管理→知识隐藏	0.013	0.005	0.005	0.024
资质过剩感对网络怠工的直接和间接影响				
总效应：资质过剩感→网络怠工	0.187	0.039	0.111	0.263
直接效应：资质过剩感→网络怠工	0.109	0.040	0.031	0.186
总间接效应	0.078	0.021	0.042	0.122
Ind1：资质过剩感→心理特权→知识隐藏	0.041	0.016	0.014	0.074
Ind2：资质过剩感→辱虐管理→知识隐藏	0.021	0.013	－0.001	0.050
Ind3：资质过剩感→心理特权→辱虐管理→知识隐藏	0.016	0.005	0.007	0.028

H7－4 认为，同事资质过剩调节了资质过剩感与心理特权之间的关系，这样当同事资质过剩越高时，这种关系就越弱。如表 7－5 所示，资质过剩感和同事资质过剩之间的交互作用显著预测了心理特权（b＝－0.16，$p < 0.001$），这说明同事资质过剩在资质过剩感和辱虐管理之间起到调节作用，H7－4 成立。

表7-5　回归分析结果（N=460）

变量	心理特权（T2）			辱虐管理（T2）			知识隐藏（T3）				网络怠工（T3）			
	M1	M2	M3	M4	M5	M6	M7	M8	M9	M10	M11	M12	M13	M14
年龄（T1）	-0.08	-0.08	-0.06	0.03	0.03	0.03	0.00	0.00	0.00	0.00	-0.08	-0.08	-0.08	-0.08
性别（T1）	0.04	0.06	0.09	-0.09	-0.08	-0.07	-0.02	0.00	0.00	0.01	-0.28**	-0.26*	-0.26*	-0.24*
学历（T1）	0.18	0.19*	0.17	0.08	0.08	0.05	0.14	0.14	0.13	0.12	0.04	0.04	0.02	0.00
工作年限（T1）	0.00	0.02	0.02	-0.16	-0.15	-0.13	-0.09	-0.08	-0.07	-0.04	-0.09	-0.08	-0.06	-0.03
集体主义（T1）	0.07	0.06	0.09	-0.24	-0.24***	-0.22	-0.06	-0.06	-0.05	0.00	-0.26**	-0.26**	-0.24**	-0.20*
消极情绪（T1）	0.08	0.08	0.05	0.60***	0.60***	0.60***	0.19	0.19	0.20	0.07	0.32	0.31***	0.32***	0.19
资质过剩感（T1）		0.27***	0.34***		0.14***	0.08*		0.16***	0.12***	0.10**		0.19***	0.13**	0.11**
同事资质过剩（T2）		0.11*	0.05											
同事资质过剩×资质过剩感			-0.16***											
R²	0.02	0.13***	0.17***	0.16	0.19***	0.23***	0.04**	0.10***	0.12***	0.16***	0.09***	0.14***	0.17***	0.20***
ΔR²	0.13***	0.13***	0.04***		0.03***	0.04***		0.06***	0.02***	0.04***		0.05***	0.03***	0.03***

注：T1 = Time 1，T2 = Time 2，T3 = Time 3；* p<0.05，** p<0.01，*** p<0.001。

为了更直观地观察同事资质过剩的调节效应，本研究画出了调节效应图（如图7-2所示）。由调节效应图可以看出，在高同事资质过剩（+1SD）时，资质过剩感与心理特权之间的正相关关系较弱（斜率：b=0.240，p<0.001）；而低同事资质过剩（-1SD）时，资质过剩感与心理特权之间的正相关关系比较高（斜率：b=0.564，p<0.001）。因此，H7-4也得到了支持。

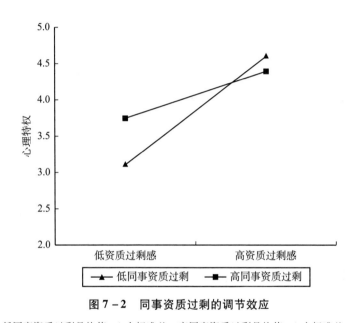

图7-2 同事资质过剩的调节效应

注：低同事资质过剩是均值-1个标准差，高同事资质过剩是均值+1个标准差。

H7-5认为，同事资质过剩将通过心理特权和辱虐管理来调节资质过剩和（a）知识隐藏与（b）网络怠工之间的间接关系，当同事资质过剩越高时，间接关系越弱。为了验证这一假设，使用Bootstrap方法验证带调节的链式中介作用，通过心理特权和辱虐管理感知的中介作用，计算了资质过剩感对两种工作场所行为（知识隐藏、网络怠工）的间接影响。

结果表明，同事资质过剩较高时（效应值=0.007，95% CI=[0.002，0.015]）比同事资质过剩较低时（效应值=0.017，95% CI=

[0.007, 0.032]），资质过剩感通过心理特权和辱虐管理对知识隐藏的间接影响较小（差异 = − 0.010，95% CI = [− 0.021， − 0.003]）。同样，同事资质过剩较高时（效应值 = 0.008，95% CI = [0.002，0.016]）比同事资质过剩较低时（效应值 = 0.018，95% CI = [0.007，0.032]），资质过剩感通过心理特权和辱虐管理对网络怠工的间接影响较小（差异 = − 0.010，95% CI = [− 0.021， − 0.003]）。因此，H7 − 5a 和 H7 − 5b 得到了支持。因此，研究数据进一步表明，资质过剩感与知识隐藏（a）和网络怠工（b）呈正相关，心理特权和辱虐管理感知起中介作用。此外，这些结果还表明，同事资质过剩通过心理特权和辱虐管理感知调节了资质过剩感与知识隐藏和网络怠工之间的间接关系，当同事资质过剩越高时，间接关系越弱。

三、资质过剩与辱虐管理感知实证结果讨论与应用

（一）理论贡献

首先，通过将资质过剩与辱虐管理感知联系起来，丰富了资质过剩的研究。大部分学者关注资质过剩感对员工本身或者对其同事的影响（Deng et al.，2018；Hu et al.，2015；Zhang et al.，2022），而忽略了与工作场所中最重要的人—领导的关系（Wu et al.，2022）。关于资质过剩感员工对其领导的反应的研究很少。因此，本研究通过验证资质过剩感员工如何产生对辱虐管理的感知，有助于丰富资质过剩感的相关研究和文献。

其次，通过证实心理特权在资质过剩感和感知辱虐管理中的中介作用，丰富了心理特权的研究。尽管心理特权是研究的热点，但是对员工心理特权管理的文献仍然有限（Joplin et al.，2021）。哈维和哈里斯（Harvey & Harris，2010）认为，商学学者有必要在管理学中加强对心理特权模型的构建和探索。因此本研究沿着这些思路，丰富了对于工作场所的心理特权模型的构建。研究发现，心理特权在资质过剩感与辱虐管理之间起着中介作用。这项研究有效地解释了为什么资质过剩感员工会

感受到自己遭受了辱虐管理。

再次，结合自我评价理论和社会比较理论，解释了资质过剩感所引发的两种报复行为，从而为资质过剩感员工如何进行报复行为提供了额外的证据。此外，本研究也丰富了资质过剩感研究的理论视角，证实资质过剩感员工产生报复行为是一个复杂的心理过程。正如可汗等（Khan et al.，2022）指出的，目前尚不清楚资质过剩感是如何影响知识隐藏和网络怠工的，希望有进一步研究资质过剩对知识隐藏和网络怠工的影响机制；唐等（Tang et al.，2015）提出关于领导变量与知识隐藏之间的关联，文献中存在空白。而本研究发现，资质过剩感员工感知到自己的同事资质过剩低时，资质过剩感通过心理特权和感知辱虐管理对知识隐藏和网络怠工产生了积极的影响。

最后，本研究丰富了同事资质过剩相关的研究。埃尔多安等（2011）认为，在关注员工同事时，探索资质过剩似乎很重要。资质过剩对工作的影响并不是孤立的，而是融合在团队中，而这时同事会决定资质过剩感员工的反应和状态（Deng et al.，2018；Hu et al.，2015）。然而现有的关于资质过剩感文献的研究中，同事资质过剩对于资质过剩感员工的影响并未得到充分的研究（Erdogan & Bauer，2021；Zhang et al.，2022）。这限制了我们对资质过剩感的社会互动的理解（Li et al.，2022）。为了回应他们的呼吁，本研究引入了同事资质过剩作为一个关键的调节变量，以调查其对资质过剩感的影响。

（二）管理应用

首先，领导应该引导资质过剩感员工作出正确的自我评价。以往的研究大多关注资质过剩感所带来员工个人的行为和态度，而忽略了资质过剩感员工对其领导的感知反应以及由此产生的报复行为（Wu et al.，2022）。根据研究结果，当员工感到自己资质过剩时，他们会表现出心理特权，从而对领导的行为更加敏感，认为自己遭受了辱虐管理，并采取知识隐藏和网络怠工的行为进行报复。然而这并不意味着要在招聘中拒绝资质过剩的员工，因为他们本身是完全可以带来很好的工作表现和更高的效率（Lee et al.，2021；Ma & Zhang，2022）。领导者可以帮助资质过剩的员工了解自己的情况，作出正确的自我评价，并且为他们提供机会和利用他们的能力来为组织创造绩效。同时，企业可以注重培训的内容，为资质过剩员工提供企业文化的学习以及相互学习相互进步的理念（Ma & Zhang，2021）。与此同时，企业也可以对员工的知识共享行为进行激励，从而提高员工的自我感知价值，减少员工从事消极行为的可能性。

其次，结果强调了管理者与高心理特权员工打交道的重要性。资质过剩感员工通常有一个夸大的自我评价，他们认为自己应该得到比其他人更好的待遇。为了解决这个问题，组织应该在招聘时评估员工的心理特权，在合法合规的范围内，减少心理特权员工的招聘（Zhao et al.，2022）。也可以引入一个客观的绩效评估系统，奖励和晋升相关的标准更加透明，从而让员工更好地了解他们的表现和相关的奖励（Khan et al.，2022）；同时，为员工设定明确的工作目标和期望。这些措施可以帮助减轻心理特权所带来的不利影响。

最后，结果表明，同事资质过剩降低了资质过剩感所带来的负面影响。因此为了消除潜在的负面影响，组织可以实施相应的干预措施。HR部门可以对资质过剩员工将在的团队进行资格审查（Alfes，2013）。比如可以在团队中安排几个资质过剩的员工。当团队由不同类别员工组织时，可以鼓励员工之间进行更多的互动，从而建立团队精神，强调合作的重要性，包容的重要性（Hu et al.，2015；Zhang et al.，2022）。

大材活用篇

资质过剩也会带来积极的一面，即"大材活用"。一方面，由于资质过剩员工能力突出，他们更容易得到领导和同事的信任和肯定。另一方面，资质过剩的员工相信自己拥有超出工作岗位基本要求的教育经历、知识技能和工作经验等，对自己有着积极的认知与看法，当然也期望得到外界积极的评价，因而会拥有强烈的动机从事对组织有利的行为。此外，角色内的任务可能无法展现其过人之处，他们也倾向于从事角色要求之外的行为来缓解自己的无聊感。这样一来，资质过剩员工不仅持有充足的资源，还期望满足他人对自己的预期，他们有时就会承担工作职责以外的任务，以施展自身的冗余才华。这种超出岗位要求的行为既会让资质过剩员工感受到意义感和价值感，也会使组织从中获益，为组织带来积极影响。

第八章

资质过剩的积极影响效应

导入

　　如何令资质过剩为个人和组织有效利用，这对于组织的长远发展至关重要。虽然资质过剩使员工难以在工作中得到自我满足，但是员工通过提升自我期望，积极验证自我认知，有可能对其主动行为和绩效产生积极影响，例如主动改善工作环境、寻找领导沟通解决等行为。因此，这就需要组织创造有利条件，帮助资质过剩者发挥其积极一面。

　　本书前面已经介绍，资质过剩消极影响效应主要是从人—职匹配理论、相对剥夺理论、公平理论、人力资本理论等视角进行研究和分析，侧重于强调个体与工作的匹配，并且将资质过剩看作一种"损失"，探讨其对工作场所中员工工作态度、工作行为等的消极影响。然而随着对资质过剩研究的深入，学者们发现资质过剩感不只会带来消极影响，还会产生积极影响。一方面，这种积极影响主要体现在员工主动行为、员工绩效及创新绩效等方面。另一方面，学者们探讨了降低资质过剩消极影响效应的情境因素以及一些反转型因素，这种反转型因素能够使资质过剩感的消极效应消失甚至转化为积极效应，比如，从个体的人格特质来看，高主动型人格的员工会充分利用自身冗余的资质，做出创新行为；另外，如上文所述，组织支持感、领导方式、团队资质过剩等环境因素也能够反转资质过剩感的消极效应。探究资质过剩积极影响效应能够延伸该领域的研究视角，有助于加深人们对该领域的进一步认识。本章首先整体概述了员工资质过剩积极影响效应，之后分别从两个实证研究，即资质过剩与员工战略扫描行为、员工创新绩效关系的实证研究中阐述了资质过剩可能带来的积极影响效应，揭示了对资质过剩影响机制的理解。

第一节　资质过剩的积极影响效应概述

从基于动机的角度来看，资质过剩员工会产生相对剥夺感、不公平感等负面感知，从而削弱员工的工作动机，这会对组织产生不利影响。然而，从基于能力的角度来说，资质过剩员工由于其知识、技术和能力等方面超过工作要求，工作任务对于资质过剩员工挑战性较小，因此可以快速高效地满足工作要求，充分发挥自身冗余才能为组织带来正向影响。已有研究表明，通过提升员工的自我效能与自我期望，资质过剩有可能激发员工的积极行为进而验证积极的自我认知，有利于员工提升工作主动行为、创新绩效和工作绩效。因此本节将从员工主动行为、角色内绩效、创新绩效三方面探讨资质过剩可能产生的积极影响效应。

一、资质过剩与员工主动行为

（一）员工主动行为

主动行为是员工为了改善环境而采取的自发行为，它强调了员工积极采取措施改善环境，而不是被动地顺应现状。有很多行为可以归类为主动行为，例如员工主动追求个人和组织目标的实现、积极适应新环境、重塑工作等都可以看作员工主动行为（Grant & Ashford，2008）。帕克和柯林斯（Parker & Collins，2010）将主动行为拓展为三个类别：第一类是主动的工作行为，该行为是为了改变组织内部环境，实现控制环境进而促进组织变革；第二类是主动的战略行为，目的是实现组织与外部环境的匹配；第三类是主动的人—环境契合行为，旨在达成员工自身属性与环境一致。一般来说，组织制定具有激励作用的政策、合适的领导风格等都能够激发员工的内在动机，进而为员工主动行为的产生创造有利条件。而对于资质过剩员工来说，由于其拥有的冗余能力和技能超过岗位要求，其任务掌握度相对较高，也就有时间和精力从事主动行为（Lee et al.，2021）。

上文提到，资质过剩员工从事主动行为的原因，一方面在于自身具备足够的胜任能力，另一方面，激发员工的内在动机也能促进其主动行为。具体来说，首先，当员工渴望实现自我价值时，他会有强烈实现自我的欲望，也有足够的内在动力激发其行为，采取主动行为也能够让其产生满足感和意义感。此外，当资质过剩员工在工作中由于自身能力与实际需求的差距而产生不匹配感时，无法从现有任务中满足自己对更高层面的追求，他可能会转而采取主动行为来消除这种感受。据此，我们可以推断，怀有冗余资质的员工在减少不匹配感、提升成就感、实现个人价值等因素的驱动下可能会采取主动行为。下面将具体展开资质过剩如何影响员工的主动行为，以便进一步加深对二者关系的理解。

（二）资质过剩如何影响员工的主动行为

自我调节理论是研究资质过剩积极影响效应的重要视角之一，它是指个体通过改变自己的认知、情绪和行为努力缩小现实与理想的差距，进而实现目标的过程。那么基于该理论，资质过剩如何影响员工主动行为？首先，资质过剩员工认为自己的资质无法充分释放，与现实存在差距，这就会激活个体的自我调节系统。其次，自我调节系统的启动推动个体采取与之对应的行为来减小这种差距，例如主动行为。通过主动行为，资质过剩员工感知到的不匹配感在一定程度上能够得到缓和；同时，由于资质过剩员工的主动行为有助于个体满足预期——减小差距，那么这也会激励个体不断调整自己，通过主动行为更好地改善环境。也有学者基于该视角对资质过剩进行了研究，例如，张等（Zhang et al.，2016）认为，资质过剩感的员工为了减小预期与现实工作条件的差异，会通过自我调节的方式采取主动的行为，增加任务的挑战性和难度实现预期与现实情况的匹配，进而避免心理失调的产生。

另外，相对于一般员工，资质过剩员工可以更高效地完成组织委派的任务，并且更有效地控制他们的工作，他们也认为自己拥有更多的资源，由此产生更高的角色宽度效能感，从而提升其主动行为。如学者张亚军等（2019）认为，资质过剩反映了员工对自身能力的认可，是一种积极的自我认知，此时员工会利用自己的过剩资质做出对他人和组织有利的行为。

（三）如何提升资质过剩者的主动行为

我们已经知道，资质过剩员工通过自我调节过程形成对组织的积极认知，转而采取对组织有利的积极行动，从这方面考虑我们可以有效提升资质过剩者的主动行为。第一，组织在招聘时需要综合考虑应聘者的工作能力与人格特质。虽然组织在招聘过程中主要关注应聘者的知识、能力和技能等方面是否与岗位职责要求相匹配，但是了解个体的人格特质有助于组织作出更好的判断，比如，当员工感知到资质过剩时自身是否会进行积极的自我调节来改善环境。如上文指出，主动性人格高的员工会积极主动地改变环境，利用自己的行为在组织中发挥积极作用。因此招聘此类员工就可以为组织带来潜在的益处。

第二，引导资质过剩员工的积极认知，进而推动其产生积极组织行为。当资质过剩员工积极看待自己的冗余资质，可能会为了改善现状主动调整自己的情绪和行为，以此来减小现实与理想的差距，以便最大程度使环境符合预期。因此，如果管理者能够采取行动表示对资质过剩员工的支持，这就为其积极认知的产生创造有利条件，进而激发其从事积极行为的动机。例如，当资质过剩员工由于现实与预期的不匹配受消极情绪影响时，组织可以通过为其设置挑战性的工作、授权来满足其自主和能力的需求，同时管理者也要展现对资质过剩员工的重视，从而诱发个体的主动行为。

第三，注重激励资质过剩员工。拥有过剩资质的员工不仅意味着人才浪费，当组织能够采取适当的措施发挥此类员工的才华时，组织和个体都能够从中受益。因此，为了达到上述目的，组织就要了解员工的工作动机，有针对性地对其提供支持，利用多样化激励手段激发其自主工作的内在动机，让其通过不断调整自我来保证成就感和价值感的提高，最重要的是，其积极主动的行为也能够为组织带来有利影响，例如更高组织绩效的产出。

二、资质过剩与员工角色内绩效

（一）员工角色内绩效

角色理论认为，个体会根据不同的环境展现出不同的角色行为模式，由个体行为性质的差异可将工作绩效分为角色内绩效和角色外绩效。简单来说，角色内绩效与任务绩效的含义相似，它是指员工应做的、职责内要求的任务；而角色外绩效类似于周边绩效，是指职责要求以外的奉献行为（MacKenzie et al.，2001）。有学者认为，周边绩效和角色内绩效不是两个独立的概念，因为角色内绩效不仅包括组织明确规定的工作职责范围以内的行为，还涉及其他没有明文规定但是执行者认为是其角色内的行为（Borman & Motowidlo，1997）。目前有很多关于资质过剩影响员工角色内绩效的研究，多数研究认为资质过剩会正向影响角色内绩效（Erdogan & Bauer，2009；Fine & Nevo，2008；Zheng & Wang，2017；赵卫红等，2016）。

范恩和尼沃（Fine & Nevo，2008）以一个呼叫中心的员工为样本，得出资质过剩与主管评价的员工绩效正相关。李（Lee，2021）通过研究发现，资质过剩通过影响员工的任务掌握度正向影响员工的任务绩效，说明资质过剩员工充分相信自己有完成工作职责的能力，并通过自我调节来证实自己的想法。此外，根据期望理论，个体对活动结果的价值评价和对完成该活动结果的可能性评价会影响人们作出该活动所受到激励力强度的影响。也就是说，如果个体认为工作结果价值较高，同时相信自己能够达到工作结果，个体就会受到较高强度的激励。那具体到资质过剩员工，员工预期能够发挥自己的才能获得组织认可，并且对自己胜任本职工作的能力持有积极态度，最终资质过剩员工就会产生较强的工作动力和激励力。

（二）资质过剩如何影响员工的角色内绩效

范·迪吉克等（Van Dijk et al.，2020）探讨了资质过剩与员工工作绩效之间的关系，并建立了一个理论模型，考察了资质过剩影响员工工作绩效的边界条件。他们认为资质过剩可能会提供人力资本优势，但是只有当个体的知识、技能和能力与工作相关、个体从事复杂的工作，以及当绩效指标是客观的时候，这种优势才会出现，即会正向影响员工的工作绩效。

一方面，根据本章第一节提到的，从基于能力的角度来看，由于资质过剩员工认为自己有剩余能力开展工作相关活动，他们会对自己的工作能力持有积极看法，这种高资质能够使员工更迅速地掌握工作内容，同时也能更容易地完成工作职责内的任务，因此他们也就具备了获得高角色内绩效的条件。吴等（Wu et al.，2017）也认为，拥有超出工作所需技能和能力的员工可能绩效更高，因为他们有足够的资源和能力学习新的任务、技术和程序。而且，资质过剩员工对自己有积极的自我认知，此类员工对自己掌握工作职责的能力有更大的自我信念，如果最终绩效呈现较低的水平，这种低绩效与其对自身能力的积极看法出现不一致，那么为了避免上述认知失调的产生，资质过剩员工会努力提升其角色内绩效。另一方面，资质过剩员工拥有较高角色内绩效的原因在于绩效评价结果影响员工奖励的发放，这就会刺激资质过剩员工为获得高绩效而努力。

（三）如何提升资质过剩者的角色内绩效

显然，资质过剩者拥有实现高绩效的能力，但是资质过剩同样会让员工产生被剥夺感、不公平感等负面态度，这会影响他们实现高绩效的动机。为了帮助资质过剩者提升角色内绩效，组织可以采取以下行动。

第一，管理者应多关注员工的内在动机和心理状况。虽然资质过剩员工很可能有能力和信心依照工作职责要求顺利完成工作内容，但是个体也可能由于过剩的才华无法充分施展而产生一种相对剥夺感，从而对继续完成工作失去动力。因此，管理者在工作和生活中需要时刻关注员工的状态，尤其对于资质过剩员工，更要进一步了解其内在动机和心理状况，必要时可以通过提供挑战性的工作任务或者心理辅导帮助其消除相对剥夺感和消极情绪，以此来引导资质过剩员工积极看待自己的冗余资质。

第二，制定科学公正的绩效管理制度，丰富绩效考核结果的应用。我们已经知道，由于绩效评价结果决定了员工奖励的多少，资质过剩员工也会为了获得高绩效而作出努力。因此，为了持续激励资质过剩员工，组织要制定科学公正的绩效管理制度，更重要的是，在绩效考核结果的应用方面也要做到多元化。资质过剩员工的主观能动性、独立自主性等特征会让他们对绩效考核结果的应用要求更高，除了一定的物质奖励，个人职业生涯发展的机会或其他激励方式等对资质过剩者可能更有效。因此，绩效考核结果除了应用到发放绩效工资之外，还可以将其运用到很多方面，包括职业生涯规划、培训与培养、制订绩效提升方案等。

第三，鼓励员工正确运用过剩的资质。对于资质过剩员工，管理者不能因为此类员工最终绩效水平较高而放任不管，要知道，资质过剩员工对心理需求的要求更高，更渴望获得他人的认可和重视。这就要求管理者时刻注意资质过剩员工的情况，做好员工工作价值观管理工作，正确引导其工作态度和行为，进而让员工将冗余的才华施展到对个体对组织有利的方面。

三、资质过剩与员工创新绩效

（一）员工创新绩效

创新绩效指的是在个体水平上产生的新颖的同时又是切实可行的，对组织而言具有价值的产品、过程、方法与思想。一些学者认为，它强调的是思维产品的产物，并不涉及产品是否能够为组织所接受，或变成现实生产力的问题（Amabile，1997）。为了应对全球化竞争和环境的不确定性，组织需要雇员做出超越他们标准的工作绩效范畴的行为，通过产生、促进和认知新思维了解组织的改变。也正是组织发展和工作角色发生了变化，导致评估员工工作绩效的内容和实质发生转变，原来只关注任务绩效和关系绩效的企业，现在不得不拿起创新的武器来验证员工的绩效。因此，个体创新绩效对于组织的运行是非常必要的。

较多研究开始探究资质过剩对员工创新绩效的影响。通过总结过往的研究可以看出，资质过剩对创新绩效的影响结果在不同的情境下呈现出一定的差异性，一方面，资质过剩抑制员工的创造力进而降低创新绩效，因为资质过剩的员工认为无法在工作中发挥出自己的才能与资质，从而产生消极的心理状态或低水平的人—职匹配度，进而缺乏创新的内在驱动力。另一方面，资质过剩会对员工创新绩效带来积极效应。这主要是由于资质过剩员工的经验、能力和技能等远超出岗位需求，员工应对工作时也会更加得心应手，因此会有多余的资源和精力投入新想法的提出，同时利用自身资源从事创新活动，进而提升创新绩效（Dar & Rahman，2020）。此外，有些研究指出，资质过剩与员工创新绩效之间呈现倒"U"型关系，一定程度的资质过剩对创新绩效具有正向影响，过度的资质过剩会使员工产生的消极心理占据主导，抑制了创新绩效的提升。

（二）资质过剩如何影响员工的创新绩效

正如上文所述，较多的研究开始探究资质过剩对员工创新绩效的影响，并发现资质过剩感会对员工创新绩效带来积极效应。首先，在创新动机方面，员工因为资质过剩心生不满后，可能会尝试寻求新颖且较佳的问题解决方式以改变工作现况，以此提升了创新绩效。其次，就创新能力而言，一方面，由于资质过剩的个体能力超出岗位对其胜任的需求，员工能够在时间和质量维度上很好地完成其自身工作，更有余力完成创造性的任务。研究表明，员工的专业技能，包括坚实的知识基础、完成当前任务所必需的技巧等必须达到一定的水平，才能实现创新绩效，因为这些技能是创造力所需的"原材料"，在某领域拥有相关知识的深度和广度与创造性能力有关，他们更有可能利用各种各样的观点和更为复杂的模型来从事创造性的工作，且从事创新活动的成功率大大提高，产生较高的创新绩效。另一方面，尽管一些个体的实际资质或能力有限，但他们有较强的创新效能感，形成了客观资质一般但主观资质过剩的结果，这会驱动员工参加新的项目和学习新的方法，从而对创新绩效带来积极效应。在这种情形下，高自我效能感有助于个体达成更高的创新绩效。后续的许多研究也验证了这一观点（王朝晖，2018）。对资质过剩员工而言，高自我效能感有助于他们缓解或释放工作压力，当人们感觉到"没有压力，安全和积极"的时候，更容易产生创造性的认知和行为。另外，在创新活动中遇到挫折时，高自我效能感有助于增强个体的韧性，维系个体坚持创新的努力水平，从而有好的创新绩效。

（三）如何提升资质过剩者的创新绩效

员工的创新绩效是通过创新动机、创新能力和创新自我效能实现的，那么组织可以基于这三个方面提出相应的解决措施，从而提升资质过剩者的创新绩效。

第一，重视对资质过剩员工的激励。管理者应该重视激发员工的工作塑造行为，因为一般来说，当员工在进行工作塑造行为时，他们就会寻求工作资源—要求与自身能力偏好需要之间的平衡，以此重获工作意义和工作认同，那么他们就会更加注重自己工作效率的问题，从而做出提升创新绩效的行为。因此，管理者需要结合资质过剩员工的特点，适当引进新项目和任务，增加工作难度，激发其挑战工作的动机；给予适度的工作自由度，将柔性融入工作设计中来；重视职业发展和规划，进而激励员工的创新行为。

第二，构建公正、包容性的组织，营造分配公正氛围。在公正、包容的组织中，员工对于职业发展有着积极正面的预期，对于已出现的资质过剩能够采用积极心态加以对待。同时，薪酬方面应该采取体现公平的分配措施来降低资质过剩员工的不公平感，比如绩效薪酬的采用，能吸引和激励员工工作绩效的达成，甚至让员工意识到其依赖冗余资质能够在当前岗位脱颖而出。因而，组织采取绩效薪酬，有利于消除员工资质过剩的负面影响，充分利用资质过剩员工的优势和资源，在工作中产生更大的效益。

第三，组织可以通过提供额外的工作培训和工作机会来提高员工在工作中的投入。一方面，通过承担更多的责任，使得工作任务多样化，提高员工工作的内在动力；另一方面，这些方式可以带来晋升的机会，在这种情境下，员工可以重新分配到更适合的工作中，因此员工在工作上会积极学习，付出更多精力促进个人发展。

综上所述，资质过剩的积极效应已经成为近年来研究的热点问题，这种感知会通过提升员工的效能感与自我期望，促使员工以积极行为验证积极的自我认知，进而对员工的行为和绩效产生积极影响。下面我们将通过两个实证研究，详细了解资质过剩的积极影响效应的作用机制。

第二节　资质过剩与员工战略扫描行为

在动态多变的复杂环境下，企业面临着经济衰退、技术进步和商业模式灵活多样等多重不确定因素的挑战，企业很难预见到"可能的未来"，也难以通过完美的制度来规划员工的行为。为了应对未来的不确定性，企业倾向于选择更优秀的求职者（Deng et al. , 2016；Erdogan et al. , 2011；赵卫红等，2016），并依赖员工的冗余资质审视和扫描组织内外环境，保持和增强组织的生命力和创造力。为了更好地描述和研究组织成员的主动扫描和识别环境行为，学者们提出了战略扫描行为（strategy scanning）的概念，指个体主动审视和扫描组织面临的环境，并设想组织面对环境变化可能的应对方式，如思考组织面对新兴市场可能采取的反应方式（Parker & Collins, 2010），这种积极主动的行为有助于组织在复杂多变的环境中提升有效性。战略扫描一直是企业战略管理研究中一个备受关注的领域，早期的研究往往将高管团队视为战略扫描和决策的中心（Amason, 1996；Bourgeois, 1985）。此后，不少学者研究发现员工在战略决策的过程中也发挥着重要的作用（Schwenk, 1995）。实践中，只有员工深刻理解和积极投身于战略实施过程，才能有效提升组织的战略执行力，创造组织的核心竞争优势（蒋建武、赵曙明，

2007）。因此，本研究聚焦于员工的战略扫描行为。

近年来，国际贸易摩擦、公共卫生安全、安全生产等领域的重大事件对组织环境的影响较大，更需要员工积极主动扫描组织面临的环境，应对变化。如最近网络盛传的餐饮连锁企业老乡及员工在新冠疫情期间主动识别企业面临的风险与问题，联名向企业主动要求降薪，这种积极主动的行为有助于组织在复杂多变的环境中提升有效性。在人们的预期中，那些能力较强的员工应该更多地承担起战略扫描行为的责任，即通常所说的"能者多劳"。但研究表明，相信自己有能力的员工并不一定选择"多劳"，甚至出现了"少劳多怨""大材小用"的不良现象（张若勇等，2018）。那么，资质过剩的个体是否会产生战略扫描行为？并在何种情境下会产生战略扫描行为？

本研究认为，资质过剩的员工可能通过自身的主动性行为（如战略扫描行为）来改善处境，从而对组织起促进作用，而社会认知理论和自我调节理论提供了一个良好的解释视角。根据社会认知理论和自我调节理论，当个体认为他们的资质相比岗位过剩并且积极地看待这种过剩时，他们的自我效能感会增加（Zhang et al.，2016）；同时，在中国高度的集体主义社会文化背景之下，员工更为看重领导的关怀和认可，领导的行为会对员工的态度、行为和绩效等产生影响。研究表明，员工更容易对变革型领导及其设想的未来愿景产生认同和追随（Wang & Shi，2020；陈璐等，2016）。因此，本研究提出变革型领导在这一过程中的调节作用。

一、资质过剩与战略扫描行为关系概述

目前，多数研究聚焦在组织如何通过外在引导促使具有资质过剩的员工产生积极的组织行为，本研究将从员工自我调节和认知视角分析资质过剩对员工战略扫描行为的影响。

（一）资质过剩与员工变革自我效能

变革自我效能指的是个体应对组织作出某种改变或变革行为的自我

效能感水平，具体是说个体拥有一种总体感知能力，该能力有助于其处理工作环境的变化和应对有变化要求的工作（Ashford，1988；Wanberg & Banas，2000）。社会认知理论脉络表明自我效能感的形成涉及三种类型的评估（Gist & Mitchell，1992），分别是对任务复杂性和可控性等需求的分析、对资源可用性和任务的约束条件分析、对达到特定绩效水平的个人归因分析。首先，在对任务进行分析时，具有资质过剩的员工会发现相比于他们自身的资质，任务较为简单和易于实现，因此会利用冗余的技术和能力进行发散式思考，产生改变现状的动机（Liu & Wang，2012），并根据自身资质评估实现这些行动的可行性，从而提升了对其变革自我效能的评价。其次，具有资质过剩的员工有更多的资源和更少的约束条件，如高技能水平、高工作控制能力以及较低的工作要求等，因此可能会认为自己能够有效控制组织变化和环境变化。最后，这种有效可控的体验又会让他们将这种积极的经历归因于自身的技术和能力水平，从而导致其变革自我效能的提升。综上所述，资质过剩激活了变革自我效能三种类型评估中的个体认知和动机因素，从而促进了个体变革自我效能的提升。基于此，本研究提出以下假设：

H8 - 1：资质过剩对员工变革自我效能有正向影响。

（二）资质过剩与员工战略扫描行为

具有资质过剩的员工变革自我效能的提升，其更有可能采取主动行为审视和扫描组织面临的环境，并设想可能的应对方式改变他们的工作，即更多的战略扫描行为。战略扫描行为指员工主动审视和扫描组织面临的环境，并设想组织面对环境变化可能采取的应对方式（Crant，2000；Parker & Collins，2010）。研究指出，组织外部不确定因素的增加，从员工视角审视组织的战略，并在战略人力资源管理研究领域更多地关注员工的角色，有助于组织战略的执行，以及个体期望和组织期望的实现（任润等，2011；杨付等，2014）。

本研究将从社会认知理论和自我调节理论视角，分析资质过剩通过变革自我效能影响员工的战略扫描行为。社会认知理论脉络表明，个体会通过个人能动性寻求发展和获得成功，而认知因素在这一过程中起到了重要作用（Schunk，1989）。这里的认知因素主要指个体对行为的预期，包括对行为自我效能的预期和对行为结果的预期。当个体感知具有完成某项特定工作的信念和能力时倾向于设定更具挑战性的目标（Bandura，1991）、运用更有效和更高效的工作策略（Wood et al.，2001）。也就是说，具有资质过剩的员工会因为上级的要求或任务较为简单，而主动去寻求那些能充分发挥自己资质的有挑战性的任务，并对这些任务的可行性进行评估，以满足自我实现的需要（王朝晖、段海霞，2022）。因此，当具有资质过剩的员工拥有较高的变革自我效能时，他们更有可能采取积极的行为去改变当前的工作现状，表现出更多的积极主动行为，如采取措施改变自身资质与岗位要求的差异或促进变革（Zhang et al.，2016），即变革自我效能引发了具有资质过剩的员工产生战略扫描行为的"能—做（can do）"动机。此外，以往的研究曾指出，变革自我效能能够有效预测员工对创新思想的实施和新技术的应用（Coeurderoy et al.，2014；Ng & Lucianetti，2016）。基于此，本研究提出以下假设：

H8－2：资质过剩通过变革自我效能间接影响员工的战略扫描行为。也就是说，资质过剩正向影响变革自我效能，变革自我效能正向影响员工的战略扫描行为。

（三）变革型领导的调节作用

个体做出主动性行为依赖于个体对自身能力的认知（Latha & Locke，1991；Crant，2000），即"能—做"动机，除此之外，还需要"想—做"动机（Parker et al.，2010）。变革型领导可以通过组织中上下级间的积极互动，建立良好的上下级关系，加深对员工深层次需求的了解，为员工提供情绪、资源上的支持，激发员工对变革和积极工作的内在动机，从而达到甚至超过预期的工作目标（刘一涛、余福海，2019）。这也就进一步满足了员工的"想—做"动机，因此，本研究进一步探索变革型领导在资质过剩通过变革自我效能影响员工战略扫描行为中的边界作用。

首先，变革型领导可以通过理想化的影响，提升个人的能力，以赢得资质过剩员工的认同和信任（陈璐等，2016），让他们相信自己的领导有能力带领他们为组织找到更加创新的工作方式或更加合适的发展模式（陈永贵等，2022），以适应和积极应对复杂变化的外部环境，提升他们的效能感。其次，变革型领导可以通过鼓舞性的激励，向资质过剩员工描绘组织未来发展的清晰的共同愿景，为他们指明奋斗的目标和方向，提高他们对自身价值和重要性的感知。还有，变革型领导也可以通过智力上的激发，启发资质过剩员工在面对问题时探索新的工作方法或手段，鼓励他们挑战自我，让他们参与到管理决策中去，进行创新（Tierney et al.，1999），授予更多的权力和责任，增强他们的自我价值（Kim & Beehr，2018）；同时，通过对组织内部知识的管理、交流和吸收（王永伟等，2012），变革型领导为资质过剩员工提供支持，使其相信自己有充分能力适应和应对未来的变革。最后，变革型领导通过给予资质过剩员工个性化的关怀，让员工感受到在组织中的归属感，从而积极看待其高资质。在工作上予以及时和公正的反馈，帮助他们解决生活和家庭上的难题，关心、重视他们每个人的需要和成长，让具有感知资质过剩的员工从心底愿意跟随领导为组织的未来发展考虑；并且对每个人采取针对性的培养和发展规划上的指导（王凤彬、陈建勋，2011），鼓励具有资质过剩的员工进行发散性思维，充分地表达自己的想法和观点（杨剑钊、李晓娣，2019），用包容和认可来提升员工的自主性和自由度，也能够让员工感受到在组织中的归属感，从而愿意积极地看待其高资质，而对自身能力的积极评价和良好的绩效表现是自我效能感的重要来源（Zhang et al.，2016）。基于此，本研究提出以下假设：

H8-3：变革型领导在资质过剩与变革自我效能的关系中起正向调节作用，在高变革型领导下，具有资质过剩的员工的变革自我效能越强。

同时，鉴于资质过剩通过变革自我效能影响员工的战略扫描行为，进一步地，本研究认为变革型领导也会调节该间接效应，即有调节的间接作用。为此本研究提出如下假设：

H8-4：变革型领导正向调节资质过剩通过变革自我效能影响员工战略扫描行为的间接关系，具体而言，在高变革型领导下，这一间接关系越强。

二、资质过剩与战略扫描行为实证设计

（一）样本和调查过程

以国内 7 家大型企业集团的 98 个独立工作团队为样本，涉及制造、房地产开发、汽车服务等行业，每个工作团队包含 1 名团队领导和至少 3 名员工。在两个时间点对团队领导和团队成员完成了数据收集工作。第一次，由团队成员对个人信息与资质过剩进行评价，评价完成后填答者将问卷封入信封并交与指定的联系人，由联系人寄给调查者。经过初步筛选，一个月后，我们进行了第二次调查，由团队成员对变革自我效能、变革型领导、绩效提升动机进行评价，团队领导对团队成员的战略扫描行为进行评价（根据第一次的信封编号我们向领导提供了参与调查的团队成员姓名以便其准确评价）。调研完成后，我们根据编号对团队领导和团队成员的问卷进行匹配，并对数据进行录入、整理和分析。本次调查共发放 498 套问卷，回收 446 套，最终有效匹配 72 组问卷 290 套。

（二）数据测量

本研究选择在国内情境下普遍使用过的具有较高信效度的国外量表进行测量，并邀请了人力资源管理方向的两名博士研究生采用"翻译—回译"程序，保证测评量表的同一性。研究中所有量表均采用 7 点计分，从"1"＝非常不符合到"7"＝非常符合。

资质过剩采用约翰逊和约翰逊（Johnson & Johnson，1997）开发的 4 项目量表，测量条目如"我的能力高于工作所要求的，即在这个岗位上我是能力过剩的"，此量表的内部一致性系数（Cronbach's Alpha）为 0.82。

变革自我效能采用万伯格和巴纳斯（Wanberg & Banas，2000）开发的 4 项目量表，测量条目如"我认为我比与我一起工作的大多数人更能应对变化"。此量表的内部一致性系数（Cronbach's Alpha）为 0.88。

变革型领导采用柯克曼（Kirkman et al.，2009）开发的 14 项目量

表，测试条目如"他鼓励我重新审视工作中的一些基本假设"。此量表的内部一致性系数（Cronbach's Alpha）为0.76。

战略扫描行为采用学者帕克和柯林斯（Parker & Collins，2010）开发的3项目量表，测量条目如"他会积极审视和扫描环境，并考虑未来可能会对组织产生的影响""他会考虑面对环境的发展（例如市场、技术等），组织需要做出怎样的改变"。此量表的内部一致性系数（Cronbach's Alpha）为0.91。

控制变量。在分析中，本研究对可能影响员工战略扫描行为或主动性行为的个人特征进行了控制，包括员工的性别、年龄、工作年限和受教育水平与领导的性别、年龄、工作年限、受教育水平与下属人数，其中性别和受教育水平为分类变量（性别：男=1，女=0；受教育水平：1为大专或以下，2为本科，3为硕士，4为博士）。

（三）数据分析方法

在分析数据时，首先采用Mplus 7.0进行了验证性因子分析，以检验理论模型中所涉及核心变量的区分效度；其次采用SPSS 21.0对研究变量进行了描述性统计分析，揭示了各个变量间的相关关系，从而初步验证研究的理论模型；再次采用多水平模型分析对假设的直接效应、中介效应和调节作用进行检验，并分析了被调节的中介作用。

三、资质过剩与战略扫描行为实证结果

（一）验证性因子分析

为考察资质过剩、变革自我效能、变革型领导和战略扫描行为四个潜变量的聚合效度与区分效度，本书采用结构方程模型对领导—员工配对数据进行验证性因子分析，结果发现，四因子模型中各因子载荷及T值均达到0.05以上的显著性水平，说明本研究变量聚合效度较好。同时，对四个竞争模型进行拟合优度的比较。如表8-1所示。结果显示四因子模型明显优于其他备选模型并达到学界认可标准（$\chi^2/df = 2.42 < 3$，

TLI = 0.91 > 0.9，CFI = 0.93 > 0.9，RMSEA = 0.08 ≤ 0.08，SRMR = 0.07），其他因子模型皆无法满足统计学意义上的拟合优度标准，证明了核心研究变量间具有较好的区分效度。为考察四因子模型是否具有跨层次恒等性，本研究采用 Mplus 软件进行跨层次验证性因子检验（MC-FA），结果显示，跨层次验证性因子分析得到的 RMSEA、CFI、χ^2/df、SRMR 明显优于传统验证性因子分析检验结果。此外，采用 Harman 单因子检验法对变量的共同方法偏差进行检验，结果显示在被析出的四个因子中，最大因子的方差解释率为 27.66%，并未达到总解释量（72.34%）的一半，由此说明本研究没有严重的共同方法偏差问题。

表 8 – 1　　　　　　　　　　验证性因子分析结果

模型	因子	χ^2	df	χ^2/df	RMSEA	CFI	TLI	SRMR
基本模型	四因子（TL，POQ，CS，SC）	2 673.62	1 107	2.42	0.08	0.93	0.91	0.07
备选模型 1	三因子（TL + POQ，CS，SC）	3 578.13	1 199	2.98	0.102	0.89	0.87	0.10
备选模型 2	二因子（TL + POQ，CS + SC）	3 589.21	1 208	2.97	0.135	0.55	0.53	0.16
备选模型 3	单因子（TL + POQ + CS + SC）	3 859.35	1 272	3.03	0.142	0.48	0.46	0.16
MCFA 4	四因子（TL，POQ，CS，SC）	3 752.11	1 709	2.20	0.06	0.94	0.93	W = 0.04，B = 0.06

注：POQ 表示感知资质过剩；CS 表示变革自我效能；TL 表示变革型领导；SC 表示战略扫描行为；W 表示组内；B 表示组间。

（二）描述性统计分析

表 8 – 2 显示了研究变量的均值、标准差以及各变量之间的相关系数。结果显示资质过剩与变革自我效能（r = 0.237，p < 0.01）、战略扫描行为（r = 0.167，p < 0.01）显著正相关；变革自我效能与战略扫描行为（r = 0.221，p < 0.01）显著正相关。这些相关性与理论模型预期一

致，为假设检验提供了初步支持。

表 8 - 2　　　　　　　　　　　　描述性统计分析结果

变量	M	SD	1	2	3	4	5	6	7
个体层面									
1. 性别	0.59	0.49	1						
2. 年龄	31.72	6.47	0.015	1					
3. 工作年限	5.28	4.74	0.067	0.688**	1				
4. 学历	1.54	0.67	-0.1	-0.039	-0.164**	1			
5. 感知资质过剩	3.69	0.84	0.05	-0.088	-0.025	0.03	1		
6. 变革自我效能	5.08	0.96	0.098	0.027	0.074	-0.032	0.237**	1	
7. 战略扫描行为	4.59	0.81	0.009	-0.082	-0.011	-0.066	0.167**	0.221**	1
领导层面									
8. 性别	0.76	0.43	1						
9. 年龄	37.00	6.40	0.077	1					
10. 学历	1.67	0.63	0.175	0.056	1				
11. 职位任期	5.99	8.18	0.100	0.261*	-0.009	1			
12. 下属人数	13.79	10.87	0.210	-0.109	-0.109	0.166	1		
13. 变革型领导	5.64	0.70	0.074	-0.133	-0.068	0.111	0.124	1	

注：$**\ p < 0.01$，$*\ p < 0.05$；在性别中，男性取值为1，女性取值为0；在学历中，1为大专或以下，2为本科，3为硕士，4为博士。

（三）假设检验

本研究数据为嵌套数据，因此采用多水平模型对假设进行检验，本研究从个体和组织两个层面来进行数据分析，以对研究假设进行检验。在个体层面，运用SPSS 24.0软件进行层级回归分析，相关结果如表8 - 3所示，在控制了员工性别、年龄、工作年限与学历后，资质过剩对变革自我效能有显著的正向影响（模型1，$\beta = 0.56$，$p < 0.001$），H8 - 1得到验证；资质过剩对战略扫描行为具有显著正向影响（模型2，$\beta = 0.76$，$p < 0.001$），当变革自我效能进入回归方程后，资质过剩对战略扫描行

为的正向影响显著减少（模型3，β＝0.52，p＜0.001）。

表8－3　　　　　　　　　　回归分析结果

变量	变革自我效能	战略扫描行为	
	模型 1	模型 2	模型 3
控制变量			
下属性别	0.12 (0.10)	－0.08 (0.08)	－0.14 (0.06)
下属年龄	0.06 (0.05)	－0.03 (0.05)	－0.05 (0.03)
下属工作年限	0.09 (0.05)	0.01 (0.05)	0.002 (0.03)
下属受教育水平	－0.05 (0.07)	－0.14 (0.06)	－0.11* (0.05)
自变量			
感知资质过剩	0.57*** (0.05)	0.76*** (0.04)	0.52*** (0.04)
中介变量			
变革自我效能	—	—	0.45*** (0.04)
截距项	0.85 (0.14)	0.26** (0.11)	0.25** (0.09)
ΔR^2	0.31	0.58	0.72
F	25.35***	79.14***	123.19***

注：***p＜0.001，**p＜0.01，*p＜0.05；小括号中的值为标准误差。

同时，进行 Bootstrap 中介效应检验，如表8－4所示，显示变革自我效能在感知资质过剩与战略扫描行为的间接效应值（Indirect＝0.26，95% CI＝[0.18，0.35]，p＜0.001），H8－2 得到验证。

表 8 – 4　　　　　　　　　**Bootstrap 中介效应检验结果**

效应值	Estimate	SE	95% 的置信区间		Z	p	% Mediation
间接效应	0.26	0.04	0.18	0.35	5.9	<0.001	31.4
直接效应	0.57	0.05	0.46	0.67	10.56	<0.001	68.6
总效应	0.83	0.05	0.73	0.92	16.87	<0.001	100

注：Bootstrap 抽样 5 000 次。

对于领导层面，本研究运用 Mplus 分析工具进行跨层回归分析，检验调节效应和中介效应时，对层 1 变量进行总均值（grand mean）中心化处理。在检验跨层次调节效应时，对层 1 变量实施组均值（group mean）中心化处理。为确保跨层模型使用的恰当性，首先，建立了不包含任何预测变量的零模型（模型 5）并进行方差分析。计算得出 ICC(1) = 0.60 > 0.059；ICC(2) = 0.85 > 0.7，数据适合进行跨层次分析。表 8 – 5 中模型 6 的结果表明，在控制领导个体特征的情况下，资质过剩对战略扫描行为没有显著的影响作用（$\beta = 0.15$，$p > 0.05$），模型 7 的结果表明，在同时加入自变量与中介变量后，中介变量变革自我效能对战略扫描行为有显著的正向影响作用（$\beta = 0.39$，$p < 0.01$），模型 9 的结果表明，资质过剩对变革自我效能有显著的正向影响作用（$\beta = 0.43$，$p < 0.01$），以上结果显示，在控制领导层面的个体特征后，变革自我效能在资质过剩对战略扫描行为影响中起完全中介作用。

表 8 – 5　　　　　　　　　　**跨层次效应分析结果**

变量	战略扫描行为			变革自我效能		
	模型 5	模型 6	模型 7	模型 8	模型 9	模型 10
截距（γ_{00}）	5.60*** (0.08)	5.65*** (0.28)	5.64*** (0.61)	5.08*** (0.08)	5.58*** (0.79)	4.97*** (0.17)
Level – 1（γ_{10}）						
感知资质过剩	—	0.14 (0.25)	-0.02 (0.13)	—	0.43** (0.08)	-0.07 (1.22)

续表

变量	战略扫描行为			变革自我效能		
	模型 5	模型 6	模型 7	模型 8	模型 9	模型 10
变革自我效能	—	—	0.39 *** (0.04)	—	—	—
下属性别	—	− 0.04 (0.07)	− 0.07 (0.01)	—	0.10 (0.11)	0.13 (0.10)
下属工作年限	—	0.00 (0.01)	− 0.01 (0.01)	—	0.01 (0.01)	0.00 (0.02)
下属年龄	—	0.01 (0.01)	− 0.01 (0.01)	—	− 0.01 (0.01)	0.00 (0.02)
下属受教育水平	—	− 0.16 (0.09)	− 0.11 (0.07)	—	− 0.08 (0.09)	− 0.09 (0.06)
Level − 2（γ_{01}）						
变革型领导	—	—	—	—	—	0.68 * (0.16)
领导性别	—	0.20 (0.17)	0.20 (0.17)	—	0.29 (0.18)	0.20 * (0.10)
领导年龄	—	− 0.03 * (0.01)	− 0.03 * (0.02)	—	0.02 (0.01)	0.00 (0.01)
领导工作年限	—	0.02 *** (0.01)	0.02 *** (0.01)	—	0.02 ** (0.01)	0.01 *** (0.00)
领导受教育水平	—	0.08 (0.11)	0.05 (0.11)	—	− 0.04 (0.09)	− 0.05 (0.09)
领导的下属人数	—	0.00 (0.01)	0.00 (0.01)	—	0.00 (0.00)	0.00 (0.01)
交互项	—			—		
变革型领导 × 感知资质过剩	—	—	—	—	—	0.28 * (0.38)
σ^2	0.27	0.21	0.17	0.66	0.52	0.51
τ_{00}	0.41	0.55	0.37	0.27	0.32	0.37
$R^2_{\text{level} - 1}$	—	0.22	—	—	0.21	—
$R^2_{\text{level} - 2}$ 截距	—	—	0.32	—	—	—
$R^2_{\text{level} - 2}$ 交互	—	—	—	—	—	0.14

续表

变量	战略扫描行为			变革自我效能		
	模型5	模型6	模型7	模型8	模型9	模型10
Deviance	586.69	603.34	498.25	572.44	593.41	559.20
分组统计中介效应	高变革型领导 （+SD）					0.19 * (0.09)
	低变革型领导 （-SD）					-0.09 (0.65)

其次，模型10检验了变革型领导调节效应，结果显示变革型领导对变革自我效能有显著的正向影响作用（β=0.68，p<0.01），变革型领导与资质过剩的交互项对变革自我效能具有显著的正向影响作用（β=0.28，p<0.01），绘制阐释调节作用的调节图，如图8-1所示。为了进一步解释变革型领导的调节效应，将变革型领导均值加、减一个标准差进行间接效应的检验，如表8-5结果显示在较高的变革型领导下，变革自我效能在资质过剩对战略扫描行为中起到的中介效应显著（β=0.19，p<0.01），在较低的变革型领导下，变革自我效能在资质过剩对战略扫描行为中起到的中介效应不显著（β=-0.09，p>0.05）。

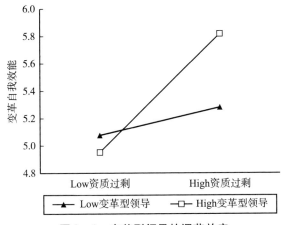

图8-1　变革型领导的调节效应

四、资质过剩与战略扫描行为关系讨论

本研究从社会认知理论和自我调节理论视角研究了资质过剩可能产生的积极影响，并识别了重要的边界条件，通过多阶段、多数据来源的实证研究，验证了提出的假设模型。结果显示资质过剩通过变革自我效能对员工的战略扫描行为产生积极的影响，并且这种影响效果受到变革型领导的调节，变革型领导促进了这种间接效应。这些发现对于资质过剩、自我效能和战略扫描行为等领域的研究有着重要的理论意义，并为具有资质过剩的员工的激励与管理提供了启示。

（一）理论贡献

首先，本研究顺应资质过剩理论发展脉络，研究资质过剩可能带来的积极影响效应，拓展了资质过剩理论。多数研究集中在如何通过外在引导促使具有资质过剩的员工产生积极的组织行为，缺少对具有资质过剩的员工内在认知的研究。本研究从社会认知理论和自我调节理论视角探索了具有资质过剩的员工可能产生的积极组织行为——战略扫描行为，并研究了其影响机制。根据社会认知理论（Bandura，1986），个体行为是个体、环境、行为三者交互的结果，其中个体主要包括认知、态度和情绪三种因素。基于此，本研究考察了个体面临不利环境时（感知到资质过剩）产生战略扫描行为的内在机制，研究发现资质过剩能够通过变革自我效能对员工的战略扫描行为产生积极影响。因此，本研究拓展了资质过剩可能产生积极组织行为的理论视角，丰富了资质过剩与积极结果变量关系及作用机制的研究。

其次，阐释了资质过剩对员工战略扫描行为的影响机制。本研究在基于认知视角考察资质过剩对战略扫描影响机理时，引用了特殊的效能感——变革自我效能。尽管有研究证实角色宽度自我效能感能促进多种形式的员工主动性行为，但特定领域的自我效能感能够增强对情境的理解（谢清伦、郗涛，2018）。因此，本研究拓展了变革自我效能的应用范围。更进一步地，研究证实了变革型领导在资质过剩通过变革自我效

能影响员工战略扫描行为的调节作用，即具有资质过剩的员工的认知和行为受到变革型领导的显著影响，变革型领导在资质过剩通过变革自我效能与战略扫描行为之间的关系中起正向调节作用。因此，本研究丰富了变革型领导的研究，并拓展了其应用范围。

最后，拓展了战略主动性行为的理论研究。战略扫描行为作为组织一种积极主动的行为在复杂多变的环境中变得越来越重要。研究指出，组织外部不确定因素的增加，从员工视角审视组织的战略，有助于组织战略的执行，以及个体期望和组织期望的实现（任润等，2011）。本研究顺应人力资源管理与战略研究相结合的发展趋势，从员工的视角探寻主动战略扫描行为的重要作用，以便企业战略能够被组织成员准确理解和接受，从而有效执行组织战略（杨付等，2014）。此外，在以往的研究中，战略扫描行为的前因变量主要包括个体的主动性人格、未来导向、变革的责任感等方面。本研究提出并证实了资质过剩与员工战略扫描行为之间的关系，拓展了战略主动性行为的理论研究。

（二）管理应用

本研究证实了具有资质过剩的员工是可以通过对自身资质的正确认知，通过变革自我效能对战略扫描行为这一变革导向的角色行为存在正向的影响作用，因此组织在面对市场变化和冲击时可以任用具有资质过剩的员工，他们会为组织带来一定的灵活度和适应性。

同时，有证据表明，当今时代的组织管理在很大程度上是对变革的管理，而员工是否积极、主动参与变革则是组织变革成败的关键因素（Oreg et al.，2018）。本研究指出，具有资质过剩的员工是可以承担起战略扫描行为的责任，"能者多劳"在一定程度上是成立的。但是，为了保留和激励这些员工，组织要通过多种方式激发具资质过剩的员工积极的认知和行为，要充分发挥领导者的作用，管理者需要为具有资质过剩的员工提供更具挑战性的任务，提供多样化的职业发展机会，更多的授权和更多的参与（Erdogan & Bauer，2009；Luksyte et al.，2011），鼓励他们将进行创新，将自身价值实现与组织的发展相结合；同时也要为具有资质过剩的员工给予充分的帮助和关怀，让他们相信自己有能力应对未来的挑战。

第三节　资质过剩与员工创新绩效

虽然已有研究提出，组织可以通过工作重塑、个性化契约、组织支持等方式促进资质过剩员工角色内和角色外绩效，激发他们的积极行为。但这些研究往往以工作为中心，只关注对员工的外在引导，很少关注那些与资质过剩的员工一起工作的人可能会如何反应，以及这些反应如何反过来影响资历过高员工（Thompson et al.，2013）。胡等（Hu et al.，2015）虽指出感知的同事资质过剩会调节资质过剩与组织公民行为的关系，但没有进一步分析其中的关系机制，也没有探讨领导对员工资质过剩的看法和反应。领导在任务委派、资源分配和员工绩效管理方面发挥着关键作用。如果没有领导的关注和支持，资质过剩的员工可能很难利用其相关资质。尤其在中国，关系机制有很强的适用性，领导和员工的关系是工作场所人际关系的核心。长期以来，创新在工作中的重要性得到了全世界的广泛认可。研究表明，促进员工创新行为是企业提升创新绩效、维持竞争力的重要途径（杜璿、邱国栋，2019）。然而，当资质过剩的员工将自己的资历与所需资历进行比较时，他们往往会感到被剥夺、不公正，可能对创新绩效产生消极影响。因此，有必要探索组织如何鼓励资质过剩的员工建设性地使用他们的剩余资质，进而提升其创新绩效（李珲、丁刚，2019）。

根据自我分类理论，如果个体认为某个对象或群体与自己相似，就更容易感受到与他的联系和归属感，并将自己与他们归为一类。因此，如果资质过剩的员工认为领导也是资质过剩的，则会认为自己与领导同处在一个"精英群体"，将自己与领导归为同一类人，从而愿意与领导进行更多的交流，努力在工作中表现。同样，如果资质过剩的领导认为下属也是资质过剩的，则会形成"资质共识"，领导也更愿意与下属交流。因此，若要系统地厘清资质过剩与员工创新绩效的关系，还需要研究感知领导与员工资质过剩一致性对创新绩效的影响。

另外，领导—员工资质过剩感知一致性与员工创新绩效之间还存在复杂的心理机制。根据社会交换理论，领导会通过不同形式的交流互动与下属建立互惠互利的交换关系，当员工在获得领导给予的支持、帮助时，会主动向对方表现出回报自身努力等行为。因此，当领导与员工资质过剩的程度一致时，双方通常表现出相似的行为偏好和结果预期，也更容易建立高质量的领导—成员交换关系。而领导—成员交换正向驱动员工创新行为，高质量的领导—成员交换关系可以满足资质过高员工对于安全、自尊和归属等基本心理需求，能够使员工与领导建立深厚的情感。在这种情况下，员工会表现出较高的组织承诺，这种回馈领导和组织的动机驱使员工创新行为的产生，进而促进创新绩效的提高。

因此，本研究基于自我分类视角，将领导—成员交换纳入研究框架，深入探讨感知领导与员工资质过剩一致性对员工创新绩效的影响机制。

一、自我分类视角下资质过剩与员工创新绩效

（一）员工资质过剩感与感知领导资质过剩一致性

资质过剩是指员工感觉自己所具备的知识、能力、经验以及受教育程度超过了岗位的需要。根据相对剥夺理论，当人们将自己当下的处境与过去及未来的自我价值期待和价值能力进行比较而感觉处于劣势时，就会产生"应该得到但又没有得到"的相对剥夺感。资质过剩员工基于自身资质本应拥有的和期望的工作，认为目前的工作限制了他们自己潜力和价值的发挥，也没有得到相匹配的资源条件，从而产生相对剥夺感。"被剥夺"是一种"相对"的主观感受，会受到组织情境因素的影响。特别是在中国情境下，组织中员工与领导关系的质量高低直接关系着员工的心理状态和工作结果。丹塞罗等（Dansereau et al.，1975）提出领导—成员交换（leader-member exchange，LMX）作为一项了解上下级关系的积极因素，认为领导者与下属之间会建立独特的交换关系，这种关系的质量会影响下属的态度和行为。由于人们具有基本的归属需求，他们会将自己与工作场所中的其他人进行比较，当个体感觉自己与他人具

有相似或共同的特征时，会促进双方的交流和互动，双方的关系也会更加密切，这有利于个体归属感的产生。因此，我们需要关注员工对与自己具有相似特征的同类成员进行比较和分组的过程，即自我分类。

根据自我分类理论，个体是以与同类成员之间的相似性程度作为分类依据的，而自身习惯、动机和价值观等既定特征会影响个体的自我分类意愿。如果资质过剩员工感知到领导也具有较高的资质过剩水平（perceived leader over qualification，PLOQ），他们会认为自己和领导是同类人，具有相似性，自己的潜能和价值更容易得到领导的认可，从而降低自己的戒备心，获得安全感，增强基于组织的自尊，感受到自我提升。领导的精力与资源是有限的，他们只会选择与一部分下属建立高质量的领导—成员交换关系，这部分下属往往与自己有着相似的价值观、性别、年龄等或者具备高能力。资质过剩员工一方面愿意努力与领导构建高质量关系，他们会通过积极的工作表现来获得领导的支持；另一方面，由于资质过剩感与上级评定的绩效结果呈正相关关系，资质过剩的员工也更容易得到领导的认可，从而资质过剩员工更可能与领导建立高质量的领导—成员交换关系。

因此，员工资质过剩与感知的领导资质过剩水平越一致，越有助于双方开展更开放、真诚的沟通，也有利于员工获取更多资源，并建立高质量的领导—成员交换关系。基于此，本书提出以下假设：

H8-5：员工资质过剩与感知的领导资质过剩越一致，领导—成员交换的质量越高。

（二）领导—成员交换与创新绩效

创新绩效属于角色外绩效，它的存在有利于员工保持自身竞争优势。领导—成员交换代表着领导和员工之间的交换关系的质量，拥有高质量交换关系员工的"报答"心理和身份认同感较强，这为员工创新行为的激发提供了有利的外界条件。简言之，当组织和领导为员工提供多方面的帮助与支持时，员工创新绩效便能够得以顺利实现。因此员工创新绩效的水平会受到领导—成员交换关系的影响。

根据自我分类理论，如果下属感觉自己与领导的交换关系的质量较高，则会与领导之间建立较为密切的人际关系。亲密的关系往往会带来下属的信任和认可，将领导归为自己的"内群"（in-group），这是一种更强的人际依恋和认可，而领导的价值观也会更容易渗透进下属的自我概念中，激发员工更积极的工作行为。员工将会在富有挑战性的任务中花费更多的精力，这有助于员工从事创新活动，提高创新绩效。换句话说，在高质量的领导—成员交换关系中，员工出于安全感和归属感的需要，会对领导产生强烈的认同感（李召敏、赵曙明，2018），二者的相对契合度进一步加强（Reimer，2020），这种状态有利于员工表现出领导所期待的态度和行为。再者，卢克斯特等（2011）提出社会支持或向同事提供支持能够使资质过剩员工提高创新绩效。高质量的领导—成员交换关系表明领导会更加期待员工积极承担工作角色，不仅会为其提供大量的资源和机会，还会通过定期的沟通与互动给予其情感上的支持，同时引导资质过剩员工正确运用自身冗余的才能。这样一来，个体可以积极看待资质过剩，其自我效能感会得到提高，员工也会主动处理创新过程中的困难，使得其在创新活动中更加得心应手。因此，领导—成员交换的质量越高，员工越倾向于从事创新活动，其创新绩效也会相应提高。基于此，本书提出以下假设：

H8 - 6：领导—成员交换与员工创新绩效呈正相关关系。

（三）领导—成员交换在资质过剩感一致性和创新绩效中的中介作用

研究表明，在信任度和知识共享程度高、反馈机制及时有效、互相支持、友爱互助的领导—成员交换关系中，员工会更容易表现出创新行为（Madjar，2000；孙锐、王乃静，2009；周长辉、曹英慧，2011），因为这种交换关系能形成良好的组织氛围，进而间接或直接影响员工的创新绩效。

首先，有助于员工获得归属感。根据自我分类理论，如果员工感知到领导与自己都存在资质过剩时，个体会将自己和领导归为同类，这有利于资质过剩员工获得归属感、提高自尊水平。同时，资质过剩的员工通常更容易被选择作为领导的"圈内人"，这促进了高质量的领导—成员交换关系的建立。其次，有助于员工获得物质和情感资源支持。高质量的领导—成员交换关系强调彼此的高度信任和支持，开放性和互利性的信息分享和沟通交流（Garne et al., 1995），这使资质过剩员工能够感受到领导对自己的支持和信任。而为了回馈领导的支持与帮助，资质过剩感员工会充分发挥自己的冗余资质，表现出更多的创新行为。最后，有助于员工获得更多的知识和技能（Zhou et al., 2012）。当领导和员工资质过剩程度一致时，员工在遇到困难时可以向领导寻求帮助，收获更多的知识和技能。知识和技能的提升则有助于创造力的激发，进而其创新绩效也会随之提高。因此，高质量的领导—成员交换关系会促进资质过剩员工积极情绪的产生，员工的安全感和归属感得到了保障，他们工作的动力会更加强烈，之后表现出更高的创造性，从而促进创新绩效的提高。基于此，本书提出以下假设：

H8 - 7：领导—成员交换在员工资质过剩感、感知的领导资质过剩感的一致性和员工创新绩效中起中介作用。

基于上述分析，本研究在文献梳理的基础上提出以下研究模型（见图 8 - 2）。

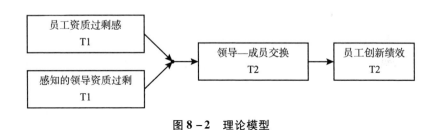

图 8 - 2　理论模型

注：T1 和 T2 表示在不同的时点对变量进行测量。

二、资质过剩与创新绩效关系实证设计

（一）样本和调查过程

本研究通过方便抽样方式的问卷调查形式收集数据。来自河北地区的 4 家大型企业集团参与了问卷调查，涉及教育、房地产、机械制造、

餐饮等多个行业。在调研公司人力资源部"联络人"提供的人员名单中，研究人员随机挑选了参与调研的员工并对其进行编号，然后现场发放并回收问卷，根据对回收的问卷进行统计，之后向被试的直接领导发放了调查问卷。

为保证数据质量，避免同源偏差对研究结果的影响，本研究分别在两个时间点发放了两种不同版本的问卷。第一次调查，参与调查的员工对有关自身的资质过剩、感知的领导资质过剩水平进行回答；一个月后，根据员工编号发放了第二次调查问卷，员工们回答了关于领导—成员交换关系的信息，并根据员工编号查找对应的员工名单，向其直接领导发放了问卷，评价员工的创新绩效信息。在剔除不合格问卷后，最终回收392份领导—成员成功匹配的问卷。

（二）数据测量

为保证测量工具的信效度，本研究均采用已有文献使用过并获学者们认可的成熟量表。所有量表采用"翻译—回译"程序，经多次测试修订后形成最终问卷。量表均采用李克特7点计分，从"1"到"7"分别表示对所描述情形符合程度由低到高。

资质过剩采用约翰逊和约翰逊（1997）的4项目量表，信度为0.79。感知的领导资质过剩采用约翰逊和约翰逊（1997）的4项目量表，但将题项中的"我"改为"我的领导"进行测量，信度为0.80。根据以往研究，领导资质过剩感与焦点员工感知到的领导资质过剩高度相关。因此本研究采用员工个人对领导资质过剩的评价，该评价能够反映真实的领导资质过剩感。领导—成员交换关系采用乔治和尤尔－拜因（George & Uhl-bien，1995）的单维领导—成员交换量表，信度为0.89。创新绩效采用韩翼、廖建桥和龙立荣（2007）开发的量表，包含8个题项，如"该员工运用学到的知识去解决工作中遇到的问题"，信度为0.88。此外，参照以往资质过剩和创新绩效的研究，本研究将性别、学历、年龄和任职年限等人口统计学变量作为控制变量。

（三）数据分析方法

由于传统的调节回归分析及差异分值分析可能导致信效度降低、伪相关等统计问题，因而越来越多的研究者开始使用多项式回归和响应面分析来研究一致性问题。本研究首先以 LMX 为结果变量，并以 POQ、PLOQ 为自变量进行回归，参照学者爱德华兹和佩里（Edwards & Parry，1993）的建议，模型为：$Z = b0 + b1P + b2L + b3P2 + b4P \times L + b5L2 + e$，其中 b0 为常数项，b1 ~ b5 为各回归项系数，e 为残差项。Z 为结果变量，P（POQ）为自身资质过剩感、L（PLOQ）为感知的领导资质过剩。

在多项式回归与响应面的分析中，本研究主要关注一致线 P = L 和不一致线 P = − L 两个截面上因变量 Z（LMX）的变化。在前一截面上，因变量 Z 的变化反映当自身资质过剩与感知领导资质过剩完全匹配或一致时的效果；在后一截面上，因变量 Z 的变化则反映当自身资质过剩与感知领导资质过剩完全不匹配或不一致时的效果。在进行 H8 − 1 的检验时，具体考察因变量变化的斜率和曲率。在检验 H8 − 2 和 H8 − 3 时，遵照爱德华兹和凯布尔（Edwards & Cable，2009）的建议，将 POQ、PLOQ、（POQ）2、（POQ）×（PLOQ）、（PLOQ）2 的原始值分别乘以多项式回归中各自的回归系数并加总，即将上述变量合成一个区集（block）变量，之后再应用回归分析和 Bootstrapping 法进行检验。

三、资质过剩与创新绩效实证结果

（一）验证性因子分析

本研究首先利用 LISREL 8.70 对员工资质过剩、感知领导资质过剩、领导—成员交换关系和创新绩效这四个潜变量的因子结构进行验证性因子分析，通过表 8 − 6 可知，四因子模型明显优于其他备选模型并达到学界认可标准（$\chi^2/df = 3.21$，CFI = 0.95，IFI = 0.92，RMSEA = 0.075），研究中全部因子的因素载荷也较为显著，表明构念之间具有良好的区分效度，可能存在的同源误差问题并不严重。

表 8 - 6 验证性因子分析结果

模型	χ^2	df	χ^2/df	RMSEA	RFI	IFI	NNFI	CFI
四因子	2 184.89	681	3.21	0.075	0.92	0.92	0.94	0.95
三因子[a]	6 424.09	699	9.19	0.145	0.84	0.87	0.86	0.87
二因子[b]	9 553.25	701	13.63	0.18	0.78	0.82	0.8	0.81
单因子[c]	10 341.21	702	14.73	0.187	0.76	0.79	0.78	0.79

注：a. POQ、PLOQ 合并为一个因子；b. POQ、PLOQ 和 LMX 合并为一个因子；c. 所有题目合并为一个因子。

（二）描述性统计分析

各变量的均值、标准差和变量之间的相关系数如表 8 - 7 所示。POQ 与 PLOQ 显著正相关（$r = 0.44$，$p < 0.01$），LMX 和 IP 显著正相关（$r = 0.45$，$p < 0.01$），这为本研究相关假设提供了初步支持。

表 8 - 7 描述性统计分析结果

变量	M	SD	1	2	3	4	5	6	7	8
1. 性别	0.57	0.50	—	—	—	—	—	—	—	—
2. 年龄	31.88	6.43	0.04	—	—	—	—	—	—	—
3. 学历	1.56	0.66	-0.11*	-0.05	—	—	—	—	—	—
4. 年限	5.21	4.71	0.05	0.459**	-0.13**	—	—	—	—	—
5. POQ	3.91	1.14	0.07	0.02	0.04	0.04	(0.79)	—	—	—
6. PLOQ	4.02	1.03	0.11*	0.06	-0.08	0.08	0.44**	(0.80)	—	—
7. LMX	5.45	0.87	0.07	-0.03	-0.06	-0.05	-0.01	0.01	(0.89)	—
8. IP	5.43	0.97	-0.05	-0.08	-0.05	-0.11*	-0.04	0.01	0.45**	(0.88)

注：$**p < 0.01$，$*p < 0.05$；性别上，男性 = 1，女性 = 0；年龄上，20 岁及以下 = 1，21～30 岁 = 2，31～40 岁 = 3，41～50 岁 = 4，50 岁以上 = 5；学历上，高中或高职及以下 = 1，专科 = 2，本科 = 3，硕士及以上 = 4；对角线上括弧中的数值是信度系（Cronbach's α）。

（三）假设检验

本研究运用 Stata 软件，采用多项式回归与响应面分析技术对员工资质过剩和感知领导资质过剩一致性对 LMX 作用的假设（H8-1）进行检验。在二次响应面回归分析之前，根据沙诺克等（Shanock et al.，2010）

的观点，要明确样本在员工资质过剩和感知领导资质过剩之间的差异及差异的方向，即确定样本在一致和不一致中所占的比例。具体方法采用弗利诺、麦考利和布鲁图斯（Fleenor, Mccauley & Brutus, 1996）的建议，把各预测变量转换为标准分数后，以一个预测变量高或低于另一个预测变量半个标准差为依据进行划分，结果如表 8 - 8 所示。员工资质过剩与感知领导资质过剩不一致的样本比例为 53.83%，显著高于沙诺克等（Shanock et al., 2010）所建议的 10% 的阈值，从而研究样本适宜进行多项式回归与响应面分析。

表 8 - 8   POQ 与 PLOQ 一致性描述性统计结果

POQ 与 PLOQ	n	%
POQ 大于 PLOQ	106	27.04
一致	181	46.17
POQ 小于 PLOQ	105	26.79

首先进行员工资质过剩与感知领导资质过剩一致性对领导—成员交换关系的二次多项式回归。按照以往学者们的方法，先把 POQ 与 PLOQ 分别中心化，然后构建出 POQ 与 PLOQ 的交互项以及各自的平方项，接着利用分步回归的方法进行假设的检验。具体步骤为第一步放入控制变量（模型1），第二步放入自变量（模型2），第三步放入交互项、平方项（模型3），用来检验曲线关系与交互效应。由表 8 - 9 可知，在对 LMX 的分析中，相比于模型2，模型3 的 ΔR^2 具有显著的变化，因此多项式回归是合理的。

表 8 - 9   多项式回归分析结果

变量	LMX		
	模型1	模型2	模型3
截距	5.58 **	5.58 **	5.51 **
控制变量	—	—	—
性别	- 0.09	- 0.09	- 0.07

续表

变量	LMX		
	模型 1	模型 2	模型 3
年龄	0.01	0.01	0.001
学历	-0.09	-0.09	-0.06
任职年限	-0.01	-0.01	-0.01
自变量	—	—	—
POQ（b1）	—	0.04	-0.03
PLOQ（b2）	—	0.04	-0.04
POQ^2（b3）	—	—	-0.02
POQ×PLOQ（b4）	—	—	0.07*
PLOQ^2（b5）	—	—	0.03
R^2	0.01	—	0.04
ΔR^2	—	—	0.02**
一致性线（POQ = PLOQ）	—	—	—
斜率（b1 + b2）	—	—	-0.001
曲率（b3 + b4 + b5）	—	—	0.09**
不一致性线（POQ = -PLOQ）	—	—	—
斜率（b1 - b2）	—	—	-0.08*
曲率（b3 - b4 + b5）	—	—	-0.07*

注：$N = 392$，双尾检验，$**p < 0.01$，$*p < 0.05$，$+p < 0.1$；性别上，男性 = 1，女性 = 0；年龄上，20 岁及以下 = 1，21～30 岁 = 2，31～40 岁 = 3，41～50 岁 = 4，50 岁以上 = 5；学历上，高中或高职及以下 = 1，专科 = 2，本科 = 3，硕士及以上 = 4。

为了更直观地呈现 POQ 与 PLOQ 一致性与领导—成员交换之间的关系，研究根据多项式回归分析数据在 Excel 中结果绘制了三维响应面，见图 8 - 3。根据表 8 - 9 和图 8 - 3 可以看出，响应面大致呈凹面，且沿着一致性线的横截线的曲率显著为正（曲率 = 0.09，$p < 0.05$），H8 - 4 成立，即相较于 POQ 与 PLOQ 不一致，在 POQ 与 PLOQ 一致的情况下，领导—成员交换关系水平更高。

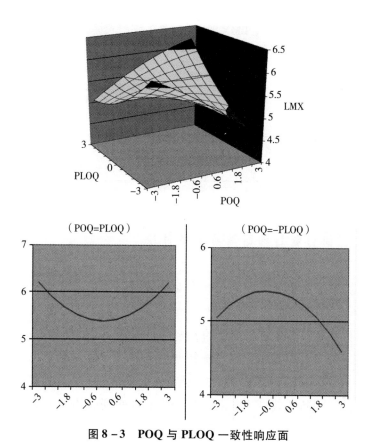

图 8 - 3   POQ 与 PLOQ 一致性响应面

对于中介效应假设。首先，构建 POQ 与 PLOQ 一致性到 LMX 的路径（中介模型中的"α"路径），即将区集变量、控制变量和 LMX 一起放入回归方程，然后计算 LMX 到创新绩效的路径（中介模型中的"β"路径），并进一步采用 Bootstrapping 法（重复抽样 10 000 次）对中介效应值进行估计。结果如表 8 - 10 所示，LMX 正向影响创新绩效（r = 0.02，p < 0.001），从而 H8 - 6 成立；LMX 中介了 POQ 与 PLOQ 的一致性对创新绩效的影响（r = 0.008，p < 0.001，95% CI[0.03，0.12]），从而 H8 - 7 成立。

表8-10　　　　　　　　　　LMX 的中介作用分析

变量	区集（block）变量到 LMX	LMX 到创新绩效	中介效用值
	"α" 路径	"β" 路径	"αβ"
非标准化结果	0.80 ***	0.07 ***	0.06 ***
95%的置信区间上间接效应	—	—	(0.03，0.12)
标准化结果	0.40 ***	0.02 ***	0.008 ***

注：**p＜0.01，***p＜0.001。

四、资质过剩与创新绩效关系讨论

本研究基于自我分类理论和社会交换理论，探讨了员工资质过剩与感知领导资质过剩水平一致性对员工创新绩效的影响机制，验证了领导—成员交换对员工创新绩效的影响以及领导—成员交换的中介作用。研究发现，员工自身资质过剩与感知到的领导资质过剩水平越一致（同高或同低），其领导—成员交换水平越高，并且这种一致性通过领导—成员交换对员工创新绩效产生显著的影响。具体来说，本研究有以下理论意义和实践启示。

(一) 理论贡献

第一，推进了资质过剩领域的研究。本研究结果表明，员工资质过剩与感知领导资质过剩水平一致性有利于激发员工创造行为、提升员工的创新绩效。以往关于资质过剩感的研究主要关注个体能力—工作要求不匹配或个体需求—工作供给不匹配，但本研究关注个体能力—他人能力的匹配，指出员工资质过剩与其感知的领导资质过剩水平的一致性是影响资质过剩员工态度或行为的重要因素。资质过剩员工在工作中往往感觉自己"被剥夺"，并且将自己受到的"剥夺"的原因归咎于组织和组织中的其他人（领导或同事），并对他们作出消极的行为反应。在中国组织情境中，与领导的关系质量对员工而言非常重要。当员工认为自己和领导的资质过剩水平一致时，会认为自己的资质过剩是合理且能提高自己自尊的。本研究结合了感知的领导资质过剩分析对员工创新绩效的影响，是对中国员工的态度和行为具有重要影响的关系因素的验证和补充。

第二，本研究丰富了资质过剩的积极影响效应研究。以往大多数学者主要关注资质过剩对员工工作态度和行为的消极影响，对其积极效应的研究较少，且主要集中于组织情境视角，从组织情境视角探究激发资质过剩员工积极行为的因素，如授权、组织支持和个性化契约等。鲜有研究从员工心理机制视角探讨资质过剩员工积极工作态度的产生。对于员工来说，在工作中充分使用自己的能力和发挥潜能是能为他们带来满足感和激励的重要先决条件。事实上，资质过剩积极影响效应的这两种视角并非彼此独立，而是具有一定的内在联系。一方面，员工根据对领导的感知来调整自己的态度和行为；另一方面，领导也需要充分了解资质过剩员工心理和行为的发展动向并进行正确的引导。本研究得出在一定情境下资质过剩会影响员工创新绩效，拓展了资质过剩的积极影响效应范围。

第三，揭示了领导成员交换的中介机制。本研究分析了领导—成员交换作为中介理解资质过剩感一致性对员工创新绩效影响的作用机制。以往关于创新绩效的研究集中于组织或者个体特征因素的影响，而本书基于自我分类理论和社会交换理论，以领导—成员交换为中介变量，探讨了领导—员工资质过剩感知一致性对员工创新绩效的影响。本研究证实了资质过剩员工如果感受到与领导的资质过剩水平相一致，便会认为自己与领导是相似的，将自己和领导归为"同一类人"，进而其归属感和安全感的需要能够得到满足。在这种情况下，员工会加强与领导的沟通，双方能够建立高质量的领导—成员关系，这有助于员工创新行为的产生，其创新绩效也会得到提高。

（二）管理应用

本研究的结论对于资质过剩员工的管理实践具有一定的指导意义，主要表现在：第一，个体如何定义和看待自己影响了其与他人关系的质量，资质过剩员工认为自己的资质是超过工作要求的，如果能让员工认为自己和领导是同一类人，都拥有超过工作要求的资质，就会提高双方的关系质量。因此，可以加强对领导者的培训，提高领导者的实际工作能力，从而使资质过剩员工信任领导，产生归属感和安全感。第二，高质量的领导—成员交换关系能够削弱资质过剩带给员工的负面影响，当员工感受到较高的组织支持时，他们会给予积极的反馈。因此，领导者要注重与员工建立良好的关系，加强与员工的沟通互动，也要求组织加强对领导力的培训，帮助领导培养与员工间的高质量交换关系。第三，根据研究结果，当资质过剩员工的信任、自尊、支持等需求和动机得到满足时，员工的工作热情便能够得到激发和释放。因此，领导者应该为资质过剩员工提供具有挑战性的工作任务，赋予员工更多的工作自主权和技能提升机会，让资质过剩员工感受到在组织中的支持，更好地发挥他们的潜力。

第九章

资质过剩与员工人际关系

导入

　　资质过剩的培训师能够在本职工作上游刃有余，对下属员工进行针对性培训，以提高本部门工作绩效和员工的工作积极性；在横向部门协作上，资质过剩使得其在同事之间更受欢迎，跨部门跨专业自我学习成为可能，对横向部门协作形成良性循环；领导者也会充分给予该培训师资源和支持，整体的工作氛围让其工作满意度较高。由此看来，资质过剩对于员工的人际关系有一定的正向促进作用。然而，事物总有两面性，有时资质过剩者的自负心理反而会引发负面的人际关系。

　　梅奥的霍桑实验充分表明了对于员工自身和组织绩效来说，人际关系的重要性；巴纳德也曾提出，组织必须做好员工之间的协调工作，使所有员工能够为共同的愿景而努力。在社会分工细化的今天，良好的人际关系则有利于增强组织的凝聚力和活力，有利于提高组织的运行效率和整体绩效。特别是对于资质过剩的员工来说，他们的人际关系结果对其自身发展和组织发展都至关重要，为了能够使资质过剩员工能够更好地适应组织环境，充分利用资质过剩员工的潜能，最大程度地发挥他们的积极作用而尽量避免他们的消极影响，就需要帮助他们在工作场所中建立积极的人际关系结果。为了帮助读者更好地理解员工资质过剩与人际关系，下面将分别从不同视角探讨二者之间的关系。

第一节　员工资质过剩与人际关系概述

从公平和相对剥夺的视角出发，资质过剩员工会将自己和同事进行比较，而比较的结果会对资质过剩感员工个人的感觉以及对工作和绩效水平的反应产生影响（Adams，1963；Crosby，1984）。如果资质过剩员工感觉自己的同事和自己一样是资质过剩的，则可能会认为在自己所在的团队中资质过剩是一种正常的现象，从而不会出现消极的反应（Chu，2020；Hu et al.，2015）。

从自我分类的视角出发，资质过剩员工对组织的与自我概念密切相关的积极感知和情绪反应会对员工的行为产生显著的影响（Turner et al.，1987；Chu，2020）。也就是说，资质过剩员工更加倾向于与自己相似的人产生积极的互动，这种互动会带来较高的人际吸引，带来较高质量的资质过剩员工与其他成员间的人际交换关系（Byrne，1971；Love & Forret，2008），而这种积极的交换关系会使资质过剩员工会对自己的价值以及组织更加认同，从而更加积极努力地工作（Eisenberger et al.，1986）。

从社会影响的视角出发，资质过剩员工的人际关系取决于该员工个人的人际影响力（Deng et al.，2016），即资质过剩员工能够灵活适应和灵敏矫正自己的行为的能力会对其周围同事对该员工的反应产生影响（Ferris et al.，2005）。如果资质过剩员工具有较高的人际影响力，则他们会选择以积极主动的态度和行为与同事进行互动，受到同事的欢迎和认可，从而使他们更加愿意采取积极的工作行为，带来更高的工作绩效。

从情绪表达印象管理的视角出发，资质过剩员工在工作场所中之所以会受到其他同事的排斥或接纳，产生两种截然不同的人际关系结果，是因为资质过剩员工的动机和行为所发挥的作用。如果资质过剩员工基于一种对于归属的需求或者对他人认同的需求，当他人对自己的积极评价与自己所期望的存在差距时，就会产生印象管理动机（Leary & Kowalski，1990)，试图引导他人对自己的看法和印象，塑造他人对自己的感知，而情绪表达作为非语言印象管理中的一种，能够在人与人的交往之间传递很多信号，积极的情绪表达可以向他人呈现出积极自我的印象管理，从而带来积极的人际关系。

从进化心理学（EPT）的视角出发，员工的情绪作为一种心理适应和情感机制，能够使他们对解决冲突、与他人合作以及自我保护等相关的问题做出相应的反应（Zhang et al.，2021)。在资质过剩员工因为自己的资质和工作不匹配而感觉自己的地位下降时，为了维持自己在心中感知的应该获得的地位，他们会通过骄傲情绪和同事互动，向同事传递能够体现或者帮助寻求地位的信息，从而做出不同的行为（Gibson & Callister，2010；Cheng et al.，2010)。

的确，从不同视角看待员工资质过剩与人际关系可以让我们初步理解二者之间的关系，帮助我们了解资质过剩员工在何种认知和情绪的驱使下，面向人际关系不同的反应和行为。那么，资质过剩者的人际关系存在哪些特点，资质过剩者的人际关系会产生什么样的结果，同时这种结果会带来怎样的影响？通过本节的学习，希望帮助读者解答上述问题，从而更深刻地理解资质过剩与员工人际关系。

一、资质过剩员工的人际关系特点

（一）资质过剩者自身特征带来的人际关系特点

资质过剩员工相对于其他的资质不足或者资质与岗位匹配的同事来说，具有超出岗位需要的学历、技术、能力或者经验水平，因此他们这种本身就具备的特征就是与其他同事不同的。但是社会认同理论告诉我们，人们倾向于喜欢和接纳那些与自己更为相似、具有共同特点的人，而对那些与自己没有共同特征的人会相对不那么认同（Molleman，2005)。因此，资质过剩员工在他们的眼中就会更像一个异类，而"不受待见"。此外，资质过剩员工身上所具有的可以称为"更强的优势"的这种特征不仅仅会被其他同事看作异类，而且会被看作是一种"威胁"。尤其是在这个竞争激烈的时代，人人口中都会提及"内卷"所带来的压力，几乎每一个想要不被快速更迭和淘汰的员工都会主动或被动地被裹挟着去比较和竞争。在这种情况下，资质过剩员工身上所具备的"优势"会更加引人注目，他们可以高效且高质量地完成一项任务，在完成工作之余甚至还可能有空闲的时间做自己的事情：可能是放松的休闲活动，这会让那些还深陷在任务或工作中的其他同事感到不满或是不平；当然也有可能是学习一些额外的知识和技能，为之后更好的职业生涯的发展做准备，这同样会让那些资质相对不那么优秀的同事感到焦虑和不安。

值得一提的是，组织或者领导层为了能够更好地引导资质过剩员工拥有积极的工作态度，做出积极主动的工作行为，充分激发他们的潜能以提高组织绩效，也为了能够为组织留住这些资质过剩的"精英人才"，往往会从物质层面和精神层面给予他们不同程度的区别于其他员工的激励，比如有竞争力和吸引力的薪资、丰厚的福利政策、有针对性的培训课程，还有来自领导的关心等。虽然激励的方式多种多样，但不变的是，这些特殊的待遇往往会引发其他同事的嫉妒。同事们的这些不满、不平、不安、焦虑、嫉妒等负面情绪都会影响对资质过剩员工的看法和判断，会负向影响资质过剩员工在他们心中的印象，从而影响他们对资质过剩员工采取的态度和行为，对资质过剩员工与其同事之间的人际关系产生消极的影响。

（二）资质过剩者自身行为带来的人际关系特点

除了资质过剩员工本身具有的"特征"外，他们在工作场所中的行为在与同事的人际关系中发挥着巨大的作用。我们的调查结果从资质过剩员工自己或者其同事的角度，真实体现了现实的工作场所场景之下的资质过剩感员工的不同行为所带来的不同影响。

我们的调查对象表示，资质过剩员工对自己的同事也会产生一些较为负面的看法，从而影响两者的交往。资质过剩员工可能会因为自身较强的工作能力而在被安排较为繁重的工作内容时，对相比于自己能力较弱的同事产生不满甚至是蔑视，认为其他同事会"拖后腿"，从而产生了对领导及其他同事的抱怨；有时资质过剩员工也会认为自己所处的工作环境中的其他同事与自己相比是"懒惰""低效率""不上进"甚至"无知的"，这往往会加重资质过剩员工认为"不舒服、不公平"的感觉。这些负面的情绪往往会使资质过剩员工在工作中表现出负面的工作行为和社交行为。

也就是说，资质过剩员工会在工作中消极怠工、出现懈怠、拒不配合完成任务或工作，或者只是机械地完成分配给自己的任务，不带任何热情和感情地工作。同时，他们可能也会冷漠地对待与工作相关的人（如上级、同事，甚至是客户），不主动、不倾听、不配合甚至不尊重，不愿意与其他同事进行交流或沟通。此外，资质过剩员工有时也会因为担任更多更重要的工作任务而受到组织的重视，从而"恃宠而骄"，不服从组织的管理。除此之外，资质过剩员工在工作中往往也会想要突出自己的个人优势，并不想以团队或者组织的利益优先，因此对待同事没有耐心，工作的氛围较差，会波及同事间的关系。同时，这种一味强调"优势"的行为，还会在团队或者组织内部形成一种"资质攀比风"或者"资质鄙视链"，在组织内营造出了一种不好的舆论氛围，不利于构建积极和谐的组织环境。还需要注意的是，资质过剩员工的"优秀"，也会造成团队或者组内其他同事的惰性，存在"搭便车"和"抱团"的心理，使团队或组织内的两极分化变得严重，同事之间产生嫌隙，甚至出现"打小报告"的情况。

总体来看，不论是因为资质过剩员工在其资质上所具备的独特优势会引起同事的"排外"或嫉妒；还是因为资质过剩员工认为自己在知识、能力、经验方面优于他人，从而认为自己高人一等，瞧不起同事，不愿意与同事进行交流、合作和沟通；抑或是资质过剩员工过于强调自己的优秀而引起的"资质攀比"和"搭便车"现象，都会为他们带来消极的人际关系结果。

但有趣的是，资质过剩员工也会有非常积极正向的人际关系，这也往往与他们在实际工作中的选择和行为有非常大的关系。这些资质过剩员工会认为"能者多劳"是领导和同事对自己的工作能力和靠谱程度的一种信赖。因此为了在工作中突出自己的这部分优势，甚至是优越感，他们在任何岗位不仅不会懈怠和偷懒，往往会更加积极主动地完成工作，与其他的团队或组织成员积极沟通和配合、建言献策，为同事、团队或组织带来更好的解决问题的方法和发展思路，通过展现自己的能力、实力和优异的表现来匹配自己优秀的资质，从而获得成就感、满足感以及同事们的认可，进而提高自己在社会网络中的中心地位。

在完成自己的工作之余，资质过剩员工还会主动要求协助或者兼任其他工作，比如主动申请担任项目负责人，担任项目建设的工作，并与其他同事进行充分的沟通和讨论，在看到其他同事存在困难和问题时主动指出，并运用自己的专业知识和能力解答问题，帮助对方改进工作。也会主动争取组织内部培训师的资格，将自己的知识、技能和信息等分享和传授给其他同事，发挥好传帮带的作用，帮助提升同事的能力和水平，和同事一起不断学习，一起培养优秀的工作和学习习惯，从而提高整个团队、部门或组织的绩效，打造"精英团队"，提高团队、部门或组织的凝聚力，从而获得其他同事的认可，形成较好的人际关系网络。

可见，资质过剩员工也可能会通过一些积极主动的行为，发挥自己在知识、能力、经验等方面的优势来积极帮助同事，主动承担责任，从而带来积极的人际关系结果。相关研究也表明了资质过剩与积极的人际关系结果之间并不是一种直接的作用关系，而是受到了其他因素的影响（Deng et al.，2016），比如我们上述提到的一些特定的行为。那么是什么影响了资质过剩员工的行为选择呢？是他们的主观感知？还是特定的需求？还是存在其他的因素？这些不同的行为方式又会带来什么样的人际结果和工作结果呢？这些问题都是需要我们在下面的内容中进一步讨论的。

二、资质过剩影响员工的人际关系

（一）资质过剩引发的消极人际关系

在上一节的内容中我们提到，资质过剩员工由于其自身的资质高于其他资质不足或者资质匹配的同事容易引起同事的嫉妒和不安，使同事感觉自己受到了威胁，从而使资质过剩员工在工作场所中的人际关系并不能非常顺利；另外，同样是因为资质过剩员工所具备的高于岗位要求的资质，会使他们的内心发生一些改变，从而作出某些主观上的行为选择，而这些行为可能导致其他同事的不满，非常容易给他们带来与同事之间的人际关系方面的问题，也就是有极大的可能性会引发消极的人际关系结果。那么资质过剩员工受自己的特质和行为影响会带来什么样的消极人际关系结果？

在已有的研究中，将职场排斥看作是一种在职场中消极的人际关系结果。根据费里斯等（Ferris et al.，2008）的研究，职场排斥是员工在工作场所中所感知到的来自其同事或上级的一种排挤的态度，或者被同事或上级忽视的情况，有可能表现为在社交上被孤立，或者说在情感方面被漠视。职场排斥不同于其他一些工作场所负面的人际行为，如工作场所不文明行为、工作场所不道德行为、工作场所辱虐行为等非常明显地表现出来，而更多的是通过资质过剩员工自身感知出来，因此在有些情况下他们所感知到的排斥是对方无意中做出的，在有些情况下是有意做出的（Ferris et al.，2008；Robinson et al.，2013）。而员工之所以会感到自己受到了职场排斥，从员工自身着手，员工个体可能由于自身的性别、人格特质及性格特征等因素而导致对职场排斥较为敏感，从而影响对职场排斥的感知。比如，具有较高自恋倾向、较高自尊和主动性人格的员工在面对职场排斥时，不会选择忍受而是会积极地寻找解决方法，与选择顺从和忍受、尽量避免冲突员工相比，更有可能避免一些职场排斥的情况（Zhao et al.，2013）。库伦等（Cullen et al.，2014）的研究认为，拥有较高政治技能的员工，在职场中会更加敏锐，在与其他人进行交往时表现出较大的真诚，具有较好的社交能力，因此也能够降低职场排斥发生的可能性。

当然，根据费里斯等（2007）的看法，资质过剩员工本身的个人特质、较高的资质或较强的能力并不是为他们带来职场排斥的唯一原因，因为他们高于岗位需要的能力或者丰富的经验也可能会受到其他同事的崇拜和尊敬，甚至吸引同事去学习。也就是说资质过剩员工的人际关系也会受到其他因素的影响，比如他们的行为，资质过剩员工的行为是给他们带来职场排斥的另一个重要原因。人们作出某个行为选择的原因往往与他们自己的主观感知是密不可分的，资质过剩员工因为感知到了自己资质过剩，就会因为此种主观的感知而做出一些特定的行为，从而会对他们的人际关系产生影响。从情绪印象管理和动机视角来看，资质过剩员工在其工作需求之下的某些特定的印象管理行为也会带来职场排斥。人们往往会将自己所期望的对自己认同的目标与现实中他人真正对自己认同的状态进行比较，并且人们对于自己的评价往往都是积极的，因此也常常希望他人也能够对自己具有积极的评价和印象。而当这种期望落空，即现实中他人对自己的认同和评价与自己所期望的认同和评价存在差距时，人们往往会产生进行印象管理的动机，以便于改变和影响自己在他人心目中的形象（Leary & Kowalski，1990）。特别是对于资质过剩的员工来说，他们不仅对于自己所具备的知识和能力有着较高的评价，并且他们也处于预期无法得到满足、自身能力与所匹配的岗位存在差距的情形，因此他们理想中的目标与现实也是不匹配的；而同事眼中的他们因为具有和自己相似的职位，可能并不会感知到他们过剩的资质，因此同事对于资质过剩员工的认同也往往达不到资质过剩员工的预期。在这种情况之下，资质过剩员工会根据自己的动机和自我概念进行印象管理，并且往往倾向于展示积极的自我印象管理。但是由于印象管理的方式或手段不同，也可能适得其反，引发负面的人际关系。

（二）资质过剩引发的积极人际关系

虽然资质过剩员工因为其自身的特点和行为会带来消极的人际关系，但资质过剩也有可能带来积极的人际关系结果。通过整理已有的研究，我们发现可以从三个角度来理解资质过剩员工的积极人际关系结果：一是根据资质过剩员工自身的特点；二是站在资质过剩员工同事的角度；三是扩展到社会接受的视角上。

首先从资质过剩员工自身的特点出发，资质过剩员工有可能获得职场接纳，也叫职场受欢迎程度。职场接纳当然与员工本身的特性相关，比如漂亮的外表会更加具有吸引力，人们也往往会有漂亮的人会更加聪明和具有能力这样的想法，产生比较优秀的刻板印象（Eagly et al.，

1991）。而之前我们也提到，员工的人格特征也会影响人际关系，比如大五人格中的宜人性和开放性就会带来更多的职场接纳，而神经质的特质则会对职场接纳产生负面的影响（Scott，2013）；具有较高的政治技能的人可以尽量避免职场排斥，当然也可以使职场接纳更容易发生（Cullen et al.，2014）；具有较高的核心自我评价的员工也能够获得他人的好评和欢迎（Garden et al.，2018）。

若是从资质过剩员工同事的角度来看，穆门代等（Mummendey et al.，1999）的研究已然告诉我们，在工作群体中，人们往往喜欢把自己的资历与同龄人或相似的同事之间进行比较来看看是否拥有不同的地位或待遇，从而影响自己对被比较对象的看法，进而影响二者的人际关系。胡等（2015）提出，资质过剩员工对于所处人际关系的感受在很大程度上会取决于对自己同事资质的感知。如果资质过剩员工通过和同事进行交流和互动，了解到和自己一起工作的同事同样也是资质过剩的，那么资质过剩员工会认为该同事的境遇和自己是相似的，并且还有可能认为这种资质过剩可能本就该是如此，是一种常态，那么就不太可能会认为自己应该获得更好的工作（Erdogan & Bauer，2009）。甚至在一定程度上，因为自己和优秀的、资质过剩的员工在一起工作，资质过剩员工还会认为自己属于精英群体，那么自然认为自己所从事的工作也是非常重要、有价值和意义的。在这种情况下，资质过剩员工不但不会感到不满和被剥夺，还会在心理上跟自己的同事更加亲近，建立良好的人际关系（Hu et al.，2015）。

从公平理论和自我分类理论的视角出发，如果资质过剩员工认为他们的同事也是资质过剩的，则他们不会认为自己的投入和产出之间的比例是不公平的，从而减少他们的不平衡感（Adams，1963；Kerstin & Alfes，2013）；同时，人们往往喜欢将与自己有共同特征的人归为自己的"同类人"，获得较强的归属感和积极的自我意识（Hogg & Terry，2000），并且愿意与和自己相似的人在一起以保持积极的自我感知，也就是说，同样资质过剩的员工之间具有较强的人际吸引力，彼此会互相欣赏，加强互动与联系，形成高质量的团队成员交换关系（Chu，2020）。

此外，还可以站在社会接受的视角上来看资质过剩员工的积极人际关系。社会影响理论中强调了人际影响力的重要性，它认为人际影响是政治技能、关系技能中的重要一环，能够对周围的人施加影响，在人际交往的过程中拥有非常大的灵活性（Ferris & Treadway，2005）。员工个体的自我认知可以帮助他们塑造自己在社会互动过程中的行为，从而也会对自己的人际关系产生一定程度的影响。若是人际影响力不足，资质过剩员工在交往中对于他人的感受并不敏感，并且自恃有着高于工作需求和其他同事的资质，往往会表现出自负和不满，在和他人的沟通过程中也不能做到有效沟通，发生冲突时也不能及时地调整自己的行为（Ferris et al.，2005）。在这种情况下，想要获得融洽的人际关系或许成为"痴人说梦"了。但是人际影响力高的人能够在不同的情况下及时地调整和改变自己的行为，从而从他人那里获得自己所期待的反应（Munyon et al.，2015）。当资质过剩员工具有较高的人际影响力的时候，他能够在自己与他人的交流互动过程中事事留意，处处留心，尽量不在他人面前展示自己的优越感。虽然这些资质过剩的员工可能认为自己有权利或者有资格表达不满，但是较高的人际影响会使他们在交往过程中努力克制自己的负面情绪（Liu et al.，2015），时刻校正自己的表达，避免可能会与同事之间产生负面的比较，从而降低因为认为自己资质过高而对同事不屑或贬低的可能性（Deng et al.，2016）。在这种情况下，资质过剩员工能通过有效利用自己所具备的过剩资源，主动地减少自己与他人的差距，在工作环境中，在同事之间为自己营造出一个受欢迎和讨喜的形象，提高自己的受欢迎程度，吸引同事们愿意与自己交往。具体来说，资质过剩员工因为具备高于工作需求的能力，因此往往可以快速且顺利地完成自己的工作内容，这时，资质过剩员工可以抓住时机，选择恰当的方式在同事面前展示自己的能力，比如及时帮助同事解决难题，让同事相信和认可自己的能力，并认为自己对于团队和组织的发展是有利的，从而提高对自己的社会接纳度。

三、资质过剩员工人际关系产生的影响

（一）态度层面

从资质过剩员工可能产生的态度层面来看，由于自我分类理论强调了员工会通过将自己和其他同事划分为不同的社会群体当中，从而建立关于自己的身份（Turner et al.，1987），并且认为与和自己同处于一个群体中的其他成员共同构成了"内群体"，并且倾向于积极评价他们，而自己的这个类别以外的成员就属于"外群体"，往往对他们产生消极的评价（Kerstin & Alfes，2013）。由于员工自身和其他同事之间在过剩的资质这方面的共同特征，使得他们具有了"同一性"，自己是群体中的一部分，这种"同一性"可以帮助他们在组织中形成积极的自我概念，产生强烈的归属感（Hogg & Terry，2000）。褚等（Chu et al.，2020）在研究中指出，资质过剩员工会和同样具有资质过剩的同事形成良好的团队成员交换关系。高质量的团队成员交换关系会使资质过剩员工和组织中的其他同事相互交流，充分分享信息，使得他们更能感受到彼此之间的相似性，塑造出一种组织身份，产生组织认同。

（二）行为层面

目前关于资质过剩员工的积极或消极的人际关系所带来的行为层面的影响已经有了很多相关研究。比如，基亚布鲁和哈里森（Chiaburu & Harrison，2008）认为员工与其同事之间积极的社会关系可以被看作能促进人不断上升的浪潮，能够引导员工在工作中作出更多的贡献。邓等（Deng et al.，2016）也提出，资质过剩员工所感受到的社会接纳会对人际利他主义行为和团队成员主动性行为产生积极影响。

资质过剩员工良好的人际关系还可能带来组织公民行为（Hu et al.，2015）。一方面，如果资质过剩员工的同事也是资质过剩的，那资质过剩在组织中就会看作一种正常现象，资质过剩员工就不会觉得自己是特殊的，也就不会感觉自己被剥夺。在这种心态的影响之下，资质过剩员

工就会正确地看待自己所从事的工作和需要完成的任务，会认为自己负责的任务是重要的，因为自己有足够的能力，所以团队或组织才会将任务交给自己，因此会更加积极有效地完成这项工作或任务。另一方面，因为同事的资质过剩，资质过剩员工会将同事与自己归为一类人，觉得彼此之间是相似的，因此会感觉自己与团队是契合和匹配的，而这种人—团队匹配的心理暗示会加强资质过剩员工与其同事之间的人际互动，从而建立起强大的社会资本（Adler & Kwon，2002），促使他们利用剩余的能力从事更多的组织公民行为（Hu et al.，2015）。因此，不论是从资质过剩员工所认为的工作中的任务重要性提高的角度，还是他们在情感上所依托的人—团队匹配的角度，都可以看出资质过剩员工良好的人际关系可以带来对组织及组织中的人有利的组织公民行为。

而且，通过进化心理学关于人们心理适应能力的角度，也证明了人际关系结果会影响资质过剩员工的行为。研究表明，人们往往会通过心理适应能力来获得自我感知的在社会中的相对地位，经常被使用的包括统治和建立威望两种不同的形式（Henrich & Gil‑White，2001）。还有，刘等（Liu et al.，2015）提出，资质过剩会对员工的心理状态产生影响，因为资质过剩员工的受教育程度、自身所具备的知识、技术、能力，甚至以往的经验都超过了他所从事工作的要求，因此往往会认为自己没有得到应该得到的地位。从进化心理的角度，此时资质过剩员工的情绪会发生剧烈的变化，并且想要对此做出改变（Gibson & Callister，2010）。张等（2021）在研究中运用骄傲情绪来表示人们调整心理状态，向他人展示自己的成就以及维持自己地位的机制，这种机制往往会影响人们的行为选择（Cheng et al.，2010）。

（三）绩效层面

除了态度和行为层面，资质过剩员工的人际关系还可能对绩效层面产生影响。而目前关于资质过剩员工人际关系结果方面，对于绩效层面的研究多集中关于资质过剩员工的角色内绩效。具体来说，资质过剩员工由于现实和理想存在差异会产生剥夺感，消极的认知和情感也随之而来，这种状况不利于员工产生高绩效。然而，如果同事也同样资质过剩，资质过剩员工会以平常心看待资质过剩，这种剥夺感就不容易产生（Hu et al.，2015）。此外，同事对资质过剩员工的社会接受也会促进他们的工作绩效，比如他们的角色内绩效和工作所需的核心任务绩效（Deng et al.，2016）。一般而言，工作场所的接受度高说明员工与身边的人建立了良好的关系，而资质过剩员工为了回报同事和团队对自己的认可，努力工作奉献自己的动机会更强。换句话说，资质过剩员工感觉到自己被周围人接受时，他们会更加看重同事等对自己的期望，由于不想辜负他们对自己的信任，资质过剩员工认为自己有义务利用自己的才能付出努力，从而有助于资质过剩员工高绩效水平的实现。另外，当资质过剩员工拥有高社会接受度时，他们也会感受到同事和团队的信任和支持。根据社会交换理论，当个体感受到社会接受和支持时，他们可能会产生强烈的回报他人的动机，同时付诸行动。

第二节 资质过剩与员工人际关系实证研究

通过本章第一节的资质过剩与员工人际关系概述，相信读者已经初步了解二者的联系与相互作用过程，本节将以实证研究的方式帮助读者进一步探究他们的作用机制。对于资质过剩感员工来说，他们的人际关系结果对其自身发展和组织发展都至关重要，但由于他们认为同事的资质与自己存在差别，会更容易出现人际关系方面的问题：资质过剩感员工可能因其优越感而被孤立，也可能会有选择性地展示关于自己的信息，通过一些印象管理行为发挥自己的优势帮助同事主动承担责任，为组织或团队带来价值而受同事尊重（Erdogan et al.，2011）。但是，资质过剩员工做出印象管理行为的意愿受其归属需求影响，高归属需求的员工更容易认识到他们的社会关系情况，更不可能做出引发冲突和排斥的行为（Howard et al.，2020）。因此本研究基于印象管理理论，认为高归属需求下资质过剩员工想要给同事留下好的印象，得到他人好的评价与对待，往往会试图控制他人对自己形成印象的过程，选择通过自我推销有选择性地表现自己，强调优点，隐藏缺点，以期带来职场接纳，减少职场排斥（Robert & Paul，1986）。

一、印象管理视角下资质过剩与员工人际关系

（一）资质过剩与自我推销：归属需求的调节作用

资质过剩是员工认为自己所具备的知识、能力、经验等方面超过了工作实际需求（Erdogan et al.，2011），他们除了感觉与工作不匹配外，还会关注所处社会环境中的关系因素，如觉得与同事存在差异，无法融入，从而存在人际关系问题（Erdogan et al.，2011）。而归属需求（need to belong）作为人类的基本需求和动机，是人们对被某一群体接纳，产生和谐人际关系的需求，会影响人们的认知和行为（Baumeister & Leary，1995）。根据印象管理理论（impression management theory），资质过剩员工因其资质超过了工作要求，认为自己与其他员工不同，融入同事的过程也会相对困难，他们希望自己的同事对自己产生的印象与他们认为的已经产生了的印象存在较大的差异，因此具有高归属需求的资质过剩员工会更加重视他人的认同和接受，因此会有更加强烈的印象管理动机（Christine & Shropshire，2010），会主动寻求同事接纳，来获得更多安全感。为受到同事欢迎或使同事按照自己期待的那样看待自己，高归属需求的资质过剩员工会想要试图控制他人对自己产生印象的过程，采用给他人留下和保持特定印象的方式产生行为，以获得同事积极对待（Baumeister，1982）。根据琼斯和皮特曼（Jones & Pittman，1982）的研究，印象管理策略主要包括了自我推销策略、逢迎策略、模范策略、威慑策略和示弱策略五种行为。

这些行为可能创造出理想的形象，但也可能导致不良的形象（Fitriastuti et al.，2022），为了满足自己的归属需求，人们往往想要塑造积极的形象而避免消极的形象。一般而言，示弱往往被视为需要帮助或无能，威慑往往被视为威胁，因此与示弱和威慑相关的形象往往被认为是负面的（Turnley & Bolino，2001；Harris et al.，2007）。逢迎的成功很大程度上取决于被逢迎者是否将这种行为归因于别有用心（Eastman，1994），

对于资质过剩员工来说，如果一味地迎合和夸大，会使同事更加容易察觉其动机，进而认为其不真诚；同时，在逢迎很常见的团队中，大家不会对这样的行为有谴责，但同样大家不会容易感知到该员工的逢迎，而在逢迎相对较少的团队中，这种行为更容易被注意到，但却可能会破坏团队关系而引起大家的排斥。而模范虽然往往用来塑造良好的形象，但同时也可能给他人带来压力（Long，2016），尤其对于资质过剩员工来说，因其能力本身强于他人，有时过多地以"标杆"形象标榜自己可能会使其他同事感觉到更大的差距和压力，甚至引起他们的排斥。

因此，为增大产生有利印象的可能性，人们往往选择强调自己的优点，减少展示自己的缺点，而在职场中运用最普遍，用积极的方式展现自己的印象管理行为之一就是自我推销（self-promotion）（Maike et al.，2021；Deanne et al.，2020），即通过向他人表现出有能力的行为让他人注意到自己的优势和成就，以给他人留下好印象。个体产生某一种行为的根本动机是要避免自己的负面形象，而强化自己积极的自我概念（褚福磊、王蕊，2019）。一般而言，自我推销者会将他人的注意力吸引到与工作相关的方面，同时为自己树立有能力且有成果的形象。一方面，高归属需求的资质过剩员工为获得同事的相信和认可，会将理想自我与表现出来的形象相匹配，通过自我推销，展示自己的贡献或表现得出类拔萃（Dalal et al.，2009），使自己感知的形象与现实形象一致。另一方面，为让同事感受到自己渴望被接纳的态度和诚意，他们会使自己的表现符合同事期望或喜好，关注同事并发挥自己的优势帮助同事或满足同事的偏好。因此，本书提出以下假设：

H9 – 1：归属需求调节了员工资质过剩与自我推销的关系，当归属需求越高时，资质过剩对自我推销的正向影响更强。

（二）归属需求下的资质过剩与职场人际关系结果：有调节的中介模型

现有研究认为职场排斥和职场接纳现象在职场上普遍存在，并被认为可以有效衡量员工在职场上的人际关系，并会对员工个人和组织均产生重要影响。如在职场中感受到被排斥的员工往往会产生心理焦虑和消极行为，会对组织和个人产生破坏性的影响，如更低的工作效率和创新行为；而职场接纳可以保护员工免受同事的排斥或者人际冲突（Cullen et al. ，2014）。因此，本研究用职场排斥和职场接纳分别代表消极和积极的人际结果：职场排斥（workplace ostracism）是员工在职场上所感知的被同事拒绝、忽视或排挤的程度（Ferris et al. ，2008）；而职场接纳（popularity）是员工在组织或团体中被同事接纳或喜欢的程度，组织中的职场接纳与积极的结果密切相关，如更高的核心自我评价，更中心的交流地位等（Scott & Judge，2009）。

员工向同事表现出的行为会对其人际关系产生重要影响（Howard et al. ，2020），员工不恰当的行为会引发职场排斥，但若员工能识别所在群体的理想形象并据此调整自己的行为，就更可能成为受欢迎的成员（Scott，2013）。根据印象管理理论，员工通过自我推销向同事解释自己的优势和以往的成就（Deschacht et al. ，2017），会增加和同事互动交流的机会，加深同事对自己的了解，为建立人际关系提供了更多可能性；同时通过展现自己的积极信息，塑造对自己有利的理想形象，增加同事好感。因此，本书提出以下假设：

H9 – 2a：自我推销正向影响职场关系。

H9 – 2b：自我推销对职场排斥有负向影响。

H9 – 2c：自我推销对职场接纳有正向影响。

归属需求是个体渴望能被他人或团体接纳的动机（Carvallo & Pelham，2006）。如果资质过剩员工具有高度的归属需求，会促使他们采取行动为自己带来积极的人际关系，减少消极人际关系（Jamieson et al. ，2010）。根据印象管理理论，高归属需求的资质过剩员工通过自我推销影响自己在同事心中的形象，或满足同事期望和需求以塑造积极形象，如强调自己的积极特征以及做出合作行为、帮助行为等（Bolino et al. ，2016），这有利于建立职场关系。但与实际情况不符的夸大的自我推销会适得其反，而诚实的、谦虚的、准确的自我推销给人一种有能力和合格的印象（Amaral et al. ，2019；丁晨等，2022），若自我推销的情况可证实，会带来更有利的人际关系评价（Erin et al. ，2018），高归属需求的资质过剩员工进行自我推销时强调的优势和成就是对真实情况的阐述，是可证实的，通过讲述过往的实际经验或发挥优势帮助同事解决工作中的问题等可信的方式展现自己的能力（Gwal, 2015），有利于减少职场排斥，增加职场接纳的可能性。因此，本书提出以下假设：

H9-3：归属需求调节了员工资质过剩通过自我推销对职场排斥的负向作用，当归属需求越高，这个负向作用越强。

H9-4：归属需求调节了员工资质过剩通过自我推销对职场接纳的正向作用，当归属需求越高，这个正向作用越强。

基于以上分析，本研究的研究模型如图9-1所示。

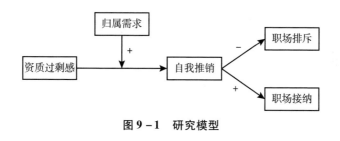

图9-1　研究模型

二、资质过剩与员工人际关系实证设计

（一）样本和调查过程

本研究以国内企业员工为样本，共发放问卷300份，最终回收有效问卷254份（回收率84.67%）。其中男性167名，占65.7%；员工年龄以26~30岁为主，占52.4%；受教育程度以本科为主，占74.8%；在当前组织工作时间以3~5年和1~3年为主，分别占35%和31.5%。

（二）数据测量

本研究采用发表在主流期刊并经中国学者使用过的信效度较高的成熟量表，采用"翻译—回译"程序对原始量表进行翻译。所有量表均采用5点计分，从"1=非常不同意"到"5=非常同意"。

资质过剩采用约翰逊和约翰逊（1997）开发，张亚军等（2019）在中国情境下使用过的4条目量表，测量项目如"我的学历高于目前工作需要的学历"，本研究中量表信度为 0.622。归属需求采用阿梅利等（Armeli et al.，1998）的 5 项目量表，测量项目如"充分观察并了解别人令我感到十分愉悦"，本研究中量表信度为 0.759。自我推销采用博利诺等（Bolino et al.，1999）开发，关涛等（2021）在中国情境下使用过的印象管理量表中对自我推销测量的 4 条目量表，测量项目如"我会骄傲地谈论我的经历或学历"，本研究中量表信度为 0.726。职场排斥采用费里斯等（2008）开发，邓昕才等（2021）在中国情境下使用过的 10 项目量表，测量项目如"在以往工作中有的同事会忽视我的感受或观点"，原量表从员工感知的排斥测量，因此本研究选择采用自评方式，量表信度为 0.910。职场接纳采用斯柯特和贾奇（Scott & Judge，2009）的 8 项目量表，测量项目如"我是受同事欢迎的"，职场接纳代表同事集体对该员工的看法（Bukowski & Hoza，1989）。在已有研究中，有如库伦等（2014）运用他评方式，邓等（2016）运用自评方式，也有如加登（Garden et al.，2017）运用自评他评结合方式的研究，邓等（2016）和加登等（2017）研究表明，自评和他评得到的研究结论高度相关，自评量表也具有较高的信度系数，因此本研究采用自评方式进行对职场接纳的测量，本研究中该量表信度为 0.855。根据以往文献，本研究选择员工性别、年龄、受教育程度和在当前组织的工作时间这些工作特征变量作为控制变量。

（三）数据分析方法

利用 SPSS 19.0 和 AMOS 24.0 软件对样本数据进行分析。首先采用 Harman 单因子检验法对变量的共同方法偏差进行检验，通过验证性因子分析进行效度检验；其次进行变量间的相关性分析；最后利用层次回归和 Process 进行假设检验。

三、资质过剩与员工人际关系实证结果

（一）验证性因子分析

首先采用 Harman 单因子检验对变量的共同方法偏差进行检验，共分

析出了五个因子，最大特征根因子解释的变异为 26.041%（小于40%），因此本研究不存在严重的共同方法偏差。其次对研究变量进行验证性因子分析，见表 9－1，在构建的五个竞争模型中，五因子模型的拟合效果优于其他备选模型（$\chi^2/df = 1.801$，IFI $= 0.893$，TLI $= 0.881$，CFI $= 0.891$，RMSEA $= 0.056$），证明了本研究核心变量间的区分效度。

表 9－1　　　　　　　　验证性因子分析结果（N $=254$）

模型	因子	χ^2	df	χ^2/df	IFI	TLI	CFI	RMSEA
基本模型	五因子（POQ，NTB, SP, WO, P）	763.599	424	1.801	0.893	0.881	0.891	0.056
备选模型 1	四因子（POQ，NTB, SP, WO + P）	1 364.335	428	3.188	0.704	0.674	0.700	0.093
备选模型 2	三因子（POQ + NTB，SP, WO + P）	1 489.718	431	3.456	0.665	0.634	0.661	0.099
备选模型 3	双因子（POQ + NTB + SP, WO + P）	1 591.659	433	3.676	0.633	0.602	0.629	0.103
备选模型 4	单因子（POQ + NTB + SP + WO + P）	1 943.273	434	4.478	0.522	0.482	0.517	0.117

注：POQ 为资质过剩感；NTB 为归属需求；SP 为自我推销；WO 为职场排斥；P 表示职场接纳。

（二）描述性统计分析

表 9－2 显示资质过剩与自我推销（r $= 0.330$，p < 0.01）显著正相关。归属需求与自我推销（r $= 0.383$，p < 0.01）显著正相关，与职场排斥（r $= -0.238$，p < 0.01）显著负相关，与职场接纳（r $= 0.535$，p < 0.01）显著正相关。自我推销与职场排斥（r $= -0.164$，p < 0.01）显著负相关，与职场接纳（r $= 0.511$，p < 0.01）显著正相关。这为之后的假设检验提供了初步支持。

表 9 – 2   均值、标准差和相关性分析结果（N = 254）

变量	M	SD	1	2	3	4	5	6	7	8
1. 性别	1.34	0.475								
2. 年龄	2.25	0.931	0.075							
3. 学历	3.85	0.644	−0.008	0.018						
4. 在当前组织工作时间	2.80	1.019	0.012	0.761 **	0.079					
5. 资质过剩	3.718	0.534	−0.158 *	0.088	0.167 **	0.115				
6. 归属需求	4.240	0.498	−0.108	−0.061	0.123	0.088	0.345 **			
7. 自我推销	3.860	0.596	−0.113	0.166 **	0.119	0.216 **	0.330 **	0.383 **		
8. 职场排斥	2.539	0.760	−0.163 **	−0.049	−0.248 **	−0.048	−0.012	−0.238 **	−0.164 **	
9. 职场接纳	3.945	0.512	−0.044	0.159 *	0.223 **	0.231 **	0.345 **	0.535 **	0.511 **	−0.338 **

注：* 表示 $p < 0.05$，** 表示 $p < 0.01$。

（三）假设检验

如表 9 – 3 所示，除控制变量外，加入资质过剩为自变量，资质过剩对自我推销（M2，$\beta = 0.322$，$p < 0.001$）有显著正向影响。为检验归属需求第一阶段的调节作用，构建资质过剩和归属需求的交互项（资质过剩感×归属需求），交互项对自我推销（M4，$\beta = 0.289$，$p < 0.01$）有显著正向影响。为进一步分析资质过剩与归属需求的交互项如何影响自我推销，以高/低平均数为一个标准差，选择归属需求水平高/低的个体进行简单斜率检验，如图 9 – 2 所示，归属需求高的个体中资质过剩对自我推销的预测作用显著高于归属需求低的个体。因此 H9 – 1 得到验证。

表 9 – 3 中 M6 的结果显示，自我推销（M6，$\beta = -0.202$，$p < 0.05$）对职场排斥有显著负向影响；M8 的结果显示，自我推销（M8，$\beta = 0.403$，$p < 0.001$）对职场接纳有显著正向影响。因此，H9 – 2a、H9 – 2b 均得到验证，H9 – 2 成立。

表 9 – 3　　　　　　　　　　回归分析结果（N = 254）

变量	自我推销				职场排斥		职场接纳	
	M1	M2	M3	M4	M5	M6	M7	M8
控制变量								
性别	− 0. 146	− 0. 088	− 0. 074	− 0. 063	− 0. 261 **	− 0. 290 **	− 0. 047	0. 012
年龄	0. 021	0. 014	0. 071	0. 067	− 0. 024	0. 020	− 0. 007	− 0. 015
学历	0. 095	0. 053	0. 038	0. 061	− 0. 294 ***	− 0. 274 ***	0. 163 **	0. 125 **
工作时间	0. 107	0. 095	0. 047	0. 057	− 0. 003	0. 019	0. 113 *	0. 070
自变量								
资质过剩		0. 322 ***	0. 211 **	0. 195 **				
中介变量								
自我推销						− 0. 202 *		0. 403 ***
调节变量								
归属需求			0. 366 ***	0. 426 ***				
交互项								
资质过剩 × 归属需求				0. 289 **				
R^2	0. 071	0. 149	0. 227	0. 251	0. 090	0. 113	0. 098	0. 301
ΔR^2	0. 056	0. 131	0. 208	0. 230	0. 075	0. 095	0. 083	0. 287
F	4. 723	8. 653	12. 066	11. 793	6. 154	6. 332	6. 735	21. 386

注：* 表示 $p < 0.05$，** 表示 $p < 0.01$，*** 表示 $p < 0.001$。

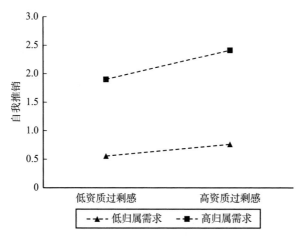

图 9 – 2　归属需求第一阶段的调节作用

如表 9 - 4 所示，运用 Process 进行 Bootstrap 测试，将调节效应和中介效应纳入同一分析结构进行调节的中介模型分析，随机采样 20 000 次，置信区间 95%。归属需求分为低、中、高水平（均值加减一个标准差），在不同的归属需求水平下检验中介效应。结果显示，在中、高归属需求的水平下，资质过剩通过自我推销对职场排斥的影响效应分别为 - 0.0417、- 0.0739，95% 蒙特卡罗置信区间分别为 ［ - 0.1074，- 0.0049］、［ - 0.1532，- 0.0238］，均不包括 0，因此 H9 - 3 得到验证。在中、高归属需求的水平下，资质过剩通过自我推销对职场接纳的影响效应分别为 0.0669、0.1185，95% 蒙特卡罗置信区间分别 ［0.0042，0.1318］、［0.0531，0.1924］，均不包括 0，因此 H9 - 4 得到验证。

表 9 - 4　　　　　　　被调节的中介效应分析结果（N = 254）

因变量	中介变量	归属需求	间接效应	SE	95% 置信区间
职场排斥	自我推销	低水平	- 0.0095	0.0312	［ - 0.0793，0.0493］
		中水平	- 0.0417	0.0251	［ - 0.1074，- 0.0049］
		高水平	- 0.0739	0.0319	［ - 0.1532，- 0.0238］
职场接纳	自我推销	低水平	0.0153	0.0458	［ - 0.0776，0.1020］
		中水平	0.0669	0.0323	［0.0042，0.1318］
		高水平	0.1185	0.0353	［0.0531，0.1924］

四、资质过剩与员工人际关系讨论

（一）理论贡献

首先，本研究拓展了资质过剩的相关研究视角。以往的研究主要从相对剥夺理论、公平理论等视角探索资质过剩对员工的工作态度、行为、绩效和身心健康等的积极影响，而本研究从印象管理的视角出发，探索资质过剩员工的人际关系。虽然邓等（2016）研究过资质过剩通过关系机制对工作绩效的影响，但没有探讨资质过剩员工的人际关系如何形成。

而本研究发现，自我推销作为一种印象管理行为，对员工在职场中塑造有利形象，建立积极人际关系起着重要作用，它可以降低被他人拒绝、排斥的感知，可以增加被他人接纳、喜欢以及在人际关系中处于重要位置的感知。本研究丰富了资质过剩员工人际关系的相关研究。

其次，本研究以归属需求为调节变量，考虑了资质过剩员工人际关系结果的作用机制中的情境因素。正如凯利（Kelly，2001）的研究表明，具有较高归属需求的个体会更加重视在不同的人、群体和环境中培养和维护自己的归属感和接纳感，关注他人对自己的评价，愿意为了积极的人际关系付出更多努力，比如根据印象管理理论，人们希望给他人留下好的印象，并获得他人的信任是印象管理行为的主要动机来源（王晓辰等，2020）。本研究在此基础上指出，资质过剩与自我推销的关系强度因员工而异，具有高归属需求的资质过剩员工比低归属需求资质过剩员工更容易做出自我推销行为。高归属需求的资质过剩员工寻求同事接纳的动机会影响他们的行为选择，他们希望同事能够按照自己所期待的那样看待自己，因此会有选择性地强调自己的优点，使同事产生积极的形象感知，进而产生积极的人际关系。资质过剩员工在高归属需求下会利用优势，向同事展示以往成就，并运用自己的能力积极帮助同事，从而获得同事的接纳和认可。

最后，本研究以自我推销为中介变量，运用印象管理理论，考察了自我推销在高归属需求的资质过剩员工的人际关系中发挥积极作用。这一结果支持了印象管理理论认为为了给同事留下积极的印象，会选择性地采用一些影响同事对自己形象感知的手段，比如强调自己的优点，来增大产生有利印象的可能性（Leary，1992）。本研究拓展了这一结果，认为资质过剩员工诚实的自我推销更有利于建立积极的人际关系。

（二）管理应用

首先，人们更喜欢真实而非欺骗的行为，因此资质过剩员工要做出与真实自我相一致的行为，而不是表现一些本身不具备但同事希望他们具备的品质。其次，自我推销可能会给人留下傲慢或自负的印象（Erin et al.，2018），因此在不同场景之下，要对自我推销的程度、方式等进行考量。可以有效使用间接自我推销的方式展示自己，通过真诚描述和自己关系紧密的人的成功，间接体现自己的能力，降低同事对自己动机的怀疑（Nurit，2010）。最后，对管理者和组织来说，了解到资质过剩员工对于积极职场人际关系的渴望是重要的。一方面，要注重资质过剩员工与其同事建立良好的人际关系，鼓励组织中的人与资质过剩员工进行积极沟通，促进同事之间的合作；另一方面，应当鼓励员工建立真实且对组织有益的形象，从组织战略出发建立组织所需的能力体系，让员工进行自我评估，引导员工围绕得分最高的能力进行自我推销，有利于员工对自己形象的关注和满足以及形成个人品牌，也有利于建立组织形象和组织成长。

第三节　员工资质过剩与同事资质过剩

个体在组织中与同事的联系相对紧密，那么员工感知到的同事资质过剩水平也会影响资质过剩员工态度或行为。本书第二章阐述了基于社会比较理论，资质过剩的个体倾向于将自己与团队中的同事进行比较，这种比较的结果会影响个体的感受和反应。基于此，本节将探讨员工资质过剩与感知同事资质过剩水平一致性对员工态度的影响，通过多时点收集的 392 份配对问卷进行分析，实证研究结果表明，员工自身资质过剩与感知到的同事资质过剩水平越一致（同高或同低），其团队成员交换越高；并且团队成员交换在这种一致性与组织认同的关系之间起到中介作用。这一研究结果有助于从同事群体层分析员工资质过剩现象。

一、员工资质过剩与同事资质过剩的一致性

上文提到，当资质过剩个体同时感知到同事资质过剩时，个体更可能将资质过剩视为正常现象，从而采取对组织有利的行为（Hu et al.，2015）。此外，自我概念是资质过剩与个体积极认知和行为之间的核心理论联系（Lin et al.，2017）。根据自我分类理论（Turner et al.，

1987），与自我概念密切相关的组织认同被视为个体对组织积极感知和情绪的反映，这些积极感知和情绪对员工行为具有较强的预测作用（Riketta，2005）。因此，本节将基于公平理论和自我分类理论，探讨感知自我资质过剩（PSOQ）与感知同事资质过剩（PCOQ）的一致性与组织认同的关系。此外，根据相似性—吸引理论（Byrne，1971），资质过剩的个体往往和与自己（同样资质过剩）相似的人有更多的积极互动，进而带来人际吸引和团队—成员交换（TMX）关系（Love & Forret，2008）。理论研究发现，积极的交换关系不仅会增加员工的互惠努力，还会增加员工的自我价值感和组织认同（Eisenberger et al.，1986）。因此，我们提出团队成员交换在员工资质过剩与同事资质过剩一致性与组织认同之间具有中介作用。

（一）资质过剩感一致性与团队—成员交换

团队—成员交换关系是评价和描述个体与同事之间关系质量的重要指标（Seers，1989）。高质量团队—成员关系说明个体能够与同事互惠互信，而低质量团队—成员关系意味着个体与同事的互动只限于工作任务方面（Liden et al.，2000）。根据公平理论，个体是否感到公平取决于其感知到的投入与产出比例，以及感知到的他人投入与产出的比例。已经有研究发现，资质过剩会引发他们的不公平感，主要是由于自己学历、经验和任职资格等投入超出认可、工作内容和薪酬方面获得的回报。当个体感知到自己处于不公平的环境中时，容易对自己的工作和组织产生消极的反应（Colquitt et al.，2001）。但是，如果资质过剩员工感知到自己的同事也是资质过剩的，换句话说，团队其他成员也是资质过剩的，他们很难认为投入/产出的比例比别人低，这就减弱了他们不平衡的感受。

此外，相似吸引理论认为，团队内部个体之间的相似性导致成员之间具有较高的人际吸引力。因此，资质过剩员工与其同事相似的资质水平可以促使他们相互欣赏，增强情感联结、团队凝聚力和沟通，从而建立高质量的团队—成员交换关系。胡等（2015）也提出，当与同样资质过剩的同事共事时，资质过剩的员工可能会觉得自己是精英群体的一部分，这促使他们与同事互动，交流信息，形成高质量的团队—成员交换关系。总的来说，本书假设如下：

H9-5：员工资质过剩与感知到的同事资质过剩水平越匹配和一致，TMX 越高。也就是说，当员工资质过剩与感知到的同事资质过剩水平都高或者都低时，TMX 越高。

（二）团队—成员交换关系与组织认同

以往研究表明，高质量的团队—成员交换关系与很多重要结果相关，如高水平的工作满意度、绩效和组织承诺（Liden et al.，2000；Seers，1989）。组织认同是个体在组织中形成自我概念的重要过程，关系到员工是否认为自己属于组织的一部分（Ashforth & Mael，1989），使个体从群体其他成员身上一致的特征中认识自己，而这个过程一般是通过自我分类产生的。西尔斯和肖邦（Seers & Chopin，2012）认为，由于验证性、相似性和共享所有权，高质量的团队—成员交换关系确立了个体的群体或组织身份。此外，高质量的团队—成员交换关系对同化过程以及个体对群体或组织的同一性和归属感具有重要意义（Farmer et al.，2015）。因此，本书提出如下假设：

H9-6：TMX 对组织认同有正向影响。

（三）团队—成员交换、资质过剩感一致性与组织认同

与公平理论一致，自我分类理论也强调社会比较在决定员工如何应对某一情境中的作用。基于自我分类理论，员工通过将自己和他人归为社会群体来建立自己的身份（Turner et al.，1987）。如果一个人的社会身份是由某一类别形成的，他倾向于将自己和该类别的其他成员组成内群体，而这个类别之外的成员组成外群体（Alfes，2013）。因此，如果资质过剩员工感知到自己的同事也是资质过剩的，或者团队中其他成员也是资质过剩的，他们可能认为自己是内群体的一部分，从而产生对群体的归属感和积极的自我感知（Hogg & Terry，2000）。因此，员工资质过剩和同事资质过剩感的一致性可能会使资质过剩员工认为自己与同事具有相似的特质，这个过程能够帮助他们完成自我分类的过程。有实证研究表明，个体倾向于积极评价相似的内群体成员，消极评价不相似的外群体成员，以维持积极的自我感知。同时，与团队成员互惠行动的强化会帮助个体明确自己的角色，从而能够促进其组织认同。因此，结合H9－1和H9－2，本书提出如下假设：

H9－7：TMX在员工资质过剩感与感知到的同事资质过剩水平一致性与组织认同的关系中起中介作用。

基于上述分析，本研究在文献梳理的基础上提出以下研究模型（见图9－3），并试图检验之。

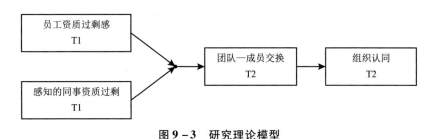

图9－3 研究理论模型

注：T1和T2表示在不同的时点对变量进行测量。

二、实证研究设计

（一）样本和调查过程

本研究通过方便抽样方式的问卷调查形式收集数据。来自河北地区的4家大型企业集团参与了问卷调查，涉及教育、房地产、机械制造、餐饮等多个行业。在所调研公司人力资源部"联络人"提供的团队名单中，随机挑选了参与调研的员工并对其进行了编号，然后作者和课题组其他两位成员在现场发放并回收问卷。

为了保证数据质量，避免同源偏差（common method bias）对研究结果的影响，本研究分别在两个时间点发放了两种不同版本的问卷。第一次问卷，参与调查的员工对有关自身的资质过剩和感知的同事资质过剩水平的信息进行了回答。一个月后，我们根据员工的编号发放了第二次调查问卷，员工们回答了关于团队—成员交换关系和组织认同的信息。

（二）数据测量

为保证测量工具的信效度，本研究均采用已有文献使用过并获得学者们认可的变量测量量表。并对所有的英文量表采用"翻译—回译"程序翻译成中文，从而最大限度地保证了测评量表理解的有效性，并经过多次测试修订后形成最终问卷。量表均采用李克特 7 点计分，从"1"到"7"分别表示对所描述情形符合程度由低到高。

资质过剩（POQ）采用约翰逊和约翰逊（1997）的 4 项目量表，测量条目如"我拥有超过我岗位所需的能力"。该量表得到了广泛应用（Erdogan & Bauer，2009；Lobene & Meade，2013）。

感知同事资质过剩（PCOQ）。PCOQ 的测量采用约翰逊和约翰逊（1996，1997）的四题项量表，但将题项中"我"改为"我的团队成员"。以往研究表明，同事的资质过剩感与焦点员工感知的同事资质过剩感呈正相关（Hu et al.，2015），说明 PCOQ 能够反映同事资质过剩感的真实水平。

团队—成员交换关系采用西尔斯、佩蒂和卡什曼（Seers，Petty & Cashman，1995）开发的 10 项目量表，测量条目如"其他团队成员了解我的问题和需要"。

组织认同。组织认同的测量采用 6 题项量表（Mael & Ashforth，1992）。测量题目如"我对我的组织有很强的归属感"。

控制变量。根据以往的研究，本研究控制了教育和工作年限对资质过剩感知的潜在影响（e. g.，Erdogan & Bauer，2009；Luksyte et al.，2011），以及性别和年龄对角色感知的潜在影响（Triana et al.，2017）。

（三）数据分析方法

数据的分析在个体层面。为了检验 H9 - 5，我们使用多项式回归和响应面分析。相比于传统的调节回归分析和差异得分分析，多项式回归和响应面分析提供了更为细致和丰富的数据结果，三维响应面使结论更加直观。该方法可以用来分析两个自变量如何共同影响一个因变量（Edwards & Parry，1993；Shanock et al.，2010），并且可以解释以下问题：第一，当两个自变量处于同一水平时，因变量如何随着自变量的变化而变化；第二，两个自变量的差异如何影响因变量；第三，自变量的一致性如何影响因变量。参照学者爱德华兹和佩里（1993）的建议，模型为：$Z_1 = b_0 + b_1 S + b_2 C + b_3 S^2 + b_4 SC + b_5 C^2 + e_1$。其中，$b_0$ 为常数项，$b_1 \sim b_5$ 为各回归项系数，e 为残差项。Z_1 为团队—成员交换（TMX），S（PSOQ）为自身资质过剩感，C（PCOQ）为感知的同事资质过剩。

然后，我们考察了沿着两条临界线的斜率和曲率：一致线（S = C）和不一致线（S = − C）。将公式代入 S = C 的直线，可以得到沿一致线的曲面的形状。然后，将 S = − C 的直线代入公式，即可得到沿不一致线的曲面形状。参照爱德华兹和佩里（1993）的建议，当三个二阶多项式项系数（S^2、SC 和 C^2）联合显著时，沿着不一致线的曲率显著异于零，此时一致效应显著（H9 − 5）。

为了检验 H9 − 6（间接效应），我们遵循爱德华兹和凯布尔（2009）的建议，采用区集（block）变量的方法，将（S、C、S_2、SC 和 C_2）五项合并为一个区集变量。在将资质过剩感一致性的直接效应纳入回归时，通过分析区集变量对团队成员交换（TMX）的影响以及团队成员交换（TMX）对组织认同（OI）的影响，可以考察资质过剩感一致性通过团队成员交换（TMX）组织认同（OI）的间接影响，之后再应用 Bootstrapping 法进行检验。

三、实证研究分析

（一）验证性因子分析

我们使用 Mplus 7.0 进行验证性因子分析，对自身资质过剩（PSOQ）、感知同事资质过剩（PCOQ）、团队—成员交换关系（TMX）、和组织认同（OI）这 4 个核心构念进行验证性因子分析。结果见表 9 − 5。从表中可以看出，四因子模型明显优于备选模型并达到了学术界认可标准（$\chi^2/df = 2.301$，CFI = 0.954，TLI = 0.944，RMSEA = 0.054）。本研究中所有因子的因子载荷均显著，表明不同构念之间具有较好的区分效度。

表 9 – 5 验证性因子分析结果

模型	χ^2	df	χ^2/df	RMSEA	CFI	TLI	SRMR
假设模型	225. 475	98	2. 301	0. 054	0. 954	0. 944	0. 046
三因子[a]	334. 077	101	3. 308	0. 071	0. 917	0. 901	0. 054
二因子[b]	1 673. 931	103	16. 252	0. 183	0. 439	0. 346	0. 217
二因子[c]	779. 339	103	7. 566	0. 120	0. 758	0. 719	0. 084
单因子[d]	2 324. 836	104	22. 354	0. 217	0. 207	0. 085	0. 239

注：a. PSOQ 和 PCOQ 合并为一个因子；b. PSOQ，PCOQ 和 TMX 合并为一个因子；c. PSOQ 和 PCOQ 合并为一个因子、TMX 和 OI 合并为一个因子；d. 所有题目合并为一个因子。

（二）描述性统计分析

各测量变量的均值、标准差和相关性见表 9 – 6。PSOQ 与 PCOQ 显著正相关（r = 0. 44，p < 0. 01）。资质过剩感仅存在中等程度的相关，初步支持了这些变量在实证上存在差异的观点。此外，OI 与 TMX 显著正相关（r = 0. 49，p < 0. 01）。

表 9 – 6 描述性统计分析结果

变量	M	SD	1	2	3	4	5	6	7	8
1. 性别	0. 57	0. 50								
2. 年龄	31. 88	6. 43	0. 04							
3. 学历	1. 56	0. 66	− 0. 11 *	− 0. 05						
4. 年限	5. 21	4. 71	0. 05	0. 459 **	− 0. 13 **					
5. PSOQ	3. 91	1. 14	0. 07	0. 02	0. 04	0. 04	(0. 79)			
6. PCOQ	3. 89	1. 03	0. 11 *	0. 08	0. 01	0. 08	0. 56 **	(0. 75)		
7. TMX	5. 36	0. 73	0. 10	− 0. 04	− 0. 07	0. 03	0. 04	− 0. 03	(0. 91)	
8. OI	5. 58	0. 97	0. 00	− 0. 08	0. 00	− 0. 02	0. 00	− 0. 01	0. 49 **	(0. 92)

注：N = 392，* p < 0. 05；** p < 0. 01；对角线上括弧中的数值是信度系数（Cronbach's α）；性别上，男性 = 1，女性 = 0；学历上，高中或高职及以下 = 1，本科 = 2，硕士 = 3，博士 = 4。

（三）假设检验

H9 - 5 提出了自身资质过剩（PSOQ）和感知同事资质过剩（PCOQ）对团队—成员交换（TMX）的一致性效应。我们首先将 PSOQ 和 PCOQ 中心化，然后计算 PSOQ 和 PCOQ 的交互项以及各自的平方项，接着利用分布回归的方法检验 H9 - 5。具体步骤为第一步放入控制变量（模型1），第二步放入自变量（模型2），第三步放入交互项、平方项（模型3）。如表9 - 7所示，3 个二阶多项式项共同显著（$\Delta R^2 = 0.02$，p < 0.01），沿不一致线曲面向下弯曲（曲率 = -0.02，p < 0.1）。图9 - 4 给出了基于这些系数的响应面。由图9 - 4 可知，响应面总体上沿不一致线呈凹形。一致线（PSOQ = PCOQ）从左角（PSOQ = PCOQ = 3）到右角（PSOQ = PCOQ = -3），不一致线从前角到后角。这种沿不一致线的凹曲率表明 PSOQ 和 PCOQ 越一致，TMX 的质量越高，H9 - 5 成立。

表9 - 7 多项式回归分析结果

变量	TMX		
	模型 1	模型 2	模型 3
截距	5.53 **	5.53 **	5.45 **
控制变量			
性别	-0.14	-0.14	-0.13
年龄	-0.01	-0.01	-0.01
学历	-0.11	-0.11	-0.10
任职年限	0.002	0.002	0.002
自变量			
PSOQ（b1）	—	0.05	0.07 +
PLOQ（b2）	—	-0.06	-0.08 +
$PSOQ^2$（b3）	—	—	0.04 *
PSOQ × PLOQ（b4）	—	—	0.03
$PLOQ^2$（b5）	—	—	-0.02
R^2	—	0.02	0.04

续表

变量	TMX		
	模型 1	模型 2	模型 3
ΔR^2	—	—	0.02^{**}
一致性线（PSOQ = PLOQ）	—	—	—
斜率（b1 + b2）	—	—	-0.009
曲率（b3 + b4 + b5）	—	—	0.06^{**}
不一致性线（PSOQ = - PLOQ）	—	—	—
斜率（b1 - b2）	—	—	0.14^{*}
曲率（b3 - b4 + b5）	—	—	-0.02^{+}

注：N = 392，双尾检验，$**\ p < 0.01$，$*\ p < 0.05$，$+\ p < 0.1$。

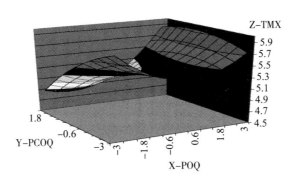

图 9 - 4　PSOQ 与 PCOQ 一致性响应面

为了检验 H9 - 6 和 H9 - 7，首先，我们输入控制变量并使用五项多项式来预测中介变量（TMX）。其次，在控制了一致性效应后，我们加入 TMX 来检验它们对 OI 的影响。对于连接 PSOQ 与 PCOQ 一致性到 TMX 的路径（"α"路径），我们采用区集（block）变量法得到代表合并效应的系数，其标准化路径系数为（r = 0.54，p < 0.01，见表 9 - 8）。这些系数代表了连接独立区集变量与 TMX 的路径，用于中介效应分析。其次，我们计算了第二条路径（"β"路径）的系数；TMX 对 OI 的系数为（r = 0.01，p < 0.01），H9 - 2 成立。我们通过"α"路径和"β"路径的系数相乘来计算中介效应。如表 9 - 8 所示，资质过剩感一致性通过 TMX

对领导认同的中介效应值为 0.005，95% CI［0.01，0.05］，不包括 0。因此，H9 - 7 成立。

表 9 - 8　　　　　　　　　　　TMX 的中介作用分析

变量	区集（block）变量到 TMX	TMX 到组织认同	中介效用值
	"α" 路径	"β" 路径	"αβ"
非标准化结果	0.65 ***	0.03 **	0.0195 ***
95% 的置信区间上间接效应			(0.01，0.05)
标准化结果	0.54 ***	0.01 **	0.005 **

注：** p < 0.01，*** p < 0.001。

四、实证研究结论与应用

（一）理论贡献

本研究的结果具有重要的理论意义。首先，目前的研究认为资质过剩并不是孤立存在的，虽然资质过剩是一种个体差异的概念，但也是一种现象，它可能也存在于社会单元，如工作群体、团队或组织。本研究通过分析员工在同事群体层次下的资质过剩，阐释了社会情境（例如团队的构成）会对资质过剩产生的重要影响。其次，拓展了资质过剩的内在情感——组织认同的研究。在以往的研究中，大多数学者研究了人—岗不匹配为资质过剩员工带来的消极影响。然而，资质过剩并不是孤立存在的。在组织中，资质过剩员工可以通过与他人的互动产生不同的社会关系，而同事恰是资质过剩员工建立关系的关键成员，根据公平理论和自我分类理论，本研究认为资质过剩员工倾向于与同样资质过剩的人建立积极的关系。胡等（2015）指出，资质过剩员工在与同样资质过剩的同事合作时会感受到较高程度的个人—团队匹配。因此，对同事资质过剩的感知可能有助于资质过剩员工建立高质量的团队—成员交换关系。

此外，本研究基于公平理论和自我分类理论，分析了 TMX 作为中介变量来理解资质过剩一致性对组织认同的作用机制。也就是说，在某些情境下，资质过剩员工可能会与同事建立高质量的团队—成员交换关系，从而增加他们的组织认同。正如盖尔西克等（Gersick et al.，2000）的研究，发展工作关系在职业生活中非常重要，本研究表明角色关系在组织认同中发挥着重要作用。因此，资质过剩员工在感知到资质过剩一致性时，不仅会与同事互动，他们的组织认同也会得到提升。的确，研究者应该继续探索这两个理论基础是如何交叉的，以丰富组织研究的复杂视角。

（二）管理应用

本研究具有重要的实践意义。第一，从业者总是关心组织是否应该招聘资质过剩的员工。本研究的结果提供了一个合理化建议，也就是说在一个精英群体中，需要发挥资质过剩员工的冗余资质为组织服务，则可以选聘资质过剩的员工。第二，管理者在安排资质过剩员工时，应考虑团队成员的整体资质。具体来说，组织可以将资质过剩员工与其他资质情况类似的员工安排在一起，由此提高其与组织的匹配性，并让他们意识到其他同事也具有相当的资质和潜力，从而认可组织的高层次和高水平的人才队伍。第三，在中国的文化背景下，员工对组织中的人际关系较为敏感。因此，应避免资质水平成为划分员工群体的标准，影响组织效能的发挥。因此，本书也提出了合理化建议，即组织中的同事应注重与资质过剩员工建立良好的关系，多与其进行积极的沟通，了解其需要，并加强员工之间的合作，积极为其拓展工作边界，促进资质过剩对员工态度的正向影响。

第十章

团队资质过剩及影响效应

导入

　　一个研发团队中的成员在经验、学历等方面都远优于其他团队，即团队资质过剩，该团队不仅能够拥有更多的资源和话语权，还可以为研发新产品提供独到的见解，从而在一定程度上缓和了资质过剩的消极影响。有时即使团队中存在个人资质低于团队其他成员资质，在团队带动和压力以及个人进步的驱动下，此人也倾向于为提高自己而作出努力。然而，团队成员意见和想法不一致的现象也会更加普遍，由此产生的分歧加剧了管理难度，这也就更需要管理者付出更多的精力关注团队的稳定性。

　　本章将在现有研究的基础上阐释团队资质过剩的内涵及测量，并通过引入团队创新绩效，探究团队资质过剩可能产生的积极影响效应。为了帮助读者更深刻地理解团队资质过剩如何影响团队创新绩效，并将通过实证研究揭示团队资质过剩对团队创新绩效的作用机制和边界条件。

第一节　团队资质过剩概述

一、团队资质过剩的内涵

近 30 年，资质过剩现象受到越来越多学者的重视，并且产生了大量富有价值的研究成果。然而，研究主要集中在个体层面，鲜有针对团队层面的研究。团队逐渐成为企业重要的工作模式，因此这吸引学者在这一特定水平上进行资质过剩的研究。此外，现有的研究主要把团队资质过剩作为情境变量对资质过剩员工的态度、行为等产生调节作用，直接对其影响效应的研究较少。表 10 – 1 总结了现有文献中对团队资质过剩的相关研究，从表中可以发现，除加汗塔布等（Jahantab et al.，2021）的研究外，大部分研究是将团队资质过剩作为个体资质过剩与其影响结果之间的情境变量展开讨论，直接探讨其影响效应的研究较少。

表 10 – 1　　　　　　　团队资质过剩相关研究模型

文献来源（年份）	自变量	调节变量	中介变量	结果变量
Alfes 等（2013）	Individual POQ	Peer – group POQ	—	Task Performance
Hu 等（2015）	Overqualification	Peer Overqualification	Task Significance Person – Group Fit	Performance
Jahantab 等（2021）	Relative Overqualification	Leader's Span of Control Power Distance Orientation	LMX Social Comparison	OCBs
张满等（2020）	个体资质过剩	团队资质过剩	高绩效要求	工作绩效

学者西拉（Sierra, 2011）指出，资质过剩导致的个体和更高层面的结果可能会有很大不同，因为资质过剩对员工态度和绩效的影响并不是孤立发生的，而是嵌入团队或组织当中。尽管有越来越多的国内外研究提到多层面分析资质过剩的必要性，但部分文章仅限于对相关论点的阐述，并且多数研究从团队或组织中的同事或同伴资质过剩进行研究，并未直接探讨团队整体的资质过剩。如阿尔菲斯等（Alfes et al., 2013）将团队资质过剩定义为个人所处团队中的其他成员认为自己资质过剩的程度，并认为，个人的感知和行为会受到直接社会环境的影响，如同伴群体。胡等（2015）研究了同伴资质过剩，并用同伴资质过剩的平均水平来衡量同伴资质过剩；加汗塔布等（2021）认为，团队资质过剩指员工所在工作组中的群体感知到的资质过剩水平，而相对资质过剩则是个体资质过剩感评分与团队资质过剩之间的差值。张满和李娜（2020）对团队资质过剩的理解与前述学者不同，他们认为团队资质过剩是个体感知到的团队成员整体资质状况。可以看出，无论是同伴资质过剩还是相对资质过剩，仍然暗含将个体资质过剩与群体资质过剩进行比较的影子，并未真正将工作组或同样资质过剩的共同工作伙伴看作是一个集体和团队。因此，本书认为团队资质过剩是一个工作组中的全体成员作为一个不可分割的工作团队，对自身资质过剩状况的整体感知和评价。

二、团队资质过剩的测量

表 10-2 总结了几篇有关团队资质过剩的研究中团队资质过剩量表的选取及数据测量方式。学者们普遍选用约翰逊和约翰逊（1996）的不匹配感知分量表，采用员工自评的方式报告个体层面的资质过剩，并根据学者们各自对团队资质过剩定义的理解，将同一个团队内成员的资质过剩均值作为团队资质过剩的评分。

表 10 - 2　　　　　　　　　**团队资质过剩相关变量量表选取及测量**

文献来源	团队资质过剩名称	量表	计算方式
Alfes 等（2013）	Peer - group POQ	Johnson 和 Johnson（1996）	团队均值（除本人）
Hu 等（2015）	Peer Overqualification	Johnson 和 Johnson（1996）	团队均值（除本人）
Jahantab 等（2021）	Group mean of Overqualification	Johnson 和 Johnson（1996）	团队均值（除本人）
张满和李娜（2020）	团队资质过剩	Maynard 等（2006）	团队均值

本书的实证研究中，为提高问卷有效答复率及测量效果，使用了约翰逊和约翰逊（1996）开发的资质过剩量表，通过员工自评的方式收取样本数据。同时，由于本研究的理论问题处在群体层面，综合本文对团队资质过剩的定义，并遵循张志学（2010）的建议，本书将问卷题项中的"我"转换为"我的团队"，让个体报告他们对整个团队在资质过剩上的知觉，以更好地反映团队层面的资质过剩感，并使用参照转移一致模式（referent-shift consensus models，RCM）对团队成员报告的资质过剩数据进行加总平均，得到团队资质过剩数据。

第二节　团队资质过剩与团队创新绩效关系分析

一、社会认同视角下团队资质过剩与团队创新绩效

最近几年，不断有研究指出在不同群体之间资质过剩所导致的结果存在较大差异，在某些特定情境中资质过剩会带来积极的影响结果，在较大程度上完善了资质过剩的相关研究。其中，资质过剩和创新绩效之间的关系是一个重要但尚未被充分研究的领域。VUCA 时代，不确定、

复杂性和模糊成为新的环境特征，为了适应这一环境变化，组织和员工的创造性与持续学习等要素被上升到战略高度。创新绩效作为组织和员工在工作中的创造性表现，得到了广泛的关注。

现有研究从自我决定理论、相对剥夺理论、资源保存理论、悖论等视角证实了资质过剩对个体创新绩效和创造力的关系，但这些研究都集中在个人层面，研究结论并不一致。随着团队合作逐渐成为公司创造价值的重要工作模式，开展资质过剩感在团队层面的研究成为学者们的呼吁之一。上文所述，资质过剩对员工态度和行为的影响并不是孤立发生的，而是嵌入团队或群体当中，资质过剩所导致的个人和更高层面的结果可能会有较大不同。为此，资质过剩在团队层面的影响成为重要研究课题。随着商业环境变得更具挑战性，越来越多的公司选择雇佣由具有不同才能或教育背景的成员组成工作团队来推动创新，如果没有足够的知识和经验的支持，团队的创新绩效就无法实现。也就是说，当团队成员具有更高的知识、技能和能力时，更容易产生高的创新绩效。因此，团队的资质过剩为团队创新绩效的提升带来了更大的可能。

现有研究发现，个体感到资质过剩，会产生"大材小用"的剥夺感和消极情绪，然而，当个体感受到所在团队成员都具有较高资质时，个体的剥夺感会降低，并倾向于将自己归为"精英团队"中的一员，表现出更高的绩效。因此，当团队资质过剩成为团队成员一致认同的团队身份时，为了追求积极的自我形象，团队成员就有更高的主动性，会为提升团队的绩效表现和外部评价而努力。同时，充足的知识水平也增强了团队对完成创造性任务的效能感，这正是契合了集体行动社会认同模型（social identity model of collective action，SIMCA）。该模型整合了社会认同理论和自我分类理论，阐述了群体认同和群体效能在促进集体行动中的重要作用。群体认同和群体效能不仅会促进集体行动的产生，群体认同还是影响群体效能的重要前因变量，因为较高的认同感能向相对无力的个体"赋能"。卡兰德曼斯和欧格玛（Klandermans & Oegema，1987）也指出群体的集体行动离不开两个重要的方面：行动方身份的认同和群体效能。因此，要实现创新，团队成员不仅需要具备所需的知识和能力，还要具备团队身份认同感和创造性集体效能。基于此，本研究认为，团队资质过剩可以通过团队认同和创造性集体效能的链式中介作用进而影响团队创新绩效。

此外，不确定性—认同理论（uncertainty-identity theory）认为，个体对降低不确定性的需求是其寻求对某一类社会身份认同的重要原因。随着国际贸易、公共卫生安全、安全生产等领域的重大事件频发，企业面临的不确定性增加，团队工作过程受到外部情境因素的影响，作为重要的情境变量，环境动态性（environmental dynamism）同时包含对外部环境不确定性和不可预测性的考察，较好地反映了外部环境与组织交互的强弱程度。邓等（2020）揭示了动态环境对团队成员反应、团队互动和团队成果一系列运行机制的影响，指出动态环境会增强团队成员的协议寻求行为，通过改善团队成员的互动最终影响团队创新绩效。因此，本研究引入环境动态性这个调节变量，探索它在团队资质过剩对团队创新绩效影响中的调节作用。

二、团队认同和创造性集体效能的中介作用

（一）团队资质过剩与团队认同

团队认同由组织认同迁移到团队管理层面而来，它通常是指团队成员对团队的归属感。团队中的员工基于团队身份感知的构建是一个情境化、认知化、情感化的过程，员工通过自我认同会将自我概念和工作中的其他信息（如团队状态）整合起来，从而形成对团队的认同，进而提升团队的归属感，帮助团队成员实现共同目标和愿景。团队成员的特征对于集体认知过程中的信息积累至关重要，团队成员在进行自我定义时会依赖于团队的集体属性。根据社会认同理论和自我分类理论的观点，人们在社会化过程中会通过观察进行自我归类来满足自己归属的需要，并根据自己所属群体的共同特征感知自己和他人。个体在进行自我分类时所关注的既包括所在群体内部的相似性，也包括所在群体与外部其他群体的差异性，个体只有通过比较发现自己所在群体和其他的群体是不同的或有区别的时，才会觉得自己是属于该群体的成员。当具有资质过

剩的团队成员将资质过剩视为其所在团队的一种共性特征时，团队成员会感知到与该团队内其他成员有较强的相似性，从而倾向于将自身与团队归为"自己人"，即从"我感到资质过剩"转变为"我们都是拥有过剩资质的人"，提高了团队成员的集体归属感。在这种情况下，团队成员会认为自身资质过剩的状况是合理的，对被剥夺感和不公平的感知就会降低，团队凝聚力、情感依恋和认同感得到提升。因此，我们提出以下假设：

H10-1：团队资质过剩对团队认同有正向影响。

（二）团队资质过剩、团队认同和创造性集体效能

班杜拉（Bandura，1986）将集体效能定义为"群体成员相信他们的团队可以在特定情况下共同取得特定水平成绩的共同信念"。与自我效能相似，集体效能代表的并不是团队本身所具备的实际能力，它主要代表了团队成员对该团队所具备的能力的一种感知和评价。程和杨（Cheng & Yang，2011）结合"创造性自我效能"和"集体效能"的观点，将创造性集体效能的概念引入集体效能和创造力的研究中，将集体创造性效能定义为将团队成员的能力结合起来产生创造性想法的共同信念。要想实现创新，一个团队不仅必须拥有所需的行为能力，还必须具有创造性集体效能。

社会认同理论表明，个体的内群体认同感越高，自我概念中的群体性与社会性越发凸显，对内群体的心理归属感就越强。范·佐梅伦等（Van Zomeren et al.，2008）在社会认同理论的基础上进一步提出了整合的集体行动社会认同模型（social identity model of collective action，SIM-CA）。该模型认为社会认同和效能感都对集体行动具有解释作用，而且社会认同除了能够直接地对集体行动进行预测之外，还能够通过群体效能变量间接地对集体行动的参与产生影响。许多研究也都将群体认同作为影响群体效能的前因变量。因此，本研究认为团队认同是团队资质过剩对创造性集体效能产生影响的中介变量。具体来说，基于集体行动社会认同模型，团队资质过剩较高的团队，其成员普遍更加认同所属团队是由具备较高技能、能力的个体组成，团队的学习和理解能力都强于普

通工作团队，这种内群体认同会促使团队通过集体效能路径产生对该群体的有利行为。更容易将通过观察、沟通和交流获取的信息与知识有效地转化成新的思维和想法，并对工作有较强的控制力，容易感到能够轻松胜任工作任务。优越的心理条件往往能够增加团队的确定性，提升团队克服困难或发展创造力的集体信念，激发团队用创造性的方法和思想高质量解决工作问题的动机。这种对创新结果的预期和渴望能增强高资质过剩团队的创造性集体效能，并促使他们为团队的成功付出更多努力，进而对团队创新绩效产生积极影响。因此，本书提出以下假设：

H10-2：团队资质过剩通过团队认同的中介作用对创造性集体效能产生正向影响。

（三）团队认同、创造性集体效能在团队资质过剩和团队创新绩效之间的链式中介作用

本研究进一步认为，团队资质过剩能够通过创造性集体效能的中介传导促进团队创新绩效目标的实现。研究表明，与任务相关的丰富知识和技能有助于增强在工作中发挥创造力的信心。因此，感知到团队资质过剩的团队成员对彼此具有的知识、技能、经验等资质具有较高的自信，从而形成了较高的集体效能。结合社会认知理论的看法和以往关于效能感对行为动机的影响作用的相关研究结果，团队成员产生集体行动动机的一个重要原因就在于集体效能的影响。也就是说，当所有团队成员都觉得所在团队能够实现创新的目标时，才会参与进创新活动当中，并且创造出创新的产品。创造性集体效能较高的团队在面对困难局面时，对成功实施创造性行为具有强烈信念。基于这种团队自我判断，团队会为自己设置更高的创造性目标，在创造活动当中投入更多的精力。同时，团队拥有较高的创造性集体效能时，会对团队的创新能力有较为积极的评价，从而在克服创新过程中遇到的困难和完成创新目标上付出的努力也会更多、更持久。这种努力与坚持有利于团队将工作成果转化成团队创新绩效。

鉴于团队资质过剩对团队认同的正向影响作用，团队认同对创造性集体效能的促进作用，以及创造性集体效能在团队资质过剩与团队创新

绩效之间的中介传导作用，本研究认为，创造性集体效能进一步通过中介团队资质过剩和团队认同对团队创新绩效产生影响。高资质过剩的团队通常拥有优于一般工作团队的知识、技能和经验，当团队成员认同他们自身拥有过剩的知识和技能，就会产生较高的自信心，从而选择一条更积极的路径来充分利用过剩的资质。反过来，这种心理上的"充足"可以强化他们完成任务时的信心，认为资质过剩团队可以快速完成角色内的任务，并有更多的精力和时间参与额外的活动，在面对任务时可以利用比一般团队更加丰富的信息、知识和经验。团队成员之间也可以通过交换信息、知识共享和整合各自的能力优势等手段，从不同的角度以更好和更新颖的方案解决问题，最大限度地发挥团队的作用，并创造性地改进工作或实现目标任务。因此，本书提出以下假设：

H10-3：团队资质过剩能够通过团队认同、创造性集体效能的链式中介作用，对团队创新绩效产生正向影响。

三、环境动态性的调节作用

英国心理学家迈克尔·霍格（Michael A. Hogg）在社会认同理论和自我归类理论的基础上提出了不确定性—认同理论，该理论阐述了自我的不确定感是如何在群体过程和群体间关系中起到驱动作用的。人类总是置身于多多少少的不确定性当中，并且将确定性作为孜孜以求的目标，将自我与作为群体成因的其他人归类的过程可以有效地降低自我不确定感，因为它为双方提供了一个有效的社会身份。随着产品生产周期的缩短、技术更新速度的加快，团队所面临的外部环境不断发生改变，环境动态性是指环境变化的速度与不确定的程度，这种不确定感会影响群体认同过程和群体间的关系。

基于不确定性—认同理论，不确定感会让人们产生对自己、对自己身份及所处环境的不确定感，并且这种不确定感是让人厌恶和不舒适的，导致人们难以去预测和规划行为，因而人们总是力图去降低、控制或避免它的发生。员工会通过对环境的评估来确定自己与工作场所的契合度，而社会分类可以降低不确定感或阻止不确定感的侵扰，因为它可以使人们的知觉去"个性化"以符合其内群体和外群体的"原型"。研究显示，经过自我归类后，高不确定感的个体表现出更强的群体认同和内群体偏爱，并且群体认同降低了后续的不确定感。因此，在高不确定性的环境中，具有资质过剩团队的成员会更加认同自己所在的高资质团队，他们会认为团队成员具有的资质高于一般团队，他们相信团队凭借其高资质可以轻松应对外部环境的变化，从而降低其不确定感知。因此，提出以下假设：

H10-4：环境动态性在团队资质过剩与团队认同的关系中起到正向调节作用，即在高环境动态性背景下，团队资质过剩对团队认同的作用更强，反之越弱。

此外，创造性绩效受到员工的主观愿望、员工具备的能力和相关外部条件的共同影响。创新行为不仅源于组织内部的战略选择，还受到外部环境变化的影响。结合 H10-2 和 H10-3，本书提出以下假设：

H10-5：环境动态性调节了团队认同与创造性集体效能在团队资质过剩与团队创新绩效之间的链式中介作用。即在外部环境动态性水平较高的情境下，这一链式中介作用越强，反之越弱。

综合上述分析，提出本研究的研究模型，如图 10-1 所示。

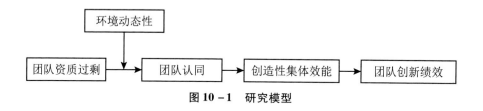

图 10-1 研究模型

第三节 团队资质过剩与团队创新绩效实证研究

根据第二节的理论模型，本节将进行实证研究设计与分析，以 72 个工作团队 351 名员工的配对数据作为研究样本进行实证检验，研究发现团队认同和创造性集体效能在团队资质过剩和团队创新绩效间起到链式中介作用，环境动态性在这一关系中发挥调节作用。研究丰富了资质过剩在团队层面的研究，并对如何将高能力团队的人力资本转化为企业创新价值具有重要的理论和实践意义。

一、团队资质过剩与团队创新绩效实证研究设计

（一）样本和调查过程

本研究采用团队主管领导和下属配对，分两个时点发放调查问卷的方式收集原始数据。样本来源于中国东北和华中地区的 3 家房地产企业、2 家科技企业和 1 家汽车制造业企业，涉及 108 个工作团队（包括研发、销售、生产等多个业务部门）和 507 名员工。

在调查中，研究人员事先与企业的人力资源部门经理进行了沟通，说明了本次调研的目的，获得了他们的支持，得到了初始的调研团队名册，并在研究结束后答应为其提供相应的研究报告。为保证数据的真实性和可靠性，将每份问卷进行编号，根据初始的调研名册并将团队领导与团队成员进行匹配，分别装入空白信封中。问卷采用现场发放，首先，文章的其中两位作者首先对问卷调查的目的和方式作了说明，并解释了本次调查不会影响员工的任何绩效；接着，由受访者独立匿名填写后直接交给调研人员，避免受访对象因顾虑第三方而隐瞒真实想法。在时点1，团队成员填写了个人信息、团队资质过剩、团队认同；团队主管领导填写了团队领导的基本信息和环境动态性。间隔一个月后，团队成员填写了创造性集体效能，团队主管领导对团队创新绩效进行了评价。在删除无效问卷后，获得 72 个团队的 351 份匹配问卷，有效回收率为 69.23%。

（二）数据测量

研究所采用的测量量表均为具有良好的信效度并得到学者们广泛认可的量表。为保证员工对量表理解的有效性，作了翻译和回译，所有量表题项均采用李克特 7 点计分法，其从"1"到"7"由低到高分别表示

受访者对所描述情形在实际工作中的符合程度。

员工对团队资质过剩作了评估。为了进行团队层面的研究，团队成员被视为一个整体，这需要假定团队成员具有相似的特征进行研究，因此对于数据收集方式的要求也有所不同。根据陈（Chan，1998）的研究，当团队成员都感受到了资质过剩时，为了测量这一团队特性，可以从团队成员那里获得数据，采用参照转移一致模式。确保团队成员个体层面内部的一致性后对数据加总形成团队层次的构念，同时团队成员个体所回答的量表问题应变为对于整个团队的感知，即问卷中的问题所涉及的是整个团队而非个体，在以增加团队内部的异质性的同时保证团队间的变异。为保证高回复率，我们使用了约翰逊和约翰逊（1997）资质过剩感量表进行测量，这个量表包括 4 个项目，我们对这些项目进行了相应的修改，例如，"我的学历比他们工作所需的高"改为"我团队中大多数同事拥有的学历高于他们工作所需要的学历水平"。

团队认同由团队成员进行自评。参考斯密特等（Smidts et al.，2000）开发的组织认同量表，并根据团队层面的情况作适当调整，共计5 个题项，如"我在团队中有很强烈的归属感"。

团队成员对创造性集体效能也作了评价。参照团队资质过剩的测量方法，创造性团队效能感描述的是团队层面的现象，因此要将量表问题设置为对整个团队的看法，依然采用参照转移一致模式（referent-shift consensus models）。我们使用了蒂尔尼和法默（Tierney & Farmer，2002）编制的创造性自我效能感量表，该量表有三个项目，并对项目作了相应的调整。例如，"我对自己创造性解决问题的能力有信心"被改成"我对自己所在团队创造性解决问题的能力有信心"。

团队创新绩效由团队领导作评价，采用莱弗雷斯等（Lovelace et al.，2001）开发的量表，包括"本团队产生了很多创意或新点子""本团队工作成果的技术含量高"等条目在内的 4 个问题。

环境动态性由团队领导作出评价，采用詹森等（2006）编制的量表，测量题项包括"我们所在的市场环境变化非常激烈""我们的客户不断地寻求新产品和新服务"等 5 个测量项目。

控制变量测量。参考前人的研究，将团队规模、团队平均受教育背景、团队平均年龄、团队平均工作年限人口统计学变量作为控制变量。研究表明，第一，团队规模会对团队创新产生倒"U"型影响，团队规模过大会影响团队成员的交流和互动，而团队规模过小会缺乏多样性的观点，可见团队规模过大或过小都不利于创新，规模适中的团队会对团队创新产生有利影响。第二，团队成员个人所拥有的知识、技术和能力会对团队创新绩效产生直接或间接的显著正向影响。第三，团队成员年龄作为一项异质性的个体特征被发现与团队创新相关，不同年龄可能会拥有不同的知识和经验，从而对创新绩效产生影响。第四，以往的工作经历带来的工作经验会作为一项团队隐性知识存在于团队中，如果能够在团队中进行分享和交流，则会对团队创新绩效具有显著的促进作用。因此，我们控制了团队规模、团队平均受教育背景、团队平均年龄和团队平均工作年限。

（三）数据分析方法

运用 SPSS 21.0、AMOS 软件及 PROCESS 程序对样本数据作统计分析，包括样本的信度和效度分析、描述性统计、相关分析及回归分析。

二、团队资质过剩与团队创新绩效实证结果分析

（一）验证性因子分析

使用 Mplus 7.0 对 5 个测量变量进行验证性因子分析。如表 10 - 3 所示，五因子模型的拟合效果优于其他备选模型，$\chi^2/df = 1.352$，RMSEA = 0.070，CFI = 0.922，TLI = 0.904，SRMR = 0.077，因此可以认为本研究的假设模型变量间具备较好的区分效度。

表 10 – 3 验证性因子分析结果

模型	χ^2	df	χ^2/df	RMSEA	CFI	TLI	SRMR
五因子模型（TO，TI，CCE，TIP，ED）	167.634	124	1.352	0.070	0.922	0.904	0.077
四因子模型（TO，TI + CCE，TIP，ED）	199.906	128	1.562	0.088	0.872	0.847	0.112
三因子模型（TO，TI + CCE + TIP，ED）	320.948	131	2.450	0.142	0.661	0.604	0.131
二因子模型（TO + TI + CCE + TIP，ED）	393.695	133	2.960	0.165	0.535	0.465	0.151
单因子模型（TO + TI + CCE + TIP + ED）	449.047	134	3.351	0.181	0.438	0.358	0.173

注：TO 代表团队资质过剩；TI 代表团队认同；CCE 代表创造性集体效能；TIP 代表团队创新绩效；ED 代表环境动态性。

（二）数据聚合分析

由于本研究所需的 3 个团队层变量（团队资质过剩、团队认同、创造性集体效能）需要利用团队成员数据聚合至团队层面，因此需要进行聚合指标检验。经过计算得出，团队资质过剩的 ICC（1）、ICC（2）和 rwg 分别为 0.13、0.73 和 0.91；团队认同的三个指标分别为 0.15、0.64 和 0.92；创造性集体效能的三个指标分别为 0.14、0.55 和 0.92。根据詹姆斯（James，1982）的研究，ICC（1）、ICC（2）和 rwg 应分别达到 0.05、0.50 和 0.70，因此本研究认为相关测量变量适合进行聚合并在团队层面分析。

（三）描述性统计分析

变量的描述性统计及信度系数如表 10 – 4 所示。所有变量的信度系数（Cronbach'α）都在 0.78 以上，表明量表具有良好的信度。同时，团队资质过剩与团队认同呈显著正相关（$r = 0.248$，$p < 0.05$）；团队资质过剩与创造性集体效能呈显著正相关（$r = 0.346$，$p < 0.01$）；团队认同

与创造性集体效能呈显著正相关（r = 0.394，p < 0.01）；团队认同与团队创新绩效呈显著正相关（r = 0.251，p < 0.05）；创造性集体效能与团队创新绩效呈显著正相关（r = 0.346，p < 0.01）。分析结果与研究预期相符，可以进行进一步检验。

表 10 − 4　　　　　　　　描述性统计分析结果

变量	M	SD	1	2	3	4	5	6	7	8	9
1. 团队规模	4.88	1.35									
2. 团队成员平均年龄	32.47	5.21	− 0.113								
3. 团队成员平均工作年限	5.20	3.35	− 0.063	0.375**							
4. 团队成员平均受教育年限	1.61	0.55	− 0.205	− 0.027	− 0.163						
5. 团队资质过剩	3.91	0.65	0.086	− 0.016	0.111	0.207	(0.773)				
6. 团队认同	5.56	0.49	0.239*	− 0.146	− 0.017	− 0.099	0.248*	(0.911)			
7. 创造性集体效能	5.32	0.49	− 0.023	− 0.280*	− 0.107	0.040	0.346**	0.394**	(0.799)		
8. 团队创新绩效	5.15	1.03	0.057	− 0.074	− 0.179	0.047	0.120	0.251*	0.346**	(0.896)	
9. 环境动态性	2.63	0.75	0.007	− 0.134	− 0.119	0.265*	− 0.052	− 0.089	− 0.134	− 0.081	(0.722)

注：** p < 0.01，* p < 0.05；括号内为量表 Cronbach'α 系数。

（四）假设检验

1. 直接效应检验

采用层次回归分析法检验直接效应，结果见表 10 − 5。加入控制变量后，团队资质过剩对团队认同有显著正向影响（β = 0.257，p < 0.05，M1）。因此，H10 − 1 得到支持。团队认同与集体创新效能（β = 0.397，p < 0.001，M4）和集体创新效能与团队创新绩效（β = 0.356，p <

0.01，M7）之间也存在显著的正向影响。这些结果初步表明，团队认同和集体创新效能可以在团队资质过剩和团队创新绩效之间发挥传导作用。接下来，使用 PROCESS 宏程序进一步检验链式中介效应。

表 10 - 5　　　　　　　　　层次回归分析结果

变量	团队认同		创造性集体效能		团队创新绩效		
	M1	M2	M3	M4	M5	M6	M7
控制变量							
团队规模	0.178	0.182	- 0.106	- 0.137	0.032	- 0.003	0.070
团队平均年龄	- 0.122	- 0.161	- 0.262	- 0.231	0.005	0.031	0.097
团队平均工作年限	- 0.008	0.005	- 0.070	- 0.016	- 0.196	- 0.180	- 0.170
团队平均学历	- 0.120	- 0.129	- 0.078	0.042	- 0.007	0.043	0.022
自变量							
团队资质过剩	0.257 *	0.331 **	0.375 **		0.141		
中介变量							
团队认同				0.397 **		0.257 *	
创造性集体效能							0.356 **
调节变量							
环境动态性		- 0.165					
交互项		0.284 *					
R^2	0.136	0.210	0.210	0.227	0.053	0.096	0.151
ΔR^2	0.060	0.134	0.128	0.145	0.018	0.061	0.116
F	4.588 *	3.607 *	10.674 **	12.412 **	1.258	4.470 *	9.027 **

注：** p < 0.01，* p < 0.05；交互项：团队资质过剩 × 环境动态性。

2. 中介效应检验

使用 SPSS 软件中的 PROCESS 程序测试中介效应。表 9 - 6 展示了团队资质过剩对团队创新绩效的链式中介作用，并且在其他路径受到控制的情况下获得了每条路径的系数和显著性。路径 1 表明，团队资质过剩可以通过团队认同影响团队创新绩效（b = 0.11，95% CI [0.0113，0.1850]）。因此，H10 - 2 得到支持。如路径 4 所示，通过团队认同和集体创新效能的链式中介效应，团队资质过剩对团队创新绩效具有显著的积极影响（b = 0.08，95% CI [0.0102，0.1822]）。因此，H10 - 3

得到支持。

表 10 - 6　团队资质过剩影响团队创新绩效的间接效应分析结果

路径	效应量	标准误	95% 置信区间	
			下限	上限
路径1：团队资质过剩—团队认同—创造性集体效能	0.0815	0.0451	0.0113	0.1850
路径2：团队资质过剩—团队认同—团队创新绩效	0.0585	0.0358	0.0053	0.1429
路径3：团队资质过剩—创造性集体效能—团队创新绩效	0.1195	0.0528	0.0266	0.2328
路径4：团队资质过剩—团队认同—创造性集体效能—团队创新绩效	0.0732	0.0198	0.0102	0.1822

注：所有间接路径均控制了团队规模、团队平均年龄、团队平均工作年限、团队平均学历，表中为非标准化回归系数，置信区间基于 5 000 次修正偏倚 Bootstrap 得出。

3. 调节效应检验

在表 10 - 5 的模型 3 中，团队资质过剩与环境动态性的交互项（β = 0.284，p < 0.05，M2）对团队认同有显著正向影响，H10 - 4 得到验证。为了更加清晰地描述环境动态性的调节作用，我们绘制了简单斜率调节效应图（±1SD）。如图 10 - 2 所示，在环境动态性较高的情况下团队资质过剩对团队认同的正向影响更为显著。

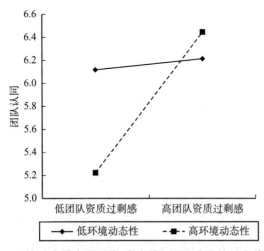

图 10 - 2　环境动态性在团队资质过剩和团队认同关系中的调节作用

进一步，通过 SPSS 软件中的 PROCESS 程序来估计调节效应在高和低不同水平下的链式中介效应，即检验环境动态性在"团队资质过剩—团队认同—创造性集体效能—团队创新绩效"链式中介作用中的调节效应，结果如表 10 - 7 所示。从表 10 - 7 中可以看出，当团队处在低环境动态性情境下，"团队资质过剩—团队认同—创造性集体效能—团队创新绩效"的链式中介效果不显著（β = 0.0161, 95% CI [- 0.0195, 0.0756] 包含 0）；当团队处在高环境动态性情境下，"团队资质过剩—团队认同—创造性集体效能—团队创新绩效"的链式中介效果显著（β = 0.0867, 95% CI [0.0025, 0.2626] 不包含 0）；并且高环境动态性和低环境动态性下中介路径的差异显著（β = 0.0706, 95% CI [0.0013, 0.2342] 不包含 0），表明环境动态性在"团队资质过剩—团队认同—创造性集体效能—团队创新绩效"的链式中介关系中起到调节作用，因此 H10 - 5 得到支持。

表 10 - 7　　　　　　　　有调节的链式中介效应检验结果

模型	调节水平	效应值	标准误	95% 置信区间	
				下限	上限
团队资质过剩—团队认同—创造性集体效能—团队创新绩效	低	0.0161	0.0235	- 0.0195	0.0756
	高	0.0867	0.0685	0.0025	0.2626
	不同	0.0706	0.0612	0.0013	0.2342

三、团队资质过剩与团队创新绩效实证结果讨论与应用

（一）理论贡献

本研究将资质过剩研究从个体层面拓展到团队层面，回应了有关学者提出的应在更高层面分析、评价资质过剩积极作用结果的呼吁。以往的实证研究主要探索了个体层面的资质过剩感所产生的影响，对于资质过剩在团队层面的研究关注较少。因此，本研究丰富和扩展了资质过剩

在团队层面的研究。此外，研究结果也表明团队资质过剩是团队创新绩效的重要前因变量，丰富了团队创新绩效的相关研究。

本研究基于 SIMCA 模型，从"认同—效能"的角度探究了团队资质过剩对团队创新绩效的作用机制。SIMCA 强调群体认同和集体效能对集群行为的产生具有重要影响作用。对群体拥有高度认同的人更倾向于采取集群行为来改变群体地位，集群行为的意愿也会受到所在群体完成目标的效能的影响，越高的集体效能会带来越高的群体成员参与集群行为的意愿。本研究探讨了具有团队资质过剩的团队成员如何完成对自我身份的归类和调适，形成创造性集体效能进而影响团队创新绩效的过程。本研究不仅揭示了团队资质过剩对团队创新绩效的作用机制，也拓展了 SIMCA 模型在团队资质过剩研究中的应用。

此外，研究引入环境动态性这个情境变量，描述团队资质过剩对团队创新绩效的边界效应，拓展了团队资质过剩研究的情境条件。社会认同理论认为，当个体感觉当前的群际关系不稳定，但又对于内群体具有很强的认同感时，就会想要参与到一些能够改变群体现状的集体的行动里。本章研究结论表明，在动荡的环境下群体成员会更加团结，产生更强的团队认同感和凝聚力，从而更能激发团队成员利用自身过剩知识、技能产生更高的创新绩效。

（二）管理应用

本章的研究结果对组织管理和人力资源管理实践提供了重要的参考价值。首先，本研究发现了具有资质过剩感的团队有可能带来更高的创新绩效，使管理者认识到资质过剩感并不总是带来消极的影响结果，改变以往对于资质过剩员工会给企业带来损失的负面看法。管理者在面对资质过剩员工时，可以通过合理组建团队、建立项目组或者临时机构，激发具有资质过剩的团队进行高绩效目标的设定，进而获取更高的团队创新绩效。

其次，面对资质过剩较高的团队，组织在管理过程中应积极采取区别于一般团队的管理措施，如通过开展团队建设和有针对性的创造力培训等，增强团队成员间的认同感。通过增强他们的团队认同感，能够有效激发他们的集体效能，进而产生较高的团队创新绩效。

最后，本研究还发现，对于具有较高团队资质过剩的团队来说，动荡的环境反而更有利于激发团队克服困难、以创造性思维解决问题的斗志。因此，管理者可以根据实际情况对具有高资质过剩的团队提出富有挑战性的工作目标，营造良好的团队间竞争环境并积极看待团队在工作中可能面临的瓶颈，从而给予耐心和必要的支持。

实践管理篇

鉴于资质过剩的双刃剑效应，在高质量充分就业的背景下，如何减少未充分就业和资质过剩的负面效应，提升其积极效应是非常必要且迫切的。接下来，本篇将主要阐述在高质量充分就业背景下，如何管理资质过剩员工。在系统地讲述管理资质过剩员工的对策时，本篇首先阐述了如何改善未充分就业的发展现状，实现更高质量更加充分的就业。接着，本篇从资质过剩员工的态度、行为、绩效和人际关系入手，详细论述了如何管理资质过剩员工。

第十一章

高质量充分就业背景下员工资质过剩管理

当前关于资质过剩的研究为我们的管理实践提供了一些非常有意义的启示。在研究的初始阶段，资质过剩往往被认为会对组织产生不利的影响，资质过剩员工会拥有较高的离职倾向，会有更低的工作满意度等其他消极反应。因此，在这种情况下，组织的管理人员对于是否该招聘资质过剩的员工产生了争论，持反对意见的管理者认为资质过剩员工就像是"小池塘里的大鱼"，他们在公司中不但发挥不了其本来所具备的能力，还有可能因为感觉自己"大材小用"而消极怠工，甚至对周围的同事也产生负面影响；另一种可能的情况还在于，资质过剩员工或许能够在工作岗位上兢兢业业地工作，但因其资质和周围的同事有较大差距，很有可能会引起同事的嫉妒，这并不利于组织和谐氛围的构建。因此，他们并不愿意招聘资质过剩的员工。但是，随着进一步研究，发现资质过剩在一定条件下是可以对组织产生有利影响的，越来越多的研究告诉组织和管理者该如何从资质过剩员工身上获取潜在利益。再加上我们在前文中提到过的近些年市场上的竞争加剧，出于种种现实因素的考虑，组织需要具有更高资质的员工帮助他们渡过难关，获得持续性发展，因此也就越来越愿意招聘资质过剩的员工。近些年企业对于"高学历""名校"等毕业生的背景如此看重，其中不乏有这方面的考虑。因此，在高质量充分就业背景下，员工的资质过剩管理是非常必要的，通过合理有效地管理资质过剩员工，不仅能够使资质过剩员工感受到自我的价值，而且也能提高组织的绩效，达到员工与组织的双赢。同时，合理有效地管理资质过剩员工也会在一定程度上优化就业市场，提高就业质量。

第一节　未充分就业管理对策

随着我国经济的不断发展以及我国对就业的高度重视，我们应该如何减少就业市场上存在的不充分就业现状，促进高质量充分就业呢？接下来本书将从社会层面和组织层面介绍一下未充分就业的管理对策。

一、社会层面的管理对策

把发展作为解决就业问题的关键。邓小平1992年在"南方谈话"时曾讲"发展才是硬道理"，发展是解决一切问题的根本；同样，就业的问题也需要在不断发展的过程中解决。要想实现高质量充分就业，必须依靠经济和社会的发展。要坚持新发展阶段，贯彻新发展理念，构建新发展格局，持续推动经济和社会发展，以经济发展促就业，从而提高我国的就业质量。"十四五"规划时期，我国的经济发展将继续处于中高速发展的合理范围内，为实现更全面、更高的就业提供了有利的条件，同时也为做好就业工作提供了有力的保障。坚持以创新为导向的发展战略，注重科技进步对促进经济增长、增加就业机会的促进作用。在构建新发展格局的过程中，要重视调动国内外的积极因素，打通经济流通的各个环节，排除影响就业和改善就业质量的各种因素，避免就业"零增长"现象的发生。市场作为就业的重要载体，要把"稳定"作为主要任务，搞活好"市场"，夯实就业基础，提高就业质量。同时要把减税政策制度化和长期化，根据具体情况进行社保费率的调整，以最大限度地发挥稳定就业的作用，把各项政策落实到位。

加强就业优先的政策。坚持"以人为本"的发展战略，建立和完善"以人为本"的就业政策体系，把"以人为本"的宏观政策目标作为重点。财政政策、货币政策、产业政策都要以就业为重点。在制定和执行宏观调控政策时，要对各种政策的作用作出科学的评价，并将其纳入地方政府的评价指标体系中。构建健全的就业政策支撑机制，增强各方面的协调与互补，降低实施最优就业政策的费用。积极发展有利于就业的经济，支持有利于就业的企业。在经济结构调整与提升中，应注重技术替代岗位的评价与计量，以降低结构性和摩擦性失业。要加强环境和就业两方面的协调，以促进环境和扩大就业为目的。建立健全失业预警体系，强化对大公司的就业监控，重点关注行业的风险预测。

建立完善的人力资本制度。在数字化经济背景下，加强人力资本的投入是最有效的方法。解决结构性的就业矛盾，既要通过供求双方的合作，又要从根本上改变和调整劳动力市场的供给。要实现高质量发展，必须将扩大内需与深化供给侧结构性改革相结合，实现高质量的充分就业，必须将"就业优先"与"深化"的"深化供给侧结构性改革"相结合。同样，要想改善未充分就业现状，要进一步深化教育制度改革，优化教育结构，改善教育质量，增强高等教育、高职教育在经济发展、劳动力市场变化中的适应能力，更好地推动大学生就业，让高校毕业生可以在工作岗位上充分发挥自己的作用。同时，劳动者在工作岗位上也要不断学习以适应市场的瞬息万变，要完善职业技能教育体系，营造一种终身学习的氛围，鼓励企业和相关培训机构进行各类实用技能培训，增强培训的有效性和便利性，提高劳动者的工作技能，满足劳动者市场的需要，为劳动者的工作转型提供人力资本等相关支持。

在促进创业带动就业的同时，也要重视新创企业的质量。创业，不仅可以解决创业者的就业问题，还可以带来更多的就业岗位。近几年，我国的创业热潮没有丝毫减弱，市场主体的数量每年都在增长，创造的就业机会也在不断增多，解决了一部分人的就业问题。2020 年，我国的就业市场虽然受到了新冠疫情的影响，但新注册的市场主体仍然有 2 500 万家。要继续推进"万众创新"，进一步健全激励创新的政策制度，加大税收、金融、人才、场所等方面的扶持力度，使企业在创业带动就业方面发挥积极作用。然而，在推动创业的过程中，我们不仅要注重创业的数量，同时要注重创业的质量。高质量的创业可以为我国的就业市场带来一批优质的工作岗位，吸引未就业的优秀人才，同时也会优化我国的创业环境，提高我国新创企业的活力和适应力，不断增强创业带动就业的能力，满足我国对高质量发展的要求，促进高质量充分就业。

积极推进就业平等。目前，我国的劳动力市场上还存在就业歧视现象，不公平现象仍然存在，因此在高质量发展的就业背景下，促进就业公平是必要且迫切的。就业平等是提高就业质量的一个重要指标，也是促进就业全面发展的先决条件。要进一步健全保障就业公正的法律制度，消除一切形式的劳动歧视，实现平等就业，让广大劳动者都能得到满意的工作。首先，要充分认识到女性的职业平等问题，用人单位不得以结婚、生育等原因拒绝录用女性，消除职场对女性的歧视和限制，积极促进男女在职场中的平等地位。其次，要加快户籍改革，放宽除个别大城市以外的城市落户限制，让外来就业工作者无后顾之忧，同时可以吸引各地优秀人才安家立业。再次，要加强对农民工劳动权益的保障，促进城乡居民的平等就业。最后，要消除劳动年龄歧视，打破企业在招聘过程中"35 岁"的门槛，充分发掘各类年龄段的人才，同时加强对老年劳动力的教育与培养，以推动"老有所为"的目标。

以上是有关国家层面的对策，首先，国家可以通过推动经济发展从而带动就业发展，提高就业质量。其次，进一步强化就业的发展战略，积极促进就业发展。再次，进一步完善我国的人力资本体系，加大对人力资本的投入，推动高质量的就业发展。又次，鼓励个人创业，创业可以提高就业市场的劳动岗位，缓解就业市场的供求不平衡。最后，要积极推进就业平等，消除劳动力市场的就业歧视现象，营造人人平等的就业氛围。

二、组织层面的管理对策

工作自主性和复杂性会影响员工对未充分就业的感知，因为工作自主性可以使员工有机会学习新的技能和知识，同时也赋予了员工更多的责任，而工作内容单调的员工更容易感知到未充分就业，因此工作丰富化也是一个解决未充分就业的好办法（Feldman & Turnley，1995；Khan & Morrow，1991）。组织可以通过任务协商、授权赋能、工作扩大化、工作丰富化等方式，使未充分就业者自主选择更具挑战性的工作任务，最大限度地发挥他们的才能，提高他们的自身价值和成就感，降低他们对未充分就业的感知。

组织文化也会对未充分就业产生影响，崇尚勤劳和"以人为本"的组织能够鼓励员工勤奋工作，并给他们创造学习和进步的机会，当他们的价值观和组织的企业文化相适应时，会帮助员工更好地融入组织，这些良好的组织文化往往会减少未充分就业现象的发生，反之，则不然（吴冰、廖慧咏，2014）。因此组织应该塑造一种积极向上的组织文化，使员工对公司产生一种荣誉感、自豪感，从而激发员工的工作积极性。同时，良好的组织文化可以潜移默化地影响员工的思想、性格、兴趣，让员工在无意识的情况下，自觉地接纳公司的价值观，很快融入集体，并且可以减少员工的内部矛盾，让员工对公司有归属感，增强员工的凝聚力，从而减少未充分就业现象的发生。

组织内部的人力资源管理制度与政策也会影响员工的未充分就业感知，一个清晰的工作描述，针对性的有用培训，为员工设计的职业发展路径和成长机会，合理有效的报酬激励体系，以及组织对员工的承诺都可以减少未充分就业的产生。因此，组织应该完善组织内部的人力资源管理制度，设置清晰、公平、合理的招聘与配置、培训与开发、晋升体系和绩效激励与薪酬福利等方面的规章制度或程序，公平地对待每一位员工，让员工在组织中看到希望。

员工个人的人格特质和动机也会影响员工的未充分就业感知，比如瓦特和哈吉斯（Watt & Hargis，2010）的研究认为，情绪不稳定的、拥有厌烦情绪的、容易感到无聊的员工，或者尽责型的、外向型的员工更有可能感觉到自己没有被充分利用，而宜人性的员工恰恰相反（Hargis，2010）。同样地，拥有高成就动机的人自然就会越容易感觉到未充分就业（吴冰、廖慧咏，2014）。因此，组织在招聘的过程中可以关注一下应聘者的人格特质和动机，尽量招聘一些宜人性的员工；同时，组织也可以赋予高成就动机的员工更多的责任，让他们感受在组织中的价值和作用，满足员工的成就需要，提高员工的自主性和积极性。

因此，组织可以通过提高工作的复杂性，进而从提高员工的工作自主性角度出发去降低员工未充分就业感知。同时，组织也可以通过塑造良好的企业文化以及健全人力资源管理制度来减少未充分就业现象。此外，组织也可以从员工的个人特质和动机出发来管理员工，对症下药，提高员工的工作热情。

以上是关于未充分就业的管理对策，资质过剩作为未充分就业的一种形式，在高质量充分就业背景下，如何管理资质过剩员工也是我们应该重点考虑的问题，本书接下来将从员工态度和行为、员工绩效、员工人际关系以及新员工四个方面来详细介绍员工资质过剩的管理对策。

第二节 如何转变员工的态度和行为

从前文可知，资质过剩对员工的工作满意度、组织承诺、工作投入、组织认同感等员工态度产生了不利的影响。同时资质过剩也会对离职倾向、组织公民行为、反生产行为以及员工亲组织非道德行为等员工行为产生影响。然而，在高质量充分就业背景下，如何转变员工的态度和行为，发挥资质过剩员工的积极作用是至关重要的。

当员工发现自己的知识、能力与岗位要求不匹配时，会产生一系列的消极情绪，比如，情绪耗竭、无聊、愤怒等。这些消极情绪在一定程度上会对员工态度和员工行为产生负面影响，比如，当资质过剩员工发现他们的技能和能力要远超过岗位所必需的水平，会引起员工的愤怒，降低其组织自尊，使得员工认为自己在组织中不再重要，也没有价值，进而导致员工反生产行为、离职倾向等。如何降低消极情绪对员工态度和行为的影响是相当必要的。因此，组织应该关注员工的心理状态，重视员工的情绪变化，通过情绪管理激发员工的积极情绪。首先，组织可以对员工给予帮助和关心，使员工体验到来自组织的鼓励和支持时，降低资质过剩对他们的身心所造成的不利影响。比如，通过员工援助计划（EAP）来帮助员工缓解个人的心理压力，体现对员工的人文关怀。同时，可以在组织中营造一种良好的氛围，让员工在感受到资质过剩时积极调整自己的情绪和态度，以一种积极乐观的心态来看待资质过剩，从而减少员工对工作的不满。

有研究表明，资质过剩显著减少了员工工作投入，公平敏感性发挥了正向调节作用，且随公平敏感性增加，资质过剩感对工作投入的负向影响会增强。（赵恒春，2020）。具有较高公平敏感性的资质过剩员工可能会感到更愤怒，还有可能对组织做出反生产行为等不利行为。所以，组织必须关注那些公平敏感性的员工，以及对他们的工作作适当的调整；此外，还应通过培训和其他途径，对有资质过剩的员工进行公平敏感性的正确导向，以减少他们对工作投入的消极影响。

同时，公平理论指出，员工不仅会将自己的付出投入比进行比较，同时也会将自己的付出—所得比与他人的付出—所得比进行比较。而资质过剩员工相较于其他普通员工而言有更高的学历和能力，当资质过剩员工与普通员工从事同一岗位时，就会产生一种不公平感。为了降低这种不公平感，资质过剩员工会降低工作投入和减少组织公民行为。因此，在日常的工作中，组织应该在之后的工作中多布置一些具有挑战性的任务，增加岗位的丰富性；也可以多授权和赋能给资质过剩员工，提高他们在工作中的自主性和自我效能感；同时，也要为他们进行清晰的职业发展路径的规划，帮助他们在工作中成长和提升，提升资质过剩员工的工作满意度，从而提高员工的情感承诺。资质过剩员工从这些过程中获得的进步不但可以帮助组织解决问题，还能够使他们获得成就感，进一步增加他们的工作投入（赵恒春、彭青，2020），从而提高公民行为。此外，组织应该建立一种公平公正的薪酬体系，提高员工的薪酬待遇，减少员工的不公平感，从而提高员工的组织认同感。

较为强势的领导者不仅无法使资质过剩员工充分发挥其才能，还会导致更多的时间侵占行为，因此领导者要对员工给予足够的信任，要在组织中共享信息和资源，并赋予其自主决策的权力。管理者与员工之间高水平的互动可以激励那些才华在平常工作中无法施展的员工向管理者展示自己的才华，进行积极的建言行为，实现自己的价值（周晔等，2020）。同时，有研究表明，员工在团队凝聚力较高的团队中其资质过剩感知水平会下降（Alfes et al.，2016）。领导者要在组织中营造好和谐的氛围，提高组织的凝聚力，给予员工指导和鼓励，定期与员工进行沟通并予以及时的反馈，关注并认可员工的价值，肯定员工的能力及其对组织的重要性。此外，领导者可以通过精神激励的方式提高资质过剩员工的心理感知水平，比如设置标兵等荣誉；也可以通过物质激励，比如在组织中推行长期股权激励，让资质过剩员工具备主人翁意识，强化他们的内部人身份感知，提高他们对组织的认同度，从而主动发挥他们的潜力，主动作为（梁荣成、马思璐，2021）。

综上所述，首先，组织可以从资质过剩员工的心理状态和情绪出发，减少资质过剩员工的负面情绪，从而转变员工的态度和行为。其次，组织可以通过采取相应的对策来应对公平敏感性的员工和降低员工的不公平感。同时，领导者在转变资质过剩员工态度和行为的过程中发挥了重要作用，要重视领导者的作用。

第三节　如何提升资质过剩员工绩效

根据以往的研究可知，资质过剩会影响员工的工作绩效，比如任务绩效，关系绩效和创新绩效等。因此，组织应该重视资质过剩对工作绩效造成的影响，采取相应的措施来减少资质过剩对员工绩效的消极影响，提高员工的工作绩效，从而提高组织的整体绩效，促进组织的发展。

在日常管理中，管理者对于资质过剩员工的关注和重视，并且能够积极与资质过剩员工建立良好的关系时，员工的资质过剩将会带来较高的任务绩效（Li et al.，2019）。领导—成员交换关系（LMX）在资质过剩与任务绩效之间存在调节效应。当 LMX 水平较高时，员工是领导的"圈内人"，领导者和员工之间相互信任、相互喜欢、相互尊重、相互影响以及彼此尊重。而与此同时，下属为了回报领导者的信任、喜欢、尊重等，会对其作出回报，不但会尽力提高其任务绩效，而且还会付出额外的努力提高工作绩效。

需要注意的是，领导者的风格也往往会产生重要影响，比如仁慈型的领导往往比权威型的领导更容易察觉员工与岗位是否匹配，更容易及时地发现员工的需求，并予以满足，从而激发员工的潜能和工作动机，使员工能够更加努力和高效地完成工作；德行型的领导也能够以组织中的"榜样"形象获得员工的认可，使员工更加服从管理，降低员工的不满意度和不认同的可能性，这些都会使员工提高工作绩效成为可能；授权型领导倾向于强调工作的意义，培养员工的能力感和决策参与，提供充分的授权和工作重塑机会（Yang et al.，2015）来激励这些员工，以提高资质过剩员工的工作投入和随后的绩效。研究发现，感知角色清晰有助于增强授权领导的作用，因此应鼓励管理者帮助下属清楚地了解自己在工作中的角色，可以向下属提供正式和非正式的指导，包括对下属的期望和需要实现的目标（Ma et al.，2020）。

团队资质过剩可以有效地激发资质过剩员工对于高绩效的追求，因此管理者可以通过组建团队、项目组或者其他临时的机构，使资质过剩员工在一个固定或保持稳定联系的团队中工作，激发该团队中的资质过剩员工设立较高的绩效目标，进而取得更高的组织绩效（张满、李娜，2020）。管理者也应该组织一些任务和目标高度相互依赖的工作，任务相互依赖意味着团队成员需要共享材料、信息和知识来实现既定的绩效目标，而目标相互依赖意味着所有团队成员共享相同的绩效目标。管理者可以通过定期向所有团队成员传达他们共同需要实现的目标，并对团队的整体表现提供反馈，来培养这种相互依赖关系。他们还可以实施物质和非物质的团队奖励，以促进所有团队成员的认同和合作，营造一种合作和凝聚力的氛围，确保员工有动力向资质过剩的同事学习，为实现团队的业绩目标作出贡献。

当组织为员工提供个性化契约、提高员工的组织支持感时，资质过剩感会提升员工绩效。组织在追求自身发展利益的同时，也要注意到关心员工的利益，站在员工的角度切实为员工考虑其发展意愿，对员工进行合理的引导，为员工提供高效有用的培训，针对员工的不同需求为员工提供个性化的激励方式，使其感受到来自组织的支持，其工作热情得到提升，心甘情愿为组织奉献出更多的时间和精力，产生更多的角色外行为，关系绩效得到提升。同时，对于个性化契约水平高的员工来说，组织为其提供了有价值的资源，而反过来，员工会努力提高自己的工作绩效来回报组织。这种交换关系就是个性化契约的内容，个性化契约对组织和员工双方有利，一方面，在个性化契约下，员工实现了自我的发展；另一方面，员工为组织带来了更高的工作绩效。因此组织应为员工提供适当的个性化契约，满足员工的个性化需求，从而使其提高工作绩效。

综上所述，组织可以通过加强领导者和成员之间的关系来提升资质过剩员工的工作绩效。此外，领导风格对工作绩效也会产生影响，仁慈型领导、德行型领导和授权型领导都会提升员工的工作绩效，因此，领导者要选择合适的风格来管理资质过剩员工。同时，组织可以通过团队协作来提升员工的工作绩效。最后，组织可以通过为员工提供个性化契约和组织支持来提高工作绩效。

第四节　如何管理资质过剩员工的人际关系

我们已经了解到，具有较高人际影响力的资质过剩员工在工作时会更有效率，也更容易做出积极的工作行为；反之，缺乏人际影响力的资质过剩员工更有可能疏远其他同事，从而影响他们在工作中的表现和丧失参与外部行为的信心（Deng et al. , 2016）。

组织应该从资质过剩员工本身着手，在应聘阶段，在遇到资质过剩的应聘者时，组织可以考虑将人际影响力作为一项选择的标准，这种做法可以增加雇佣优秀的组织成员的机会。另外，组织也应该采取一些积极的措施来培养资质过剩员工的人际影响力，可以通过一些社交技能培训来提高资质过剩员工对建立良好人际关系的重视，同时教授给他们一些相关的方法和技术，帮助资质过剩员工尽量规避职场排斥发生的可能性，提高他们建立良好关系的能力；也可以建立360度的反馈系统来反映资质过剩员工在人际互动方面的弱点，鼓励他们与同事建立良好的人际关系，并予以相应的奖励（Zhang et al. , 2021）；最重要的是要在组织中营造出一种强调合作、和谐、高质量的人际关系的氛围而非鼓励竞争的文化，对组织中的所有员工都产生潜移默化的影响。当然，当职场排斥真正发生时，组织也不应该逃避，必须予以足够的重视，去了解该排斥是如何发生的、为什么会发生，做好同事间的人际沟通与协调。

从组织对于资质过剩员工的岗位配置或工作安排的角度来看，管理者在使用资质过剩员工时，要考虑到团队成员的整体素质，可以注意将该资质过剩员工与同样资质过剩的其他员工放在同一个团队中（Chu，2020），这样可以帮助资质过剩员工在组织中找到归属感，以更好地适应组织环境，也可以使他们从身边同样具备高资质的同事身上获取自信，意识到自己所具备的能力，感觉自己处于一个优秀的组织中；同时，给予资质过剩员工充分的授权，引导他们充分发挥自己在资质上的优势，关注并完成自己的工作任务，以优异的工作成绩来获得同事、领导和组织的认同。而打造这样一支具备高素质的优秀的人才团队，也可以帮助组织更好地应对未知的风险和挑战。但需要注意的是，身处组织环境的人们往往对于与同事间的人际关系状况是很敏感的，虽然打造人才团队是重要的，但一定要把握好"度"，不能一味以员工所具备的资质水平来作为团队划分的标准，这样可能反而会引起员工的不满，从而影响组织的有效性（Chu，2020）。

虽然拥有过剩的资质并不一定能激励资质过剩员工利用他们冗余的技能和知识在工作场所与他们保持积极的互动（Zhang et al.，2021），但是组织也应当做好正确的引导，从其他员工处着手，比如组织一些社交活动，鼓励其他员工积极和资质过剩员工进行沟通和交流，加深对资质过剩员工的了解；再比如创造一种能够促进员工之间互相帮助、解决问题的环境或机制，着力加强他们之间的合作和互助，建立团队精神，支持其他员工向资质过剩员工寻求指导或者建议，以帮助资质过剩员工拓宽工作边界，这样既可以让资质过剩员工感到自己的价值得到了体现，又能帮助其他员工提高个人能力和业务水平。

综上所述，首先，组织可以从资质过剩员工本身入手，在招聘过程中注重员工的人际影响力或者通过对员工进行人际关系培训来提升员工的人际影响力。其次，组织可以将具有资质过剩的员工分在一个团队，帮助资质过剩员工在组织中找到归属感。最后，组织可以组织一些社交活动，加强资质过剩员工与其他员工的沟通和交流，以及建立一种合作机制，建立团队精神，提升资质过剩员工的人际关系。

第五节　如何管理有资质过剩感的新员工

我们发现，资质过剩员工在进入新的工作环境后，由于工作环境的陌生以及自身的资质高于工作要求后，往往在新的工作中可能会感觉不太适应，组织应该对有资质过剩感的新员工予以相应重视，并采取一些措施来降低资质过剩新员工的资质过剩感。

组织可以尝试识别是什么因素会更容易激发出员工的资质过剩感，如果发现是因为沟通问题或者是因为新员工对自己的工作岗位的期望过高，那么组织就应该更好地匹配该员工的期望与工作现实（Simon et al.，2018）。为了能做到这一点，在招聘过程中，组织就应该注意去鼓励来应聘的资质过剩的求职者大胆地表达他们的需求，双方进行充分的沟通。除了在招聘过程中的交流，还应该注重在职业培训时要尽量与劳动力市场的需求相匹配，这就需要组织和教育机构作出努力，建立伙伴关系，使求职者拥有与实际工作匹配的知识和经验（Simon et al.，2018）。

在新员工进入一个组织之后，新员工对一个组织的适应过程是员工和企业进行某种互动，从而达到员工和组织间的匹配的动态的过程。新员工从组织的外部人变为组织的内部人的过程也是新员工角色及社会认同建立和发展的过程（严鸣等，2011）。因此，新员工与他所在的工作环境间的互动对于这个过程的关键。也就是说，组织应当关注资质过剩的新员工从入职开始的态度和行为变化的轨迹，并据此在不同的阶段选择有效的管理模式。

在一般情况下，新员工会对组织中的人际关系比较敏感，而领导和同事是新员工进入组织后面临的主要的人际关系，因此组织中的领导和同事应该与资质过剩员工多沟通交流，同他们建立一种良好的人际关系，从而消除新员工对陌生环境人际关系的顾虑。领导与新员工之间的交流、合作和互动会使他们之间建立亲近或者疏远的关系，从而影响新员工的工作态度和工作行为；而同事与新员工之间的互动也影响着新员工对于自己的工作任务和目标，对于组织的规范和制度，对于团队的价值观，以及自己在组织中所扮演的角色等方面的了解，并且帮助他们学习和培养岗位所需要的知识、技能和能力（Korte，2010）。在新员工和领导、同事这两个群体之间进行互动的过程中，会帮助新员工尽快适应工作环境，加深新员工对组织的了解和认同，进而影响到新员工的资质过剩感知。因此，组织中的领导和同事应注重与刚进入组织的资质过剩的新员工建立良好的关系，与其进行积极的沟通，加强员工之间的合作，积极为其拓展工作边界（褚福磊等，2018）。

除了可以从组织情境着手，根据已有研究，资质过剩的新员工自身可能也是一个重要的因素。研究发现，员工的积极情绪可以帮助他们降低资质过剩感，而根据已有研究，提高员工对于工作自主性的感知可以帮助他们建立积极的情绪。因此，组织和管理者应该考虑重新进行工作设计，对于那些具有高度的资质过剩感，具有远大的抱负，并且个人的目标与组织的目标和文化相一致的员工提供更多的工作自主权（Fried & Ferris，1987）。此外，具有主动性人格的资质过剩员工更倾向于在组织中充分利用自己所具备的资质，也更容易感受到更多的工作自主权，从而降低对于资质过剩的感知。因此，有些组织会为员工提供关于"自主性"的培训，鼓励员工在入职之后发挥积极作用，并且还会提供相关指导，让员工感到自己的主动性行为是被鼓励和接受的。但是需要注意的是，那些具有更高的积极主动倾向的资质过剩员工很有可能也会积极地寻找下一份工作，可能甚至会比那些不那么积极的人更容易离职（Simon et al.，2018）。

综上所述，首先，组织可以在招聘环节对应聘员工进行充分的了解，提高员工与招聘岗位的适配度。其次，组织应当掌握资质过剩的新员工从入职开始的态度和行为变化的轨迹，并据此在不同的阶段选择有效的管理模式。此外，组织中的领导者和同事应该多与新员工沟通，帮助资质过剩新员工尽快适应新的工作环境。组织也可以从资质过剩新员工本身入手，通过给予员工一定的工作自主性，激发员工的积极情绪，从而降低新员工的资质过剩感。

参 考 文 献

[1] 陈贵富，韩静，韩恺明.城市数字经济发展、技能偏向型技术进步与劳动力不充分就业.中国工业经济，2022（8）：118-136.

[2] 陈璐，柏帅皎，王月梅.CEO 变革型领导与高管团队创造力：一个被调节的中介模型.南开管理评论，2016，19（2）：63-74.

[3] 陈晓.排斥还是接纳：资质过剩感的人际理论模型研究.2019.华中科技大学.PhD dissertation.

[4] 陈颖媛，邹智敏，潘俊豪.资质过剩感影响组织公民行为的情绪路径.心理学报，2017（1）：72-82.

[5] 陈悦，陈超美，刘则渊，等.CiteSpace 知识图谱的方法论功能.科学学研究，2015（2）：242-253.

[6] 程豹，周星，郭功星.资质过剩感知对员工情绪劳动的影响：一个有调节的中介模型.南开管理评论，2021，24（1）：192-201.

[7] 程豹，周星，郭功星.资质过剩感知影响员工职业满意度的认知路径.经济管理，2019（2）：107-121.

[8] 程垦，林英晖.组织支持一致性与新生代员工离职意愿：员工幸福感的中介作用.心理学报，2017（12）：1570-1580.

[9] 褚福磊，王蕊.资质过剩感与亲组织不道德行为：心理特权与谦卑型领导的作用.心理科学，2019（2）：365-371.

[10] 褚福磊，王蕊，高中华.新员工资质过剩动态变化及作用机制：组织社会化视角.心理科学进展，2018，26（12）：2101-2112.

[11] 邓昕才，何山，吕萍，等.职场排斥对员工家庭的溢出效应：

归属需求和工作家庭区隔偏好的作用.心理学报,2021,53(10):1146.

[12] 丁晨,陈嘉茜,瞿皎姣,等.未来地位威胁对年长员工印象管理策略的影响机制研究.软科学,2023,37(4):115-120.

[13] 丁贺,林新奇,徐洋洋.基于优势的心理氛围对创新行为的影响机制研究.南开管理评论,2018,21(1):28-38.

[14] 丁秀玲,王慧,赵李晶.员工资质过剩的成因、影响及管理策略——高质量发展语境的审视.江海学刊,2019(2):238-242.

[15] 杜璿,邱国栋.组织创新氛围对员工创新行为的影响——创新自我效能感和心理涉入的双重中介效应.财经论丛,2019(4):92-103.

[16] 关涛,吴日源,丁炯."为装而说":野心家取向、印象管理动机与员工建言.管理工程学报,2021(6):64-72.

[17] 郭腾飞,田艳辉,刘瑞瑞,等.知识型员工资质过高感知对其知识分享行为和情感承诺的影响机制.软科学,2015,29(3):88-92.

[18] 韩翼,廖建桥,龙立荣.雇员工作绩效结构模型构建与实证研究.管理科学学报,2007,10(5):62-77.

[19] 何景熙,罗蓉.西部农业发达地区劳动力不充分就业问题初探.管理世界,1999(2):7.

[20] 侯二秀,李靖尧,长青.团队创新绩效影响因素的研究述评.内蒙古工业大学学报(社会科学版),2013,22(2):98-101.

[21] 后玉蓉,吴群琪,桂嘉伟.资质过剩感知与员工时间侵占行为的关系研究:自我决定感和威权领导的作用.运筹与管理,2022(8):203-209.

[22] 蒋建武,赵曙明.战略人力资源管理与组织绩效关系研究的新框架:理论整合的视角.管理学报,2007(6):779-782,814.

[23] 李广平,陈雨昂.资质过剩感对"90后"新生代员工创新行为的影响.科研管理,2022(1):184-191.

[24] 李朋波,陈黎梅,褚福磊,等.我是高材生:资质过剩感及

其对员工的影响．心理科学进展，2021，29（7）：1313－1330.

［25］李山根，凌文辁．团队—成员交换研究现状探析与未来展望．外国经济与管理，2011，33（7）：58－64.

［26］李霞，刘海真，李强．资质过剩感和工作满意度的关系：心理契约违背与情绪耗竭的中介作用．中国临床心理学杂志，2021（3）：562－566.

［27］李召敏，赵曙明．"老好人"能当好团队领导吗？——团队领导宜人性与团队创造力的关系．外国经济与管理，2018，40（12）：109－124.

［28］梁昊，李锡元，舒熳．资质过剩对员工创新行为的影响——一个跨层的调节模型．软科学，2019，33（2）：122－125.

［29］梁荣成，马思璐．资质过剩感何时触发员工主动性行为？——内部人身份感知与任职年限的调节效应．企业经济，2021，40（8）：104－116.

［30］林世豪，李漾，黄爱华，等．资质过剩感对员工创造力的内在机制研究——基于资源保存视角．科学学与科学技术管理，2022，43（4）：174－192.

［31］林英晖，程垦．领导—部属交换与员工亲组织非伦理行为：差序格局视角．管理科学，2016，29（5）：57－70.

［32］林英晖，程垦．差序式领导与员工亲组织非伦理行为：圈内人和圈外人视角．管理科学，2017，30（3）：35－50.

［33］刘金菊，孙健敏，张瑞娟．组织中员工资质过高感对工作绩效的影响——社会交换关系的调节作用．中国人力资源开发，2014（15）：33－41.

［34］刘松博，程进凯，马晓颖．资质过剩感对员工组织公民行为的正面影响——领导涌现的中介作用．软科学，2023，37（4）：101－108.

［35］马蓓，胡蓓，侯宇．资质过高感对员工创造力的"U"型影响——能力面子压力的中介作用．南开管理评论，2018，21（5）：150－161.

[36] 马蓓，胡蓓，王盛宗．资质过高感对组织公民行为的影响——基于内部人身份感知．软科学，2019（3）：137 – 140．

[37] 任润，李婧，张一弛．心往一处想，劲往一处使：员工战略视线的作用机理．管理世界，2011（9）：105 – 115．

[38] 宋锟泰，刘升阳，刘晗，等．发展型工作挑战会激发创新绩效吗？——基于系统特质激活理论的跨层次影响机制研究．管理评论，2022，34（6）：226 – 242．

[39] 宋显广，邵莉，方玲玲．员工效能感知视角下 VUCA 环境研发团队全流程敏捷新方法——基于研发过程改进的整合．中国人力资源开发，2019，36（8）：102 – 113．

[40] 宋亚辉．"未充分就业"国内外研究综述．中国大学生就业，2021（21）：34 – 38．

[41] 隋杨，陈云云，王辉．创新氛围、创新效能感与团队创新：团队领导的调节作用．心理学报，2012（2）：237 – 248．

[42] 孙锐，王乃静．创新型企业团队成员交换与组织创新关系研究．科学学研究，2009，27（10）：1571 – 1575．

[43] 唐汉瑛，龙立荣，周如意．谦卑领导行为与下属工作投入：有中介的调节模型．管理科学，2015（3）：77 – 89．

[44] 王朝晖，段海霞．员工资质过剩感对越轨创新的"U"型影响研究：悖论的视角．管理评论，2022，34（1）：218 – 227．

[45] 王朝晖．大材小用的员工如何发挥创造力？——愤怒，创造自我效能和调节定向的作用．研究与发展管理，2018，30（5）：92 – 103．

[46] 王弘钰，万鹏宇，张振铎．资质过剩感、证明目标导向与越轨创新：未来关注的视角．商业经济与管理，2020（2）：45 – 55．

[47] 王晓辰，王溪溪，李清，等．职场排斥与建言行为：双过程模型检验．心理科学，2020（4）：950 – 956．

[48] 王晓辰，高欣洁，郭攀博，等．亲组织不道德行为的多层次模型．心理科学进展，2018（6）：1111 – 1120．

[49] 谢清伦，郗涛．谦逊型领导与员工主动担责：角色宽度自我效能与目标导向的作用．中国软科学，2018（11）：131 – 137．

[50] 谢文心，杨纯，周帆．资质过剩对员工工作形塑行为关系的研究——工作疏离感与心理弹性的作用．科学学与科学技术管理，2015（2）：149-160.

[51] 薛婷，陈浩，乐国安，等．社会认同对集体行动的作用：群体情绪与效能路径．心理学报，2013，45（8）：899-920.

[52] 严鸣，涂红伟，李骥．认同理论视角下新员工组织社会化的定义及结构维度．心理科学进展，2011，19（5）：624-632.

[53] 杨付，刘军，张丽华．精神型领导、战略共识与员工职业发展：战略柔性的调节作用．管理世界，2014（10）：100-113.

[54] 杨伟文，李超平．资质过剩感对个体绩效的作用效果及机制：基于情绪—认知加工系统与文化情境的元分析．心理学报，2021（5）：527-554.

[55] 叶仁荪，倪昌红，黄顺春．职场排斥、职场边缘化对员工离职意愿的影响：员工绩效的调节作用．管理评论，2015（8）：127-140.

[56] 张桂平．职场排斥对员工亲组织性非伦理行为的影响机制研究．管理科学，2016（4）：104-114.

[57] 张建平，刘善仕，李焕荣．资质过剩感知与员工内部创业的曲线关系及作用机制研究．管理学报，2020（6）：861-870.

[58] 张满，李娜．团队资质状况影响资质过剩感员工高绩效要求的研究：社会比较视角．北京印刷学院学报，2020，28（11）：69-71.

[59] 张茜．实现更充分更高质量就业的路径探究——以句容市为例．黑龙江人力资源和社会保障，2022（13）：73-75.

[60] 张若勇，刘光建，刘新梅．员工创造力效能感与主动变革行为的权变关系——基于计划行为理论视角．经济管理，2018，40（8）：194-208.

[61] 张亚军，尚古琦，张军伟，等．资质过剩感与员工工作绩效：心理权利的视角．管理评论，2019，31（12）：194-206.

[62] 张志学．组织心理学研究的情境化及多层次理论．心理学报，2010（1）：10-21.

［63］赵琛徽，陈兰兰，陶敏．服务行业员工资质过剩感知对情绪劳动的影响——组织自尊的中介与心理授权的调节．经济管理，2019（1）：89－105.

［64］赵恒春，彭青．企业员工资质过剩感对工作投入的影响研究——基于工作成就感和公平敏感性的作用机制．郑州大学学报（哲学社会科学版），2020（2）：67－72，127.

［65］赵李晶，张正堂，宋锟泰，等．资质过剩对员工创造力的影响研究：一个被调节的中介模型．科学学与科学技术管理，2020，41（4）：83－97.

［66］赵李晶，张正堂，宋锟泰，等．基于资源保存理论的资质过剩与员工时间侵占行为关系研究．管理学报，2019（4）：506－513.

［67］赵申苒，高冬东，唐铮，等．员工资质过高感知对其创新行为和工作满意度的影响机制．心理科学，2015（2）：433－438.

［68］赵卫红，崔勋，曹霞．过度胜任感对员工绩效的影响机制——有中介的调节模型．科学学与科学技术管理，2016，37（6）：169－180.

［69］钟竞，彭柯，罗瑾琏．特质—情境视角下资质过剩员工的工作行为模式及形成机制研究．中国人力资源开发，2022（4）：110－126.

［70］周浩，龙立荣．公平敏感性研究述评．心理科学进展，2007（4）：702－707.

［71］周霞，王雯童．资质过剩感对知识型员工越轨创新的影响——有调节的中介模型．科技管理研究，2021（1）：151－159.

［72］周晔，黄旭，谢五届．资质过剩感会激发员工建言吗？——基于公平启发视角．管理评论，2020，32（12）：192－203.

［73］周长辉，曹英慧．组织的学习空间：紧密度，知识面与创新单元的创新绩效．管理世界，2011（4）：84－97.

［74］Ackerman R. A. & Donnellan M. B. Evaluating self-report measures of narcissistic entitlement. Journal of psychopathology and behavioral assessment，2013，35（4）：460－474.

［75］Ackerman R. A.，Witt E. A.，Donnellan M. B.，Trzesniewski K. H.，Robins R. W. & Kashy D. A. What does the narcissistic personality inventory really measure? . Assessment, 2011, 18 (1): 67 – 87.

[76] Adams J. S. Towards an understanding of inequity. The journal of ab-normal and social psychology, 1963, 67 (5): 422 – 436.

[77] Alfes K. Perceived overqualification and performance. The role of the peer-group. German journal of human resource management, 2013, 27 (4): 314 – 330.

[78] Alfes K. , Shantz A. & Van Baalen S. Reducing perceptions of over-qualification and its impact on job satisfaction: The dual roles of interpersonal relationships at work. Human resource management journal, 2016, 26 (1): 84 – 101.

[79] Allan B. A. , Tay L. & Sterling H. M. Construction and validation of the Subjective Underemployment Scales (SUS). Journal of vocational behavior, 2017, 99: 93 – 106.

[80] Allen N. J. & Meyer J. P. The measurement and antecedents of affec-tive, continuance and normative commitment to the organization. Journal of oc-cupational psychology, 1990, 63 (1): 1 – 18.

[81] Amaral A. A. , Powell D. M. & Ho J. L. Why does impression man-agement positively influence interview ratings? The mediating role of competence and warmth. International journal of selection and assessment, 2019, 27 (4): 315 – 327.

[82] Andel S. , Pindek S. & Arvan M. L. Bored angry and overqualified? The high-and low-intensity pathways linking perceived overqualification to be-havioural outcomes. European journal of work and organizational psychology, 2022, 31 (1): 47 – 60.

[83] Arvan M. L. , Pindek S. , Andel S. A. & Spector P. E. Too good for your job? Disentangling the relationships between objective overqualification, perceived overqualification, and job dissatisfaction. Journal of vocational behav-ior, 2019, 115.

[84] Aslam S. , Shahid M. N. & Sattar A. Perceived Overqualification as a Determinant of Proactive Behavior and Career Success: The Need for

Achievement as a Moderator. Journal of entrepreneurship, management, and innovation, 2022, 4 (1): 167 – 187.

[85] Avey J. B. , Luthans F. & Jensen S. M. Psychological capital: A positive resource for combating employee stress and turnover. Human resource management, 2009, 48 (5): 677 – 693.

[86] Bandura A. Social foundations of thought and action. Englewood cliffs, NJ, 1986: 23 – 28.

[87] Bandura A. Social cognitive theory of self-regulation. Organizational behavior and human decision processes, 1991, 50 (2): 248 – 287.

[88] Bandura A. Selective moral disengagement in the exercise of moral agency. Journal of moral education, 2002, 31 (2): 101 – 119.

[89] Bateman T. S. & Crant J. M. The proactive component of organiza-tional behavior: A measure and correlates. Journal of organizational behavior, 1993, 14 (2): 103 – 118.

[90] Bergeron D. M. , Schroeder T. D. & Martinez H. A. Proactive per-sonality at work: Seeing more to do and doing more?. Journal of business and psychology, 2014, 29 (1): 71 – 86.

[91] Berkowitz L. & Harmon – Jones E. Toward an understanding of the determinants of anger. Emotion, 2004, 4 (2): 107 – 130.

[92] Castille C. M. , Buckner J. E. & Thoroughgood C. N. Prosocial citi-zens without a moral compass? Examining the relationship between Machiavel-lianism and unethical pro-organizational behavior. Journal of business ethics, 2018, 149 (4): 919 – 930.

[93] Chan D. Functional relations among constructs in the same content domain at different levels of analysis: A typology of composition models. Journal of applied psychology, 1998, 83 (2): 234 – 246.

[94] Chen C. C. , Zhang A. Y. & Wang H. Enhancing the effects of pow-er sharing on psychological empowerment: The roles of management control and power distance orientation. Management and organization review, 2014, 10 (1): 135 – 156.

［95］ Chen M. , Chen C. C. & Sheldon O. J. Relaxing moral reasoning to win: How organizational identification relates to unethical pro-organizational behavior. Journal of applied psychology, 2016, 101 (8): 1082 - 1096.

［96］ Chen Y. J. Associations of perceived underemployment with in-role and organisational citizenship behaviours: The beneficiary perspective. Global business and economics review, 2009, 11 (3 - 4): 317 - 331.

［97］ Chen Y. , Zhou X. & Klyver K. Collective efficacy: Linking paternalistic leadership to organizational commitment. Journal of business ethics, 2019, 159 (2): 587 - 603.

［98］ Cheng B. , Zhou X. , Guo G. & Yang K. Perceived overqualification and cyberloafing: A moderated-mediation model based on equity theory. Journal of business ethics, 2020, 164 (3): 565 - 577.

［99］ Cheng H. H. & Yang H. L. Student team projects in information systems development: Measuring collective creative efficacy. Australasian journal of educational technology, 2011, 27 (6).

［100］ Cheng H. H. & Yang H. L. The antecedents of collective creative efficacy for information system development teams. Journal of engineering and technology management, 2014, 33, 1 - 17.

［101］ Cheng J. T. , Tracy J. L. & Henrich J. Pride, personality, and the evolutionary foundations of human social status. Evolution and human behavior, 2010, 31 (5): 334 - 347.

［102］ Chiaburu D. S. & Harrison D. A. Do peers make the place? Conceptual synthesis and meta-analysis of coworker effects on perceptions, attitudes, OCBs, and performance. Journal of applied psychology, 2008, 93 (5): 1082.

［103］ Chu F. Congruence in perceived overqualification of team members and organizational identification. International journal of manpower, 2020, 42 (3): 488 - 501.

［104］ Coeurderoy R. , Guilmot N. & Vas A. Explaining factors affecting technological change adoption: A survival analysis of an information system implementation. Management decision, 2014, 52 (6): 1082 - 1100.

[105] Connelly S. , Dunbar N. E. , Jensen M. L. , Griffith J. , Taylor W. D. , Johnson G. , ... & Mumford M. D. Social categorization, moral disengagement, and credibility of ideological group websites. Journal of media psychology, 2015, 28 (1): 16 - 31.

[106] Corning A. F. Assessing perceived social inequity: A relative deprivation framework. Journal of personality and social psychology, 2000, 78 (3): 463 - 477.

[107] Crant J. M. Proactive behavior in organizations. Journal of management, 2000, 26 (3): 435 - 462.

[108] Crompton S. I still feel overqualified for my job. Statistics Canada, catalogue no. 11 - 008, 2002.

[109] Cropanzano R. & Mitchell M. S. Social exchange theory: An interdisciplinary review. Journal of management, 2005, 31 (6): 874 - 900.

[110] Crosby F. Relative deprivation in organizational settings. Research in organizational behavior, 1984 (6): 51 - 93.

[111] Cullen K. L. , Fan J. & Liu C. Employee popularity mediates the relationship between political skill and workplace interpersonal mistreatment. Journal of management, 2014, 40 (6): 1760 - 1778.

[112] Cummings G. G. , MacGregor T. , Davey M. , Lee H. , Wong C. A. , Lo E. , ... & Stafford E. Leadership styles and outcome patterns for the nursing workforce and work environment: A systematic review. International journal of nursing studies, 2010, 47 (3): 363 - 385.

[113] D'Errico F. & Paciello M. Online moral disengagement and hostile emotions in discussions on hosting immigrants. Internet research, 2018, 28 (5): 1313 - 1335.

[114] Dalal R. S. A meta-analysis of the relationship between organizational citizenship behavior and counterproductive work behavior. Journal of applied psychology, 2005, 90 (6): 1241 - 1255.

[115] Dalal R. S. , Lam H. , Weiss H. M. , Welch E. R. & Hulin

C. L. A within-person approach to work behavior and performance： Concurrent and lagged citizenship-counterproductivity associations, and dynamic relationships with affect and overall job performance. Academy of management journal, 2009, 52 (5)： 1051 – 1066.

［116］ Dampérat M. , Jeannot F. , Jongmans E. & Jolibert A. Team creativity： Creative self-efficacy, creative collective efficacy and their determinants. Recherche et applications en marketing (English Edition)： 2016, 31 (3)： 6 – 25.

［117］ Dansereau Jr F. , Graen G. & Haga W. J. A vertical dyad linkage approach to leadership within formal organizations： A longitudinal investigation of the role making process. Organizational behavior and human performance, 1975, 13 (1)： 46 – 78.

［118］ Dar N. & Rahman W. Two angles of overqualification-the deviant behavior and creative performance： The role of career and survival job. PloS one, 2020, 15 (1).

［119］ Dar N. , Ahmad S. & Rahman W. How and when overqualification improves innovative work behaviour： The roles of creative self-confidence and psychological safety. Personnel review, 2022, 51 (9)： 2461 – 2481.

［120］ Davis J. A. A formal interpretation of the theory of relative deprivation. Sociometry, 1959, 22 (4)： 280 – 296.

［121］ Dawis R. & Lofquist L. H. A psychological theory of work adjustment. Minneapolis, MN： University of minnesota press, 1984.

［122］ Debus M. E. , Gross C. & Kleinmann M. The power of doing： How job crafting transmits the beneficial impact of autonomy among overqualified employees. Journal of business and psychology, 2020, 35 (3)： 317 – 331.

［123］ Deci E. L. , Connell J. P. & Ryan R. M. Self – determination in a work organization. Journal of applied psychology, 1989, 74 (4)： 580 – 590.

［124］ Demerouti E. , Bakker A. B. , Nachreiner F. & Schaufeli W. B. The job demands-resources model of burnout. Journal of applied psychology,

2001, 86 (3): 499 - 512.

[125] Den Hartog D. N., De Hoogh A. H. & Belschak F. D. Toot your own horn? Leader narcissism and the effectiveness of employee self-promotion. Journal of management, 2020, 46 (2): 261 - 286.

[126] Deng H., Guan Y., Wu C. H., Erdogan B., Bauer T. & Yao X. A relational model of perceived overqualification: the moderating role of interpersonal influence on social acceptance. Lse research online documents on economics, 2016, 44 (8).

[127] Deng H., Guan Y., Wu C. H., Erdogan B., Bauer T. & Yao X. A relational model of perceived overqualification: The moderating role of interpersonal influence on social acceptance. Journal of management, 2018, 44 (8): 3288 - 3310.

[128] Deng X., Wang Y. & Sun X. How turbulence brings benefit: the influence of dynamic team environment on entrepreneurial team innovation. Frontiers in psychology, 2020, 11, 759.

[129] Deschacht N. & Maes B. Cross - cultural differences in self-promotion: A study of self-citations in management journals. Journal of occupational and organizational psychology, 2017, 90 (1): 77 - 94.

[130] Dess G. G. & Beard D. W. Dimensions of organizational task environments. Administrative science quarterly, 1984, 29 (1): 52 - 73.

[131] Detert J. R., Treviño L. K., & Sweitzer V. L. Moral disengagement in ethical decision making: a study of antecedents and outcomes. Journal of applied psychology, 2008, 93 (2): 374 - 391.

[132] Dienesch R. M. & Liden R. C. Leader - member exchange model of leadership: A critique and further development. Academy of management review, 1986, 11 (3): 618 - 634.

[133] Dose J. J. The relationship between work values similarity and team-member and leader-member exchange relationships. Group dynamics: theory, research, and practice, 1999, 3 (1): 20.

[134] Duan J., Xia Y., Xu Y. & Wu C. H. The curvilinear effect of

perceived overqualification on constructive voice: The moderating role of leader consultation and the mediating role of work engagement. Human resource management, 2022, 61 (4): 489 – 510.

[135] Edwards J. R. Person – job fit: A conceptual integration, literature review, and methodological critique. John Wiley & Sons, 1991.

[136] Edwards J. R. 4 Person-environment fit in organizations: an assessment of theoretical progress. Academy of management annals, 2008, 2 (1): 167 – 230.

[137] Elamin A. M. & Alomaim N. Does organizational justice influence job satisfaction and self-perceived performance in Saudi Arabia work environment. International management review, 2011, 7 (1): 38 – 49.

[138] Ellemers N. , Wilke H. & Van Knippenberg A. Effects of the legitimacy of low group or individual status on individual and collective status-enhancement strategies. Journal of personality and social psychology, 1993, 64 (5): 766 – 778.

[139] Erdogan B. & Bauer T. N. Perceived overqualification and its outcomes: the moderating role of empowerment. Journal of applied psychology, 2009, 94 (2): 557 – 565.

[140] Erdogan B. & Bauer T. N. Enhancing career benefits of employee proactive personality: The role of fit with jobs and organizations. Personnel psychology, 2005, 58 (4): 859 – 891.

[141] Erdogan B. & Bauer T. N. Perceived overqualification and its outcomes: The moderating role of empowerment. Journal of applied psychology, 2009, 94 (2): 557 – 565.

[142] Erdogan B. & Bauer T. N. Overqualification at work: A review and synthesis of the literature. Annual review of organizational psychology and organizational behavior, 2021 (8): 259 – 283.

[143] Erdogan B. , Bauer T. N. , Peiró J. M. & Truxillo D. M. Overqualification theory, research, and practice: Things that matter. Industrial and organizational psychology, 2011, 4 (2): 260 – 267.

[144] Erdogan B., Bauer T. N., Peiró J. M. & Truxillo D. M. Over-qualified employees: Making the best of a potentially bad situation for individuals and organizations. Industrial and organizational psychology, 2011, 4 (2): 215 – 232.

[145] Erdogan B., Karaeminogullari A., Bauer T. N. & Ellis A. M. Perceived overqualification at work: Implications for extra-role behaviors and advice network centrality. Journal of management, 2020, 46 (4): 583 – 606.

[146] Erdogan B., Karakitapoğlu – Aygün Z., Caughlin D. E., Bauer T. N. & Gumusluoglu L. Employee overqualification and manager job insecurity: Implications for employee career outcomes. Human resource management, 2020, 59 (6): 555 – 567.

[147] Erdogan B., Tomás I., Valls V. & Gracia F. J. Perceived over-qualification, relative deprivation, and person-centric outcomes: The moderating role of career centrality. Journal of vocational behavior, 2018 (107): 233 – 245.

[148] Farooq S. & Ashmed U. Underemployment, education and job satisfaction. The pakistan development review, 2007 (46): 895 – 907.

[149] Farwell L. & Wohlwend – Lloyd R. Narcissistic processes: Optimistic expectations, favorable self-evaluations, and self-enhancing attributions. Journal of personality, 1998, 66 (1): 65 – 83.

[150] Feldman D. C. The development and enforcement of group norms. Academy of management review, 1984, 9 (1): 47 – 53.

[151] Feldman D. C. The nature, antecedents and consequences of underemployment. Journal of management, 1996, 22 (3): 385 – 407.

[152] Feldman D. C., Leana C. R. & Bolino M. C. Underemployment and relative deprivation among re-employed executives. Journal of occupational & organizational psychology, 2011, 75 (4): 453 – 471.

[153] Feldman D. C. & Turnley W. H. Underemployment among recent business college graduates. Journal of organizational behavior, 1995, 16

（S1）：691 – 706.

［154］Feldman D. C. & Maynard D. C. A labor economic perspective on overqualification. Industrial and organizational psychology, 2011, 4（2）: 233 – 235.

［155］Feldman D. C. & Turnley W. H. Underemployment among recent business college graduates. Journal of organizational behavior, 1995, 16（S1）: 691 – 706.

［156］Feldman D. C., Leana C. R. & Bolino M. C. Underemployment and relative deprivation among re-employed executives. Journal of occupational and organizational psychology, 2002, 75（4）: 453 – 471.

［157］Ferris D. L., Brown D. J., Berry J. W. & Lian H. The development and validation of the Workplace Ostracism Scale. Journal of applied psychology, 2008, 93（6）: 1348.

［158］Ferris G. R. Political skill at work: Impact on work effectiveness. Hachette UK, 2011.

［159］Ferris G. R., Davidson S. L. & Perrewe P. L. Political skill at work: Impact on work effectiveness. Mountain view, CA: Davies – Black, 2005.

［160］Ferris G. R., Treadway D. C., Kolodinsky R. W., Hochwarter W. A., Kacmar C. J., Douglas C. & Frink D. D. Development and validation of the political skill inventory. Journal of management, 2005, 31（1）: 126 – 152.

［161］Ferris G. R., Treadway D. C., Perrewé P. L., Brouer R. L., Douglas C. & Lux S. Political skill in organizations. Journal of management, 2007, 33（3）: 290 – 320.

［162］Fine S. Overqualification and selection in leadership training. Journal of leadership & organizational studies, 2007, 14（1）: 61 – 68.

［163］Fine S. & Nevo B. Too smart for their own good? a study of perceived cognitive overqualification in the workforce. The international journal of human resource management, 2008, 19（2）: 346 – 355.

［164］Fitriastuti T. & Vanderstraeten A. Being out of the loop: workplace deviance as a mediator of the impact of impression management on workplace exclusion. Sustainability, 2022, 14 (2): 1004.

［165］Forest J., Mageau G. A., Crevier – Braud L., Bergeron É., Dubreuil P. & Lavigne G. L. Harmonious passion as an explanation of the relation between signature strengths' use and well-being at work: Test of an intervention program. Human relations, 2012, 65 (9): 1233 – 1252.

［166］Fredrickson B. L. The broaden-and-build theory of positive emotions. Philosophical transactions of the royal society of London. Series B: Biological sciences, 2004, 359 (1449): 1367 – 1377.

［167］Ghani U., Teo T., Li Y., Usman M., Islam Z. U., Gul H., ... & Zhai X. Tit for tat: abusive supervision and knowledge hiding-the role of psychological contract breach and psychological ownership. International journal of environmental research and public health, 2020, 17 (4): 1240.

［168］Giacalone R. A. & Rosenfeld P. Self – presentation and self-promotion in an organizational setting. The journal of social psychology, 1986, 126 (3): 321 – 326.

［169］Gibson C. B. The Efficacy Advantage: Factors Related to the Formation of Group Efficacy 1. Journal of applied social psychology, 2003, 33 (10): 2153 – 2186.

［170］Gibson C. B. & Earley P. C. Collective cognition in action: accumulation, interaction, examination, and accommodation in the development and operation of group efficacy beliefs in the workplace. Academy of management review, 2007, 32 (2): 438 – 458.

［171］Gibson D. E. & Callister R. R. Anger in organizations: Review and integration. Journal of management, 2010, 36 (1): 66 – 93.

［172］Gist M. E. & Mitchell T. R. Self – efficacy: A theoretical analysis of its determinants and malleability. Academy of management review, 1992, 17 (2): 183 – 211.

［173］Gkorezis P., Erdogan B., Xanthopoulou D. & Bellou V. Implications of perceived overqualification for employee's close social ties: The moderating role of external organizational prestige. Journal of vocational behavior, 2019 (115): 103335.

[174] Gollwitzer M., Rothmund T., Pfeiffer A. & Ensenbach C. Why and when justice sensitivity leads to pro-and antisocial behavior. Journal of research in personality, 2009, 43 (6): 999 – 1005.

[175] Gong Z., Sun F. & Li X. Perceived overqualification, emotional exhaustion, and creativity: a moderated-mediation model based on effort-reward imbalance theory. International journal of environmental research and public health, 2021, 18 (21): 11367.

[176] Gowan M. A., Riordan C. M. & Gatewood R. D. Test of a model of coping with involuntary job loss following a company closing. Journal of applied psychology, 1999, 84 (1): 75 – 86.

[177] Houlfort N. & Vallerand R. J. Passion at work: Toward a new conceptualization. Social issues in management, 2003: 175 – 204.

[178] Houlfort N., Fernet C., Vallerand R. J., Laframboise A., Guay F. & Koestner R. The role of passion for work and need satisfaction in psychological adjustment to retirement. Journal of vocational behavior, 2015 (88): 84 – 94.

[179] Howard M. C., Cogswell J. E. & Smith M. B. The antecedents and outcomes of workplace ostracism: A meta-analysis. Journal of applied psychology, 2020, 105 (6): 577.

[180] Hu J., Erdogan B., Bauer T. N., Jiang K., Liu S. & Li Y. There are lots of big fish in this pond: The role of peer overqualification on task significance, perceived fit, and performance for overqualified employees. Journal of applied psychology, 2015, 100 (4): 1228 – 1238.

[181] Huang G. H., Wellman N., Ashford S. J., Lee C. & Wang L. Deviance and exit: The organizational costs of job insecurity and moral disengagement. Journal of applied psychology, 2017, 102 (1): 26 – 42.

[182] Huang T. Y. & Lin C. P. Is paternalistic leadership a double-edged

sword for team performance? The mediation of team identification and emotional exhaustion. Journal of leadership & organizational studies, 2021, 28 (2): 207 - 220.

[183] Hülsheger U. R. , Anderson N. & Salgado J. F. Team - level predictors of innovation at work: a comprehensive meta-analysis spanning three decades of research. Journal of applied psychology, 2009, 94 (5): 1128 - 1145.

[184] Huseman R. C. , Hatfield J. D. & Miles E. W. A new perspective on equity theory: The equity sensitivity construct. Academy of management review, 1987, 12 (2): 222 - 234.

[185] Hystad S. W. , Mearns K. J. & Eid J. Moral disengagement as a mechanism between perceptions of organisational injustice and deviant work behaviours. Safety science, 2014 (68): 138 - 145.

[186] Jahantab F. , Vidyarthi P. R. , Anand S. & Erdogan B. When are the bigger fish in the small pond better citizens? a multilevel examination of relative overqualification in workgroups. Group & organization management, 2023, 48 (3): 874 - 907.

[187] James L. R. Aggregation bias in estimates of perceptual agreement. Journal of applied psychology, 1982, 67 (2): 219.

[188] James L. R. , Demaree R. G. & Wolf G. Rwg: An assessment of within-group interrater agreement. Journal of applied psychology, 1993, 78 (2): 306 - 309.

[189] Jamieson J. P. , Harkins S. G. & Williams K. D. Need threat can motivate performance after ostracism. Personality and social psychology bulletin, 2010, 36 (5): 690 - 702.

[190] Jansen J. J. , Van Den Bosch F. A. & Volberda H. W. Exploratory innovation, exploitative innovation, and performance: Effects of organizational antecedents and environmental moderators. Management science, 2006, 52 (11): 1661 - 1674.

[191] Jensen L. & Slack T. Underemployment in america: measurement

and evidence. American journal of community psychology, 2003, 32（1 - 2）.

［192］Johnson G. J. & Johnson W. R. Perceived overqualification and psychological well-being. The journal of social psychology, 1996, 136（4）：435 - 445.

［193］Johnson G. J. & Johnson W. R. Perceived overqualification, emotional support, and health. Journal of applied social psychology, 1997, 27（21）：1906 - 1918.

［194］Jung H. S. & Yoon H. H. The impact of employees' positive psychological capital on job satisfaction and organizational citizenship behaviors in the hotel. International journal of contemporary hospitality management, 2015, 27（6）：1135 - 1156.

［195］Kammeyer - Mueller J. D. & Wanberg C. R. Unwrapping the organizational entry process：disentangling multiple antecedents and their pathways to adjustment. Journal of applied psychology, 2003, 88（5）：779 - 794.

［196］Karatepe O. M. & Talebzadeh N. An empirical investigation of psychological capital among flight attendants. Journal of air transport management, 2016（55）：193 - 202.

［197］Keem S. , Shalley C. E. , Kim E. & Jeong I. Are creative individuals bad apples? A dual pathway model of unethical behavior. Journal of applied psychology, 2018, 103（4）：416 - 431.

［198］Kelly K. M. Reactions to Rejection. Interpersonal rejection, 2001, 291.

［199］Kengatharan N. Too many big fish in a small pond? the nexus of overqualification, job satisfaction, job search behaviour and leader-member exchange. Management research and practice, 2020, 13.

［200］Khan B. P. , Griffin M. T. Q. & Fitzpatrick J. J. Staff nurses' perceptions of their nurse managers' transformational leadership behaviors and their own structural empowerment. JONA：The journal of nursing administration, 2018, 48（12）：609 - 614.

［201］Khan J. , Saeed I. , Fayaz M. , Zada M. & Jan D. Perceived overqualification? Examining its nexus with cyberloafing and knowledge hiding behaviour: harmonious passion as a moderator. Journal of knowledge management. 2022.

[202] Khan J. , Saeed I. , Zada M. , Nisar H. G. , Ali A. & Zada S. The positive side of overqualification: examining perceived overqualification linkage with knowledge sharing and career planning. Journal of knowledge management, (ahead-of-print). 2022.

[203] Khan L. J. & Morrow P. C. Objective and subjective underemployment relationships to job satisfaction. Journal of business research, 1991, 22 (3): 211 –218.

[204] Kidwell Jr R. E. , Mossholder K. W. & Bennett N. Cohesiveness and organizational citizenship behavior: A multilevel analysis using work groups and individuals. Journal of management, 1997, 23 (6): 775 –793.

[205] Kim J. K. , LePine J. A. , Zhang Z. & Baer M. D. Sticking out versus fitting in: A social context perspective of ingratiation and its effect on social exchange quality with supervisors and teammates. Journal of applied psychology, 2022, 107 (1): 95 –108.

[206] Kim J. , Park J. , Sohn Y. W. & Lim J. I. Perceived overqualification, boredom, and extra-role behaviors: Testing a moderated mediation model. Journal of career development, 2021, 48 (4): 400 –414.

[207] Klandermans B. & Oegema D. Potentials, networks, motivations, and barriers: Steps towards participation in social movements. American sociological review, 1987, 52 (4): 519 –531.

[208] Klein K. J. , Conn A. B. , Smith D. B. & Sorra J. S. Is everyone in agreement? An exploration of within-group agreement in employee perceptions of the work environment. Journal of applied psychology, 2001, 86 (1): 3 – 16.

[209] Koopman J. , Matta F. K. , Scott B. A. & Conlon D. E. Ingratiation and popularity as antecedents of justice: A social exchange and social capital perspective. Organizational behavior and human decision processes, 2015:

131，132－148.

［210］Korte R. "First, get to know them"：a relational view of organizational socialization. Human resource development international，2010，13（1）：27－43.

［211］Kraimer M. L. & Wayne S. J. An examination of perceived organizational support as a multidimensional construct in the context of an expatriate assignment. Journal of management，2004，30（2）：209－237.

［212］Kraimer M. L. ，Seibert S. E. & Liden R. C. Psychological empowerment as a multidimensional construct：A test of construct validity. Educational and psychological measurement，1999，59（1）：127－142.

［213］Kraimer M. L. ，Shaffer M. A. & Bolino M. C. The influence of expatriate and repatriate experiences on career advancement and repatriate retention. Human resource management：published in cooperation with the school of business administration，The university of michigan and in alliance with the society of human resources management，2009，48（1）：27－47.

［214］Krasman J. Putting feedback-seeking into "context"：job characteristics and feedback-seeking behaviour. Personnel review，2013，42（1）：50－66.

［215］Kristof－Brown A. & Guay R. P. Maintaining，expanding，and contracting the organization. APA handbook of industrial and organizational psychology，2011，3：3－50.

［216］Krug H. ，Geibel H. V. & Otto K. Identity leadership and well-being：Team identification and trust as underlying mechanisms. Leadership & organization development journal，2020，42（1）：17－31.

［217］Kutaula S. ，Gillani A. & Budhwar P. S. An analysis of employment relationships in Asia using psychological contract theory：A review and research agenda. Human resource management review，2020，30（4）：100707.

［218］Latham G. P. & Locke E. A. Self－regulation through goal setting. Organizational Behavior and human decision processes，1991，50（2）：212－

247.

[219] Law K. S. , Wong C. S. , Wang D. & Wang L. Effect of supervisor-subordinate guanxi on supervisory decisions in China: An empirical investigation. International journal of human resource management, 2000, 11 (4): 751 – 765.

[220] Leary M. R. Self – presentational processes in exercise and sport. Journal of sport and exercise psychology, 1992, 14 (4): 339 – 351.

[221] Leary M. R. Self – presentation: Impression management and interpersonal behavior. Routledge, 2019.

[222] Leary M. R. & Kowalski R. M. Impression management: A literature review and two-component model. Psychological bulletin, 1990, 107 (1): 34.

[223] Lee A. Erdogan B. , Tian A. , Willis S. & Cao J. Perceived overqualification and task performance: Reconciling two opposing pathways. Journal of occupational and organizational psychology, 2021, 94 (1): 80 – 106.

[224] Lee A. , Schwarz G. , Newman A. & Legood A. Investigating when and why psychological entitlement predicts unethical pro-organizational behavior. Journal of business ethics, 2019, 154 (1): 109 – 126.

[225] Lee C. H. A study of underemployment among self-initiated expatriates. Journal of world business, 2005, 40 (2): 172 – 187.

[226] Lee K. , Kim E. , Bhave D. P. & Duffy M. K. Why victims of undermining at work become perpetrators of undermining: An integrative model. Journal of applied psychology, 2016, 101 (6): 915 – 924.

[227] Levine D. P. The corrupt organization. Human relations, 2005, 58 (6): 723 – 740.

[228] Li C. S. , Liao H. & Han Y. I despise but also envy you: A dyadic investigation of perceived overqualification, perceived relative qualification, and knowledge hiding. Personnel psychology, 2022, 75 (1): 91 – 118.

[229] Li Q. , She Z. & Gu J. Managerial coaching and employee knowledge sharing: A daily diary study. Journal of occupational and organizational

psychology, 2022, 95 (4): 821 – 845.

[230] Li Y., Wu M., Li N. & Zhang M. Dual relational model of perceived overqualification: Employee's self-concept and task performance. International journal of selection and assessment, 2019, 27 (4): 381 – 391.

[231] Lim V. K. The IT way of loafing on the job: Cyberloafing, neutralizing and organizational justice. Journal of organizational behavior: The international journal of industrial, occupational and organizational psychology and behavior, 2002, 23 (5): 675 – 694.

[232] Lin B., Law K. S. & Zhou J. Why is underemployment related to creativity and OCB? A task-crafting explanation of the curvilinear moderated relations. Academy of management journal, 2017, 60 (1): 156 – 177.

[233] Lin C. W., Lin C. S., Huang P. C. & Wang Y. L. How group efficacy mediates the relationship between group affect and identification. Journal of business research, 2014, 67 (7): 1388 – 1394.

[234] Ling – Wenquan Y. H. Perceived organizational support (POS) of the employees. Acta psychologica sinica, 2006, 38 (2): 281 – 287.

[235] Liu J., Chen J. & Tao Y. Innovation performance in new product development teams in China's technology ventures: the role of behavioral integration dimensions and collective efficacy. Journal of product innovation management, 2015, 32 (1): 29 – 44.

[236] Liu S., Luksyte A., Zhou L. E., Shi J. & Wang M. O. Overqualification and counterproductive work behaviors: examining a moderated mediation model. Journal of organizational behavior, 2015, 36 (2): 250 – 271.

[237] Lobene E. V. & Meade A. W. The effects of career calling and perceived overqualification on work outcomes for primary and secondary school teachers. Journal of career development, 2013, 40 (6): 508 – 530.

[238] Lobene E. V., Meade A. W. & Pond Ⅲ S. B. Perceived overqualification: A multi-source investigation of psychological predisposition and contextual triggers. The journal of psychology, 2015, 149 (7): 684 – 710.

[239] Lobene E. & Meade A. W. Perceived overqualification: An explo-

ration of outcomes. 2010.

［240］Long D. M. A method to the martyrdom: Employee exemplification as an impression management strategy. Organizational psychology review, 2017, 7 (1): 36 – 65.

［241］Love M. S. & Forret M. Exchange relationships at work: An examination of the relationship between team-member exchange and supervisor reports of organizational citizenship behavior. Journal of leadership & organizational studies, 2008, 14 (4): 342 – 352.

［242］Lovelace K., Shapiro D. L. & Weingart L. R. Maximizing cross-functional new product teams' innovativeness and constraint adherence: A conflict communications perspective. Academy of management journal, 2001, 44 (4): 779 – 793.

［243］Luksyte A. & Spitzmueller C. When are overqualified employees creative? It depends on contextual factors. Journal of organizational behavior, 2016, 37 (5).

［244］Luksyte A. & Spitzmueller C. Overqualified women: what can be done about this potentially bad situation? . Industrial and organizational psychology, 2011 (2): 256 – 259.

［245］Luksyte A. & Spitzmueller C. When are overqualified employees creative? It depends on contextual factors. Journal of organizational behavior, 2016, 37 (5): 635 – 653.

［246］Luksyte A., Bauer T. N., Debus M. E., Erdogan B. & Wu C. H. Perceived overqualification and collectivism orientation: implications for work and nonwork outcomes. Journal of management, 2022, 48 (2): 319 – 349.

［247］Luksyte A., Spitzmueller C. & Maynard D. C. Why do overqualified incumbents deviate? Examining multiple mediators. Journal of occupational health psychology, 2011, 16 (3): 279 – 296.

［248］Ma B. & Zhang J. Are overqualified individuals hiding knowledge: the mediating role of negative emotion state. Journal of knowledge management,

2021, 26 (3): 506 – 527.

[249] Ma B., Liu S., Lassleben H. & Ma G. The relationships between job insecurity, psychological contract breach and counterproductive workplace behavior: does employment status matter? . Personnel review, 2019, 48, 595 – 610.

[250] Ma C., Lin X., Chen G. & Wei W. Linking perceived overqualification with task performance and proactivity? An examination from self-concept-based perspective. Journal of business research, 2020, 118, 199 – 209.

[251] Ma C., Ganegoda D. B., Chen Z. X., Jiang X. & Dong C. Effects of perceived overqualification on career distress and career planning: Mediating role of career identity and moderating role of leader humility. Human resource management, 2020, 59 (6): 521 – 536.

[252] MacKenzie S. B., Podsakoff P. M. & Rich G. A. Transformational and transactional leadership and salesperson performance. Journal of the academy of marketing science, 2001, 29 (2): 115 – 134.

[253] Madjar N., Oldham G. R. & Pratt M. G. There's no place like home? The contributions of work and nonwork creativity support to employees' creative performance. Academy of management journal, 2002, 45 (4): 757 – 767.

[254] Maertz Jr C. P., Griffeth R. W., Campbell N. S. & Allen D. G. The effects of perceived organizational support and perceived supervisor support on employee turnover. Journal of organizational behavior: The international journal of industrial, occupational and organizational psychology and behavior, 2007, 28 (8): 1059 – 1075.

[255] Maltarich M. A., Reilly G. & Nyberg A. J. Objective and subjective overqualification: Distinctions, relationships, and a place for each in the literature. Industrial and organizational psychology, 2011, 4 (2): 236 – 239.

[256] Man X., Zhu X. & Sun C. The positive effect of workplace accommodation on creative performance of employees with and without disabilities.

Frontiers in psychology, 2020, 11: 1217.

[257] Manhardt P. J. Job orientation of male and female college graduates in business. Personnel psychology, 1972, 25 (2): 361 – 368.

[258] Martinez P. G. , Lengnick – Hall M. L. & Kulkarni M. Overqualified? A conceptual model of managers' perceptions of overqualification in selection decisions. Personnel review. 2014.

[259] Maslach C. Burnout: The cost of caring. Ishk. 2003.

[260] Maslach C. , Leiter M. P. & Schaufeli W. Measuring burnout. 2008.

[261] Masterson S. S. & Stamper C. L. Perceived organizational membership: An aggregate framework representing the employee-organization relationship. Journal of organizational behavior: The international journal of industrial, occupational and organizational psychology and behavior, 2003, 24 (5): 473 – 490.

[262] Matherne Ⅲ C. F. & Litchfield S. R. Investigating the relationship between affective commitment and unethical pro-organizational behaviors: The role of moral identity. Journal of leadership, accountability and ethics, 2012, 9 (5): 35 – 46.

[263] Mathieu J. E. , Hollenbeck J. R. , van Knippenberg D. & Ilgen D. R. A century of work teams in the Journal of Applied Psychology. Journal of applied psychology, 2017, 102 (3): 452 – 467.

[264] Maynard D. C. Directions for future underemployment research: Measurement and practice. In underemployment. Springer, New York, NY. 2011: 253 – 276.

[265] Maynard D. C. , Joseph T. A. & Maynard A. M. Underemployment, job attitudes, and turnover intentions. Journal of organizational behavior, 2006, 27 (4): 509 – 536.

[266] Maynard D. C. & Parfyonova N. M. Perceived overqualification and withdrawal behaviours: Examining the roles of job attitudes and work values. Journal of occupational and organizational psychology, 2013, 86 (3):

435 - 455.

［267］Maynard D. C. , Brondolo E. M. , Connelly C. E. & Sauer C. E. I'm too good for this job：Narcissism's role in the experience of overqualification. Applied psychology, 2015, 64（1）：208 - 232.

［268］Maynard D. C. , Joseph T. A. & Maynard A. M. Underemployment, job attitudes, and turnover intentions. Journal of organizational behavior：The international journal of industrial, occupational and organizational psychology and behavior, 2006, 27（4）：509 - 536.

［269］Maynard D. C. , Taylor E. B. & Hakel M. D. Applicant overqualification：Perceptions, predictions, and policies of hiring managers. Organizational behavior and dynamics, 2009, 13 - 38.

［270］McClelland D. C. Human motivation. Cup archive. 1987.

［271］McClelland D. C. & Watson R. I. Power motivation and risk-taking behavior. Journal of personality, 1973, 41（1）：121 - 139.

［272］McGuinness S. & Wooden M. Overskilling job insecurity and career mobility. Industrial Relations：A journal of economy and society, 2009, 48（2）：265 - 286.

［273］Mckee - Ryan F. M. & Harvey J. I have a job but：A review of underemployment. Journal of management, 2011, 37（4）：962 - 996.

［274］McMillan R. C. Customer satisfaction and organizational support for service providers. University of florida. 1997.

［275］Mesmer - Magnus J. , Viswesvaran C. , Deshpande S. & Joseph J. Social desirability：The role of over-claiming, self-esteem, and emotional intelligence. Psychology science, 2006, 48（3）：336 - 356.

［276］Morrison E. W. & Robinson S. L. When employees feel betrayed：A model of how psychological contract violation develops. Academy of management review, 1997, 22（1）：226 - 256.

［277］Motowildo S. J. , Borman W. C. & Schmit M. J. A theory of individual differences in task and contextual performance. Human performance, 1997, 10（2）：71 - 83.

［278］Munyon T. P. Summers J. K. Thompson K. M. & Ferris G. R. Political skill and work outcomes: A theoretical extension, meta-analytic investigation, and agenda for the future. Personnel psychology, 2015, 68 (1): 143 – 184.

［279］Naus F. , Van Iterson A. D. & Roe R. A. Value incongruence, job autonomy, and organization-based self-esteem: A self-based perspective on organizational cynicism. European journal of work and organizational psychology, 2007, 16 (2): 195 – 219.

［280］Navarro M. L. A. , Mas M. B. & Jiménez A. M. L. Working conditions, burnout and stress symptoms in university professors: Validating a structural model of the mediating effect of perceived personal competence. The Spanish journal of psychology, 2010, 13 (1): 284 – 296.

［281］Nevicka B. , De Hoogh A. H. , Van Vianen A. E. , Beersma B. & McIlwain D. All I need is a stage to shine: Narcissists' leader emergence and performance. The leadership quarterly, 2011, 22 (5): 910 – 925.

［282］Ng T. W. & Lucianetti L. Within – individual increases in innovative behavior and creative, persuasion, and change self-efficacy over time: A social-cognitive theory perspective. Journal of applied psychology, 2016, 101 (1): 14 – 34.

［283］Northouse P. G. Leadership: Theory and practice. Sage publications. 2021.

［284］O'Mara E. M. , Kunz B. R. , Receveur A. & Corbin S. Is self-promotion evaluated more positively if it is accurate? Reexamining the role of accuracy and modesty on the perception of self-promotion. Self and identity, 2019, 18 (4): 405 – 424.

［285］Oreg S. , Bartunek J. M. , Lee G. & Do B. An affect-based model of recipients' responses to organizational change events. Academy of management review, 2018, 43 (1): 65 – 86.

［286］Owens B. P. & Hekman D. R. Modeling how to grow: An inductive examination of humble leader behaviors, contingencies, and outcomes. Academy of management journal, 2012, 55 (4): 787 – 818.

[287] Owens B. P. , Johnson M. D. & Mitchell T. R. Expressed humility in organizations: Implications for performance, teams, and leadership. Organization science, 2013, 24 (5): 1517 – 1538.

[288] Paek S. , Schuckert M. , Kim T. T. & Lee G. Why is hospitality employees' psychological capital important? The effects of psychological capital on work engagement and employee morale. International journal of hospitality management, 2015 (50): 9 – 26.

[289] Pang J. S. The achievement motive: A review of theory and assessment of n achievement, hope of success, and fear of failure. Implicit motives, 2010 (1): 30 – 71.

[290] Parker S. K. Enhancing role breadth self-efficacy: the roles of job enrichment and other organizational interventions. Journal of applied psychology, 1998, 83 (6): 835 – 852.

[291] Parker S. K. & Collins C. G. Taking stock: Integrating and differentiating multiple proactive behaviors. Journal of management, 2010, 36 (3): 633 – 662.

[292] Parker S. K. , Williams H. M. & Turner N. Modeling the antecedents of proactive behavior at work. Journal of applied psychology, 2006, 91 (3): 636 – 652.

[293] Paulhus D. L. Interpersonal and intrapsychic adaptiveness of trait self-enhancement: A mixed blessing? . Journal of personality and social psychology, 1998, 74 (5): 1197 – 1208.

[294] Rau R. Morling K. & Rösler U. Is there a relationship between major depression and both objectively assessed and perceived demands and control? . Work & Stress, 2010, 24 (1): 88 – 106.

[295] Reimer N. K. , Schmid K. , Hewstone M. & Al Ramiah A. Self – categorization and social identification: Making sense of us and them. perspective. Journal of world business, 2020, 48 (1): 149 – 159.

[296] Riketta M. & Van Dick R. Foci of attachment in organizations: A

meta-analytic comparison of the strength and correlates of workgroup versus or-ganizational identification and commitment. Journal of vocational behavior, 2005, 67 (3): 490 – 510.

[297] Riordan C. M., Weatherly E. W., Vandenberg R. J. & Self R. M. The effects of pre-entry experiences and socialization tactics on newcomer attitudes and turnover. Journal of managerial issues, 2001: 159 – 176.

[298] Robinson S. L. & Wolfe Morrison E. The development of psycholog-ical contract breach and violation: A longitudinal study. Journal of organization-al behavior, 2000, 21 (5): 525 – 546.

[299] Ronit K. & Waismel – Manor R. Organizational citizenship behav-ior: The good soldier syndrome in israel. 2010.

[300] Russell Z. A., Ferris G. R., Thompson K. W. & Sikora D. M. Overqualified human resources, career development experiences, and work outcomes: Leveraging an underutilized resource with political skill. Human re-source management review, 2016, 26 (2): 125 – 135.

[301] Ryan J. C. Old knowledge for new impacts: Equity theory and workforce nationalization. Journal of business research, 2016, 69 (5): 1587 – 1592.

[302] Salti N. Relative deprivation and mortality in South Africa. Social science & medicine, 2010, 70 (5): 720 – 728.

[303] Schaufeli W. B., Salanova M., González – Romá V. & Bakker A. B. The measurement of engagement and burnout: A two sample confirmatory factor analytic approach. Journal of happiness studies, 2002, 3 (1): 71 – 92.

[304] Schmitt M. J., Neumann R. & Montada L. Dispositional sensitivity to befallen injustice. Social justice research, 1995, 8 (4): 385 – 407.

[305] Schmitt M. & Dörfel M. Procedural injustice at work, justice sensi-tivity, job satisfaction and psychosomatic well-being. European journal of social psychology, 1999, 29 (4): 443 – 453.

[306] Schmitt M., Gollwitzer M., Maes J. & Arbach D. Justice sensi-

tivity: assessment and location in the personality space. European journal of psychological assessment, 2005, 21 (3): 202 - 211.

[307] Schreurs B., Hamstra M. R., Jawahar I. M. & Akkermans J. Perceived overqualification and counterproductive work behavior: testing the mediating role of relative deprivation and the moderating role of ambition. Personnel review. 2020.

[308] Scott B. A. & Judge T. A. The popularity contest at work: Who wins, why, and what do they receive?. Journal of applied psychology, 2009, 94 (1): 20 - 33.

[309] Seers A. Team - member exchange quality: A new construct for role-making research. Organizational behavior and human decision processes, 1989, 43 (1): 118 - 135.

[310] Sesen H. & Ertan S. S. Perceived overqualification and job crafting: The moderating role of positive psychological capital. Personnel review, 2019, 49 (3): 808 - 824.

[311] Sierra M. J. A multilevel approach to understanding employee overqualification. Industrial and organizational psychology, 2011, 4 (2): 243 - 246.

[312] Sijbom R. B., Anseel F., Crommelinck M., De Beuckelaer A. & De Stobbeleir K. E. Why seeking feedback from diverse sources may not be sufficient for stimulating creativity: The role of performance dynamism and creative time pressure. Journal of organizational behavior, 2018, 39 (3): 355 - 368.

[313] Simon L., Bauer T., Erdogan B. & Shepherd W. Built to last: interactive effects of perceived overqualification and proactive personality on new employee adjustment. Personnel psychology. 2018.

[314] Simon L. S., Bauer T. N., Erdogan B. & Shepherd W. Built to last: Interactive effects of perceived overqualification and proactive personality on new employee adjustment. Personnel psychology, 2019, 72 (2): 213 - 240.

［315］Smidts A. , Pruyn A. T. H. & Van Riel C. B. The impact of employee communication and perceived external prestige on organizational identification. Academy of management journal, 2001, 44 (5): 1051 – 1062.

［316］Smith C. A. O. D. W. N. J. P. , Organ D. W. & Near J. P. Organizational citizenship behavior: Its nature and antecedents. Journal of applied psychology, 1983, 68 (4): 653 – 664.

［317］Smith H. J. & Pettigrew T. F. Advances in relative deprivation theory and research. Social justice research, 2015, 28 (1): 1 – 6.

［318］Smith H. J. , Pettigrew T. F. , Pippin G. M. & Bialosiewicz S. Relative deprivation: A theoretical and meta-analytic review. Personality and social psychology review, 2012, 16 (3): 203 – 232.

［319］Snyder C. R. , Sympson S. C. , Ybasco F. C. , Borders T. F. , Babyak M. A. & Higgins R. L. Development and validation of the State Hope Scale. Journal of personality and social psychology, 1996, 70 (2): 321 – 335.

［320］Spreitzer G. M. Psychological empowerment in the workplace: Dimensions, measurement, and validation. Academy of management journal, 1995, 38 (5): 1442 – 1465.

［321］Sun Y. & Qiu Z. Perceived Overqualification and Innovative Behavior: High – Order Moderating Effects of Length of Service. Sustainability, 2022, 14 (6).

［322］Tajfel H. E. Differentiation between social groups: Studies in the social psychology of intergroup relations. Academic press. 1978.

［323］Tal – Or N. Direct and indirect self-promotion in the eyes of the perceivers. Social infulence, 2010, 5 (2): 87 – 100.

［324］Taylor S. E. , Neter E. & Wayment H. A. Self – evaluation processes. Personality and social psychology bulletin, 1995, 21 (12): 1278 – 1287.

［325］Thatcher S. & Patel P. C. Demographic faultlines: A meta-analysis of the literature. Journal of applied psychology, 2011, 96 (6): 1119 –

1139.

［326］Thomas K. W. & Velthouse B. A. Cognitive elements of empower-ment： An "interpretive" model of intrinsic task motivation. Academy of man-agement review, 1990, 15 (4)： 666 − 681.

［327］Thompson K. W. , Shea T. H. , Sikora D. M. , Perrewe P. L. & Ferris G. R. Rethinking underemployment and overqualification in organizations： The not so ugly truth. Business horizons, 2013, 56 (1)： 113 − 121.

［328］Tierney P. & Farmer S. M. Creative self-efficacy： Its potential an-tecedents and relationship to creative performance. Academy of management journal, 2002, 45 (6)： 1137 − 1148.

［329］Tiger L. Optimism： The Biology of Hope, Simon − Schuster, New York, NY. 1971.

［330］Tims M. & Bakker A. B. Job crafting： Towards a new model of indi-vidual job redesign. Journal of industrial psychology, 2010, 36 (2)： 841 − 849.

［331］To M. L. , Herman H. M. & Ashkanasy N. M. A multilevel model of transformational leadership, affect, and creative process behavior in work teams. The leadership quarterly, 2015, 26 (4)： 543 − 556.

［332］Tomás I. , González − Romá V. , Valls V. & Hernández A. Perceived overqualification and work engagement： the moderating role of or-ganizational size. Current psychology, 2022： 1 − 11.

［333］Trépanier S. G. , Fernet C. , Austin S. , Forest J. & Vallerand R. J. Linking job demands and resources to burnout and work engagement： Does passion underlie these differential relationships？. Motivation and emotion, 2014, 38 (3)： 353 − 366.

［334］Triana M. D. C. , Trzebiatowski T. & Byun S. Y. Lowering the threshold for feeling mistreated： Perceived overqualification moderates the effects of perceived age discrimination on job withdrawal and somatic symp-toms. Human resource management, 2017, 56 (6)： 979 − 994.

［335］Tshetshema C. T. & Chan K. Y. A systematic literature review of the relationship between demographic diversity and innovation performance at team-level. Technology analysis & strategic management, 2020, 32 (8): 955 – 967.

[336] Umphress E. E., Bingham J. B. & Mitchell M. S. Unethical behavior in the name of the company: the moderating effect of organizational identification and positive reciprocity beliefs on unethical pro-organizational behavior. Journal of applied psychology, 2010, 95 (4): 769 – 780.

[337] Vaisey S. Education and its discontents: Overqualification in America, 1972 – 2002. Social forces, 2006, 85 (2): 835 – 864.

[338] Valle M., Kacmar K. M., Zivnuska S. & Harting T. Abusive supervision, leader-member exchange, and moral disengagement: A moderated-mediation model of organizational deviance. The journal of social psychology, 2019, 159 (3): 299 – 312.

[339] Vallerand R. J., Blanchard C., Mageau G. A., Koestner R., Ratelle C., Léonard M. & Marsolais J. Les passions de l'ame: On obsessive and harmonious passion. Journal of personality and social psychology, 2003, 85 (4): 756 – 767.

[340] Van Der Vegt G. S. & Bunderson J. S. Learning and performance in multidisciplinary teams: The importance of collective team identification. Academy of management journal, 2005, 48 (3): 532 – 547.

[341] van Dijk H., Shantz A. & Alfes K. Welcome to the bright side: Why, how, and when overqualification enhances performance. Human resource management review, 2020, 30 (2).

[342] Wald S. The impact of overqualification on job search. International journal of manpower, 2005, 26 (2): 140 – 156.

[343] Walker I. & Pettigrew T. F. Relative deprivation theory: An overview and conceptual critique. British journal of social psychology, 1984, 23 (4): 301 – 310.

[344] Walters J. Positive management: Increasing employee productivity. Business expert press. 2010.

［345］ Wang X. H. F. , Kim T. Y. & Lee D. R. Cognitive diversity and team creativity：Effects of team intrinsic motivation and transformational leadership. Journal of business research, 2016, 69（9）：3231 – 3239.

［346］ Wang Y. , Chang Y. , Fu J. & Wang L. Work – family conflict and burnout among Chinese female nurses：the mediating effect of psychological capital. BMC public health, 2012, 12（1）：915 – 922.

［347］ Wang Z. , Lu H. & Wang X. Psychological resilience and work alienation affect perceived overqualification and job crafting. Social Behavior and Personality：An international journal, 2019, 47（2）：1 – 10.

［348］ Weiss H. M. , Suckow K. & Cropanzano R. Effects of justice conditions on discrete emotions. Journal of applied psychology, 1999, 84（5）：786 – 794.

［349］ Woo H. R. Perceived overqualification and job crafting：The curvilinear moderation of career adaptability. Sustainability, 2020, 12（24）：10458.

［350］ Wood R. E. , George – Falvy J. & Debrowski S. Motivation and information search on complex tasks. In work motivation in the context of a globalizing economy psychology press, 2012：35 – 56.

［351］ Wrzesniewski A. & Dutton J. E. Crafting a job：Revisioning employees as active crafters of their work. Academy of management review, 2001, 26（2）：179 – 201.

［352］ Wu C. H. , Luksyte A. & Parker S. K. Overqualification and subjective well-being at work：The moderating role of job autonomy and culture. Social indicators research, 2015, 121（3）：917 – 937.

［353］ Wu C. H. , Tian A. W. , Luksyte A. & Spitzmueller C. On the association between perceived overqualification and adaptive behavior. Personnel review, 2017.

［354］ Wu I. H. & Chi N. W. The journey to leave：Understanding the roles of perceived ease of movement, proactive personality, and person-organization fit in overqualified employees' job searching process. Journal of organizational behavior, 2020, 41 (9): 851 – 870.

［355］ Yang W. , Guan Y. , Lai X. , She Z. & Lockwood A. J. Career adaptability and perceived overqualification: Testing a dual-path model among Chinese human resource management professionals. Journal of vocational behavior, 2015, 90: 154 – 162.

［356］ Ye X. , Li L. & Tan X. Organizational support: Mechanisms to affect perceived overqualification on turnover intentions: A study of Chinese repatriates in multinational enterprises. Employee relations, 2017, 39 (7): 918 – 934.

［357］ Yitzhak, Fried, Gerald R. & Ferris. The validity of the job characteristics model: a review and meta-analysis. Personnel psychology. 1987.

［358］ Yoon J. & Kayes D. C. Employees' self-efficacy and perception of individual learning in teams: The cross-level moderating role of team-learning behavior. Journal of organizational behavior, 2016, 37 (7): 1044 – 1060.

［359］ Yu H. , Yang F. Wang T. , Sun J. & Hu W. How perceived overqualification relates to work alienation and emotional exhaustion: The moderating role of LMX. Current psychology, 2021, 40 (12): 6067 – 6075.

［360］ Zhang M. J. , Law K. S. & Lin B. You think you are big fish in a small pond? Perceived overqualification, goal orientations, and proactivity at work. Journal of organizational behavior, 2016, 37 (1): 61 – 84.

［361］ Zhang H. , Li L. , Shan X. & Chen A. Do overqualified employees hide knowledge? The mediating role of psychological contract breach. Frontiers in psychology, 2022, 13.

［362］ Zhang J. , Akhtar M. N. , Zhang Y. & Sun S. Are overqualified employees bad apples? A dual-pathway model of cyberloafing. Internet research, 2019, 30 (1): 289 – 313.

［363］ Zhang M. J. , Law K. S. & Lin B. You think you are big fish in a small pond? Perceived overqualification, goal orientations, and proactivity at work. Journal of organizational behavior, 2016, 37 (1): 61 – 84.

［364］ Zhang M. , Wang F. & Li N. The effect of perceived overqualification on creative performance: Person-organization fit perspective. Frontiers in psychology, 2021, 12.

［365］ Zhang W. , Yan Z. , Wang B. , Qu Y. & Qian J. Perceived Overqualification and Job Crafting: The Mediating Role of Workplace Anxiety and Moderating Role of Reappraisal. Sage open, 2022, 12 (2).

［366］ Zhang X. A. , Li N. & Harris T. B. Putting non-work ties to work: The case of guanxi in supervisor-subordinate relationships. The leadership quarterly, 2015, 26 (1): 37 - 54.

［367］ Zhang X. , Ma C. , Guo F. & Li Z. Does perceived overqualification cultivate angels or demons? Examining its interpersonal outcomes through pride from an evolutionary psychology perspective. Applied psychology, 2022, 71 (1): 243 - 270.

［368］ Zhang Y. , Farh J. L. & Wang H. Organizational antecedents of employee perceived organizational support in China: A grounded investigation. The international journal of human resource management, 2012, 23 (2): 422 - 446.

［369］ Zhao H. , Peng Z. & Sheard G. Workplace ostracism and hospitality employees' counterproductive work behaviors: The joint moderating effects of proactive personality and political skill. International journal of hospitality management, 2013, 33: 219 - 227.

［370］ Zhao L. , Zhao S. , Zeng H. & Bai J. To share or not to share? A moderated mediation model of the relationship between perceived overqualification and knowledge sharing. Baltic journal of management, 2021, 16 (5): 681 - 698.

［371］ Zheng B. & Wang Z. Perceived overqualification and its outcomes: The moderating role of organizational learning. Social Behavior and Personality: An international journal, 2017, 45 (10): 1675 - 1690.

［372］ Zhou L. , Wang M. , Chen G. & Shi J. Supervisors' upward exchange relationships and subordinate outcomes: Testing the multilevel mediation role of empowerment. Journal of applied psychology, 2012, 97 (3):

668 – 680.

［373］Zhu J. , Lin F. , Zhang Y. , Wang S. , Tao W. & Zhang Z. Exploring the effect of perceived overqualification on knowledge hiding: The role of psychological capital and person-organization fit. Frontiers in psychology, 2022, 13.

［374］Zumeta L. N. , Oriol X. , Telletxea S. , Amutio A. & Basabe N. Collective efficacy in sports and physical activities: Perceived emotional synchrony and shared flow. Frontiers in psychology, 2016, 6, 1960.